新发展格局下贸易强国建设研究丛书

区域贸易协定深化
与亚太价值链重塑

张志明　著

本书为国家社会科学基金一般项目"RCEP 对亚太区域价值链空间布局重塑的影响机制及中国对策研究"（21BJL109）和国家社会科学基金重大项目子课题"全球价值链重构对全球经济治理的影响"（21&ZD074）的阶段性研究成果

科　学　出　版　社

北　京

内 容 简 介

本书以区域贸易协定深化与亚太价值链重塑之间的关系为研究对象，在全面考察亚太地区区域贸易协定深化与亚太价值链重塑的演变历程基础上，从亚太价值链的合作模式重塑和分工模式重塑两个维度，系统研究区域贸易协定深化对亚太价值链重塑的影响效应。鉴于当前全球数字经济高速发展，本书还研究了区域数字贸易规则深化对亚太数字价值链合作及合作模式重塑的影响。最后就"印太经济框架"下亚太价值链重塑对中国的影响及中国的应对策略进行了前瞻性研究。本书对于中国构建面向全球的高标准自由贸易区网络和深度参与亚太价值链分工具有一定的理论参考意义。

本书适用于从事国际贸易、全球价值链方面研究的相关研究人员。

图书在版编目（CIP）数据

区域贸易协定深化与亚太价值链重塑/张志明著. —北京：科学出版社，2023.8

（新发展格局下贸易强国建设研究丛书）

ISBN 978-7-03-072995-8

Ⅰ.①区… Ⅱ.①张… Ⅲ.①区域贸易-贸易协定-关系-亚太经济-研究 Ⅳ.①F114.46

中国版本图书馆 CIP 数据核字（2022）第 158190 号

责任编辑：邓　娴／责任校对：姜丽策
责任印制：张　伟／封面设计：无极书装

科 学 出 版 社 出版
北京东黄城根北街 16 号
邮政编码：100717
http://www.sciencep.com
北京建宏印刷有限公司 印刷
科学出版社发行　各地新华书店经销

*

2023 年 8 月第 一 版　开本：720×1000　1/16
2023 年 8 月第一次印刷　印张：12 1/4
字数：250 000
定价：136.00 元
（如有印装质量问题，我社负责调换）

新发展格局下贸易强国建设研究丛书

丛书主编：何传添
副 主 编：陈万灵　张建武
丛书编委：陈伟光　陈万灵　何传添　林吉双
　　　　　李　青　孙楚仁　申明浩　赵龙跃
　　　　　王　俊　张建武　展　凯　张　昱

总　序

　　党的十九大报告明确提出推进贸易强国建设的重要任务。在当今世界正经历百年未有之大变局的大背景下，新时代的中国正处于由富起来到强起来的过程中，一些重要矛盾和制约因素开始集中显现，建设贸易强国的紧迫性与重要性进一步凸显。新时代特别是在新发展格局下的贸易强国建设要突出重点，与时俱进地根据世界政治经济发展趋势和国家经济社会发展要求做出相应调整。

　　建设贸易强国是全面建设社会主义现代化国家的重要组成部分，也是一项艰巨复杂的系统工程。首先，建设贸易强国要求中国不断提高对外贸易的竞争力，提升国际贸易的质量效益，获得国际贸易中重要产品的定价权及贸易规则的制定权。其次，建设贸易强国需要形成强大国内市场，以创新驱动、高质量供给引领和创造新需求，加快构建以国内大循环为主体、国内国际双循环相互促进的新发展格局，重塑我国国际合作和竞争新优势。再次，构建新发展格局需要夯实基础支撑，推动产业体系适配、流通体系发展、进口出口协同，以及引进外资与对外投资协调等一系列有利因素的发展壮大。最后，建设贸易强国离不开实行高水平对外开放，需要中国建设更高水平的开放型经济新体制，推动共建"一带一路"高质量发展，积极参与全球治理体系改革和建设。

　　当下，中国已经是名副其实的贸易大国，但是国际贸易大而不强的问题仍然存在，与世界其他贸易强国相比仍有差距，制约中国国际贸易高质量发展的体制性障碍、结构性矛盾、政策性问题及科技创新力不足等问题亟待解决。尤其恰逢百年未有之大变局，全球经济增长乏力、贸易保护主义盛行、新冠疫情冲击及地缘政治动荡复杂等全球性问题叠加，这更加考验中国国际贸易创新发展的能力和水平。

　　要回答如何建设贸易强国这一中国经济社会发展面临的重大课题，就必须以习近平新时代中国特色社会主义思想为指导，坚持立足于中国的国情和发展实践，深入研究世界经济和中国发展的新情况及新问题，剖析中国国际贸易发展的产业基础、市场主体、外贸形势、市场布局、外贸结构、竞争优势及营商环境等基本情况，厘清推动贸易强国建设的理念、目标、思路与方法，探索新时代贸易大国迈向贸易强国的有效路径。这就是我们编辑出版"新发展格局下贸易强国建设研究丛书"的出发点。

需要说明的是,编辑出版"新发展格局下贸易强国建设研究丛书"是一项集体合作的事业,由于建设贸易强国问题的复杂性与相关研究资料的局限性,本丛书难免遗漏一些重要主题。加之团队的专业水平有限,对相关主题的资料整理、分析解读和政策建议也难免有所不足。凡此种种缺点,希望读者见谅。

"新发展格局下贸易强国建设研究丛书"的撰写得益于广东外语外贸大学国际经济贸易研究院、经济贸易学院与科研部的支持,同时要感谢科学出版社编辑的帮助。

广东外语外贸大学
"新发展格局下贸易强国建设研究丛书"编委会
2022 年 8 月 26 日

前　　言

当今世界正经历百年未有之大变局，贸易保护主义暗潮涌动，中美贸易摩擦不断，地区军事与政治冲击不断，影响全球经贸发展的不确定因素日益增加，亚太甚至全球价值链供应链经历了深刻重塑。为确保对外经济贸易健康稳定发展，各经济体加快双边或多边区域贸易协定的谈判和签订工作，中国也试图构建面向全球的高标准自由贸易区网络。亚太地区既是全球区域贸易协定密度最高、数量最多、结构最复杂的地区之一，也是拥有生产链条最多、生产分工程度最深、价值链贸易额与经济总量最大和分工结构最复杂的区域价值链体系的地区之一。那么，区域贸易协定究竟如何重塑亚太价值链？会对中国产生怎样的影响？中国如何应对区域贸易协定深化的亚太价值链重塑效应？这些问题已成为亟待研究解决的重要课题。

为此，本书以价值链重塑为切入点，试图借助"现状分析→影响机制→应对策略"的逻辑思路，深入考察区域贸易协定深化对亚太价值链重塑的影响及中国的应对策略。全书由 10 章组成。第 1 章为绪论，主要阐述本书的写作背景、研究价值、研究内容的特色及主要研究结论。第 2 章为亚太地区区域贸易协定深化历程。第 3 章为亚太价值链重塑及演变历程，对亚太价值链重塑过程中各亚太经济体的价值链长度变化、价值链合作度变化、价值链合作模式重塑及分工地位变化进行评估，全面测度亚太价值链重塑现状。第 4 章为区域贸易协定深化与亚太价值链合作，重点实证考察区域贸易协定深化如何影响亚太价值链合作。第 5 章和第 6 章为区域贸易协定深化与亚太价值链合作模式重塑，分别从空间联系和分工复杂度两个维度全面深入考察区域贸易协定深化对亚太价值链合作模式重塑的影响效应。第 7 章为区域贸易协定深化与亚太价值链分工模式重塑。第 8 章为区域数字贸易规则深化与亚太数字价值链合作。第 9 章为区域数字贸易规则深化与亚太数字价值链合作模式重塑，以数字产业为研究对象，重点考察区域数字贸易规则深化如何影响亚太数字价值链合作模式重塑。第 10 章为"印太经济框架"对中国参与亚太价值链的影响及对策。

本书的成功出版得益于很多人的帮助。首先，我要感谢我的硕士研究生们。

如果没有这些研究生的帮助，本书是不可能完成的。从 2021 年开始，我带领我的硕士研究生团队开启了区域贸易协定深化与亚太价值链重塑的研究征程，从开始的迷茫到逐步厘清研究思路，以及到后期的研究工作步入正轨，我们一起探寻、思索，这个研究过程既充满挑战又惊喜不断。可以说，研究生们的支持和陪伴是本书能够顺利完成的重要动力源。为此，我真诚感谢我的研究生们，他们是林琳、周艳平、陈嘉铭、尹卉、杜明威、耿景珠、张嘉琳和卢锡杨。其次，我要特别感谢我的领导何传添副校长在本书写作过程中给予的大力支持和帮助。多年来，他在学术研究、为人处世方面都给予我极大的关怀和帮助，尤其在本书出版过程中，他更是倾力相助，本书成功出版也算是对他无私帮助的一种慰藉。再次，我要感谢广东外语外贸大学经济贸易学院的张建武院长、梁洁书记、王俊副院长、孙楚仁副院长、肖奎喜副院长、唐静副院长、康锋莉教授、魏作磊教授、梁俊伟副教授等诸多老师对本书出版给予的大力支持。此外，李莉编辑为本书的出版给予了大力的帮助，在此表示深深的感谢！最后，我还要感谢我的家人，没有他们默默地一贯的支持和鼓励，本书的完成是难以想象的。

张志明

2022 年 12 月

目　　录

第1章 绪 论

　　作为全球经济增长最具活力和潜力的地区，亚太地区拥有目前全球生产链条最多、生产分工程度最深、价值链贸易额与经济总量最大和分工结构最为复杂的区域价值链体系，2014 年，亚太地区的国内生产总值（gross domestic product，GDP）总量占全球 GDP 总量的 56.8%，贸易总量约占世界贸易总量的 46%，区域内贸易比重高达 67%，其中，中间品贸易占区域内贸易的 60%~65%（王金强，2016）。然而，贸易保护主义暗潮涌动，中美贸易摩擦不断，地区军事与政治冲击不断，双边或多边区域贸易协定（regional trading agreements，RTA）层出不穷等引发亚太地区经济政治格局发生深刻重塑。同时，亚太价值链也随之展现出明显的重塑态势，主要表现如下：从价值链长度视角来看，日本与美国的亚太价值链长度缩短趋势最为显著，而中国是亚太经济体中唯一一个与所有亚太经济体的价值链长度都延长的经济体；从价值链合作度视角来看，亚太地区价值链合作度总体呈现下降趋势，尤其是中国、日本、美国等大型经济体的对外价值链合作度持续下降；从需求视角来看，以中国、越南为代表的发展中经济体的最终需求对亚太地区增加值创造的拉动作用显著高于以美国为代表的传统发达经济体；从生产视角来看，中国、马来西亚、印度尼西亚、文莱等发展中经济体的亚太价值链地位上升显著，而日本、韩国、俄罗斯、美国等较发达经济体却体现出不同程度的亚太价值链地位下降趋势；就亚太价值链分工模式而言，各经济体对美国出口中的美国增加值变动率均经历了金融危机前的下降期、金融危机后的下降速度放缓期及经济复苏过程中的缓慢上升期。

　　20 世纪 90 年代以来，随着世界贸易组织（World Trade Organization，WTO）多哈回合谈判陷入停滞，区域贸易协定的数量和范围取得蓬勃发展，亚太地区成为除欧盟以外区域贸易协定合作最为活跃的地区。尤其是 2020 年 11 月区域全面经济伙伴关系协定（Regional Comprehensive Economic Partnership，RCEP）成功签署标志着目前全球体量最大的自贸区正式形成，也是亚太地区区域贸易协定发展的重大成就。2000 年开始，亚太地区双边贸易协定谈判开始成为主流，区域贸易协定数量呈现出快速发展态势，截至 2016 年末，该地区 18 个主要国家（包括澳大利亚、文莱、加拿大、智利、中国、印度尼西亚、日本、韩国、马来西亚、墨西哥、新西兰、秘鲁、菲律宾、俄罗斯、新加坡、泰国、美国和越南）已生效实施的双边及多边区域贸易协定多达 143 个，其中签订区域贸易协定最为活跃的国家有新加坡（18 个）、智利（16 个）、日本（14 个）、马来西亚（14 个）、澳大利亚（13 个）。同时，亚太地区区域贸易协定的深度一体化程度不断提高，亚太地区已生效实施的 46 个区域贸易协定在传统"WTO+"领域的协定覆盖率及法定承诺率高达 76%，同时具有较强的法律约束力（法定承诺率超过 70%），而在"WTO-X"领域，46 个区域贸易协定的条款覆盖率和法定承诺率分别高达 31.9% 和 15%。

　　长期以来，中国作为"世界工厂"，深度嵌入亚太价值链中低端，且随着亚太价值链重塑加剧，其在亚太价值链中受制于人的被动局面日益凸显，并已严重威胁到中国经济的平稳健康可持续发展。如何突破以美国为首的亚太价值链主导者的高端封锁与低端锁定，逐步构建以中国为主导的亚太价值链空间布局新格局，成为当前中国亟待研究和解决的重要课题。为此，中国全力推进 RCEP 等区域贸易协定谈判，试图借助区域贸易协定突破亚太价值链主导者的围堵与封锁，那么，区域贸易协定究竟会如何重塑亚太价值链？会对中国产生怎样的影响？中国如何应对区域贸易协定深化对亚太价值链的重塑效应？这些问题已成为亟待研究解决的重要课题。

1.1　研究内容的特色

　　（1）深入考察区域贸易协定深化对亚太价值链重塑的影响，为该问题研究提供一种新的分析范式。本书以价值链重塑为切入点，借助于"现状分析→影响机制→应对策略"的逻辑思路重新探究该问题，试图构建区域贸易协定深化影响亚太价值链重塑的研究新范式。

　　（2）构建"二维一体"的亚太价值链重塑分析框架，为推动区域价值链重塑研究做出新贡献。本书从合作模式和分工模式两个维度来全面系统地剖析亚太价值链重塑的内在特征与外在表现，可为相关研究提供借鉴。

　　（3）从合作模式和分工模式两个维度考察区域贸易协定深化对亚太价值链重塑的影响机制，有助于丰富和深化国际经贸协定与区域价值链重塑的理论机制研究。

1.2　研　究　价　值

（1）构建"二维一体"的亚太价值链空间布局重塑测度框架，为相关研究提供数据支撑。以往研究多从分工环节维度来定性分析亚太价值链重塑问题，分析维度和研究方法相对单一。为此，本书试图从合作模式和分工模式两个维度构建亚太价值链重塑的测度框架，并进行相应的定量分析，可为进一步研究亚太价值链重塑问题提供数据支撑。

（2）为构建"以中国为主导、更安全可靠、更紧密融合、更互利共赢"的亚太价值链空间布局新格局提供中国方案。在深入考察区域贸易协定深化对亚太价值链重塑及中国角色的影响基础上，本书指出中国要以 RCEP 为抓手，充分利用 RCEP 的各类规则来增强中国与其他亚太经济体的价值链合作，提升亚太价值链的融合度、韧性、包容性及公平性。

（3）为中国更有效地构建面向全球的高标准自由贸易区网络和深度参与亚太价值链分工提供对策建议。本书指出中国应以建设"亚太创新与消费中心"为依托和以构建"新发展格局"为契机来提升其在亚太价值链中的主导地位和核心位置，从而逐步向亚太价值链中高端攀升。

1.3　主要研究结论

本书由 10 章构成，鉴于第 1 章为绪论，并无实质性研究结果，故我们仅阐述第 2 章至第 10 章的主要研究结论。

第 2 章为亚太地区区域贸易协定深化历程。研究发现，亚太地区各经济体签署和实施的区域贸易协定数量快速增长，由 1999 年的 23 个增加到 2016 年的 143 个，亚太地区区域贸易协定主要分布在太平洋东西两岸，并形成了显著的中心-外围体系。亚太地区区域贸易协定网络密度在不断增大，亚太地区区域贸易协定网络的中心势呈现出先上升后下降但总体呈现出上升的变动态势，亚太区域内各经济体间的区域贸易协定深度呈现出不断上升态势。

第 3 章为亚太价值链重塑及演变历程。研究发现，2005~2015 年亚太价值链经历了深刻的重构历程。具体而言，各亚太经济体间的价值链长度呈现出延长或缩短并存的差异化变动特征；与主要发达经济体不同，主要发展中经济体与其他大多数经济体的价值链合作度趋于下降，而相对价值链地位却呈现上升态势。此外，以美国为核心的亚太价值链分工模式总体趋于弱化。在亚太价值链重构过程中，中国的亚太价值链相对地位得以显著提升，其所参与的亚太价值链分工程度日益复杂。

第 4 章为区域贸易协定深化与亚太价值链合作。研究发现，区域贸易协定深化对亚太价值链合作具有显著的促进作用，且主要通过降低贸易成本和促进外商直接投资（foreign direct investment，FDI）来实现；不同类型的区域贸易协定条款深化对亚太价值链合作的影响不同，相比于"WTO+"条款，"WTO-X"条款深化对亚太价值链合作的促进作用更强；区域贸易协定深化对亚太价值链合作的影响存在经济体对异质性，其中区域贸易协定深化对发展经济体之间价值链合作的促进效应最大。

第 5 章和第 6 章为区域贸易协定深化与亚太价值链合作模式重塑。分别从空间联系和分工复杂度两个维度全面深入考察区域贸易协定深化对亚太价值链合作模式重塑的影响效应。研究结果表明，区域贸易协定深化对亚太价值链合作模式重塑具有显著的促进作用，助推亚太经济体间的价值链合作模式分别由间接价值链合作向直接价值链合作、深度价值链合作向浅度价值链合作转变。

第 7 章为区域贸易协定深化与亚太价值链分工模式重塑。研究结果发现，区域贸易协定深化显著增强了美国的亚太价值链控制力，且强化作用呈现出先下降后上升的"U"形变动态势，"WTO-X"条款、经济性领域条款和研发合作领域条款深化对美国的亚太价值链控制力的强化作用更大。

第 8 章为区域数字贸易规则[①]深化与亚太数字价值链[②]合作。研究结果表明，区域数字贸易规则深化对亚太数字价值链合作具有显著的促进作用，且该种促进作用不仅存在一定的动态强化效应，还存在显著的规则类型、价值链合作模式和缔约对象异质性。调节效应检验表明，双边服务贸易壁垒差异越大或制度距离越小，区域数字贸易规则深化对亚太数字价值链合作的促进作用越强。进一步地，基于中国的实证考察表明，区域数字贸易规则深化对中国参与亚太数字价值链合作同样具有显著的促进作用，尤其是数据流动和知识产权规则深化所产生的促进作用更为凸显。

第 9 章为区域数字贸易规则深化与亚太数字价值链合作模式重塑。研究表明，区域数字贸易规则深化显著促进了亚太数字价值链合作模式重塑，促使亚太数字价值链合作模式由深度价值链合作向浅度数字价值链合作转变，推动了亚太数字价值链短链化。

---

① 区域贸易协定所包含的系列数字贸易规则简称区域数字贸易规则。
② 亚太数字产业价值链简称亚太数字价值链。

第 10 章为"印太经济框架"①对中国参与亚太价值链的影响及对策。研究发现，IPEF 是美国欲在"印太战略"下，构建全方位围堵中国经济的联盟，也是从全球供应链层面"遏制中国"的重要战略举措。IPEF 不仅会降低中国参与全球特别是印太区域价值链的程度，还将遏制其攀升全球价值链地位及削减其参与全球价值链的贸易获利。为此，中国应未雨绸缪，主动作为：一是加快构建国内价值链大循环，促进国内价值链与全球价值链协同发展；二是加强核心技术研发攻关，有效拓宽技术外溢渠道；三是大力开拓出口市场、原材料和关键零部件来源地，推进价值链进出口市场的多元化发展；四是加快构建面向全球的高标准自由贸易区网络，破解 IPEF 对中国的产业链价值链围堵。

1.4　文　献　回　顾

与本书研究相关的文献主要有五类：第一类是有关区域贸易协定深度的测量研究；第二类是有关区域贸易协定与国际经贸合作关系研究；第三类是有关数字贸易规则量化研究；第四类是有关区域数字贸易规则对数字贸易的影响研究；第五类是有关亚太价值链分工模式的相关研究。

1.4.1　区域贸易协定深度的测量研究

区域贸易协定深度的测量研究工作开始于 Horn 等（2010）。在此之前，大部分研究都将区域贸易协定视为同质的，利用"虚拟变量"来检验其签订效果，而忽视了区域贸易协定的异质性特征。为此，Horn 等（2010）通过关注 28 个特惠贸易协定（Preferential Trade Agreement，PTA），将协定中高频出现的 52 个条款分成"WTO+"和"WTO-X"两类，并对每个条款进行量化打分。随后，学术界在 Horn 等（2010）分类测量研究基础上开展了丰富的拓展性研究。Hofmann 等（2017）将 52 个条款分成"核心条款"和"非核心条款"两类，并借助主成分分析法，构建了深度一体化指标。在此基础上，Falvey 和 Foster-McGregor（2021）根据核心条款所属政策是否适用于边境，将 18 个核心条款细分为"边境"和"边境后"条款并进行测度分析。进一步地，铁瑛等（2021）根据 WTO 所公布的"WTO+"

---

① "印太经济框架"：Indo-Pacific Economic Framework，IPEF。

与"WTO-X"条款的具体内容差异，将区域贸易协定深度条款分为五个领域，即贸易自由化条款、边境后的经济性条款、要素跨国流动条款、研发合作条款及政治性条款。此外，Dür等（2014）对协定中的关键议题（市场准入、服务、投资、知识产权、竞争、公共采购、标准、贸易救济、非贸易问题和争端解决）进行编码打分，构建了贸易协定设计（Design of Trade Agreements，DESTA）数据库。杨继军和艾玮炜（2021）对该数据库的服务贸易条款深度进行测量，并借助横向测度法反映区域服务贸易协定深度。高疆和盛斌（2018）根据贸易协定深度条款的异质性特征构建了"总指数""核心指数""关税指数"等12项贸易协定深度指标来描述贸易协定的覆盖力和约束力。韩剑和许亚云（2021）在前人研究基础上构建了自由贸易协定（Free Trade Agreement，FTA）和《全面与进步跨太平洋伙伴关系协定》（Comprehensive and Progressive Agreement for Trans-Pacific Partnership，CPTPP）文本相似度指标，以此度量FTA深度水平。

1.4.2　区域贸易协定与国际经贸合作关系研究

早期有关区域贸易协定与进出口贸易之间关系的研究主要集中在总体贸易视角。研究发现区域贸易协定的签署能够显著增加缔约国的双边贸易量（Baier and Bergstrand，2007；Egger et al.，2011），且开放度更深的区域贸易协定对双边贸易的影响更大（Dür et al.，2014）。随后，Mattoo等（2017）通过构造FTA深度指数检验FTA深化的贸易创造效应，发现FTA深度水平越高，其引致的贸易创造效应越大。此外，部分学者通过研究发现签订区域贸易协定可以增加缔约国之间的贸易量，扩大社会福利及提高一国在全球价值链的分工深度（Shepherd and Wilson，2009；Portugal-Perez and Wilson，2012）。Yadav（2014）研究发现区域贸易协定的签署可以改善合作国之间的基础设施、通信技术、商业环境和边境效率，从而增加贸易伙伴之间的零部件贸易。刘洪钟（2020）研究发现，签订区域贸易协定是降低各国双边贸易成本的有效途径。伴随着增加值贸易核算体系的日趋完善（Hummels et al.，2001；Johnson and Noguera，2012；Wang et al.，2013；Koopman et al.，2014），部分学者陆续构建了一系列有关全球价值链分工程度和嵌入地位的指标体系（Antràs et al.，2012；Wang et al.，2017；Antràs and Chor，2018）。在此基础上，学术界开始从增加值贸易视角考察区域贸易协定深度对全球价值链贸易的影响。国外学者最先开展该领域的研究工作，Antràs和Staiger（2012）通过考察贸易协定深度一体化与国际生产网络之间的相互作用发现，深度贸易协定对中间品贸易的促进作用大于最终品贸易。Orefice和Rocha（2014）通过拓展Antràs和Staiger（2012）的理论模型发现，超越传统市场准入问题的高水平贸易协议对国际生产网络扩大具有重要的助推作用。为验证理论结论可靠，后续学者开展了系列实证研究，Laget 等（2020）研究发现深度区域贸易协定确实有利于促进中间品增加值贸易，且主要从全球价值链前向联系和后向联系两个维度促进国家间价值链合作（Boffa et al.，2019）。国内学者就区域贸易协定深化与价值链贸易之间的关系也进行了深入探讨，且大多研究均认为区域贸易协定深化有助于双边价值链合作。李艳秀和毛艳华（2018）基于 43 个 G20 国家的样本数据研究发现，区域贸易协定深度提高显著促进了双边价值链合作。进一步地，韩剑和王灿（2019）利用 WIOD（World Input-Output Database，世界投入产出数据库）中 41 个国家（地区）的样本数据研究发现，区域贸易协定深度提高不仅能显著深化一国（地区）的全球价值链嵌入程度，还能提升其全球价值链上游度水平。此外，还有研究认为贸易协定的条款深度越深，对缔约国价值链合作的促进作用越大（许亚云等，2020），尤其对发展中国家间价值链合作的促进作用更大（刘洪愧，2016；杨继军等，2020）。具体到影响机制来看，贸易协定深化可通过降低贸易成本和促进直接投资两个渠道推动区域价值链合作（彭冬冬和林珏，2021；杜声浩，2021）。

1.4.3　数字贸易规则量化研究

现有关于数字贸易规则深度的量化研究尚未成熟，相关研究主要基于世界银行[①]和 WTO[②]的区域贸易协定文本量化数据库来展开。Horn 等（2010）最早开启区域贸易协定深度的测量研究工作，其通过关注 28 个 PTA，将协定中高频出现的 52 个规则识别划分为"WTO+"和"WTO-X"两类，并对每个规则进行量化打分。然而，WTO 规则分类缺失有关数字贸易规则的划分（李墨丝，2017），且既有数字贸易规则的不完善（周念利等，2018）使得相关数字贸易规则深度的量化工作举步维艰。在此背景下，瑞士卢塞恩大学 Mira Burri 研究团队开发了专门测度评估区域数字贸易规则深度的 TAPED（Trade Agreements Provisions on Electronic Commerce and Data）数据库，该数据库是当前划分和量化数字贸易规则最为详细和完整的数据库。此后，部分学者在该数据库基础上展开了系列拓展性研究，Elsig 和 Klotz（2018）提出了广度、深度和灵活性等六个衡量数字贸易规则深度的测度指标。随后，Elsig 和 Klotz（2021）借助 Rasch 模型构建了数字贸易规则的 Rasch 深度指数。以上研究为本章量化区域数字贸易规则深度提供了重要参考。

---

① 具体网址为 https://datacatalog.worldbank.org/search/dataset/0039575/Content-of-Deep-Trade-Agreements。

② 具体网址为 http://rtais.wto.org/UI/PublicMaintainRTAHome.aspx。

1.4.4 区域数字贸易规则对数字贸易的影响研究

传统区域贸易协定经济效应的研究更多关注贸易边界效应，如贸易创造、贸易转移及贸易偏转效应（Mattoo et al.，2017；Pasara and Diko，2020；Timsina and Culas，2020；Haq et al.，2021；Ornelas et al.，2021）。金融危机爆发以后，区域贸易协定逐渐加强了对电子商务、知识产权等数字贸易规则的讨论（Campi and Duenas，2016；Osgood and Feng，2018；Zhou et al.，2018；Shadlen et al.，2020；Martínez-Zarzoso and Chelala，2021），有关数字贸易规则对数字贸易影响的话题也受到越来越多学者的关注。Weng 等（2009）和韩剑等（2018）认为知识产权保护规则对于美国信息商品出口及中国知识密集型产品进出口具有积极的促进作用。进一步地，周念利和李玉昊（2021）构建了区域贸易协定框架下数字知识产权规则深度指数，在此基础上深入考察了数字知识产权规则的数字贸易效应，结果发现数字知识产权规则有助于推动缔约国数字贸易出口增长。刘斌等（2021）考察了电子商务规则的数字贸易效应，发现数字贸易规则可显著促进国家间数字贸易的发展。与以上研究均关注某一特定数字贸易规则领域不同，周念利和陈寰琦（2020）则从总体数字贸易规则维度考察了美式数字贸易规则的数字贸易效应，所得结论与以上研究基本一致。此外，Malkawi（2019）重点分析了《美墨加协定》（U.S.-Mexico-Canada Agreement，USMCA）所涵盖的数字贸易规则如何影响数字贸易，结果发现概念不完善和适用范围局限可能导致数字贸易规则对数字贸易发展产生负面影响，故推动数字贸易规则清晰化与普适化意义重大。

1.4.5 亚太价值链分工模式的相关研究

东亚区域价值链分工体系作为亚太价值链分工体系中最为重要的组成部分，其形成和发展经历了漫长的演变历程，并具有独特的分工模式。学者多用雁阵模式来描述第一阶段的东亚区域价值链分工模式（成新轩，2019）。20 世纪 60 年代末日本再次进入发达国家行列后，在重返亚洲战略引领下，为维持本国经济成长性和实现在东亚地区构建一个受其支配的亚洲经济共同体（冯永琦，2011），日本开始通过对外直接投资、中间品出口和对外援助等经济手段，将日本早期所采用的模仿、学习、生产和出口的发展模式向东亚其他后发国家和地区传播，最终形成了多层次赶超的区域发展格局。该模式的一个重要特征是形成了"三角贸易"，即东亚先进经济体向该区域其他后发经济体出口中间品，然后在该后发经济体进行加工组装，最后把最终品出口到美欧发达国家。在该分工模式中，先进经济体通常占据主导地位，后发经济体则往往处于被动的从属地位（唐海燕和张会清，2008）。

2008年全球金融危机以来，上述"东亚生产美国消费"的亚太价值链分工模式，逐渐暴露出巨大的脆弱性和风险性。法国经济学家克里门特·朱格拉（Clèment Juglar）认为，"亚太价值链萧条的唯一原因就是繁荣"。失衡的"东亚生产美国消费"亚太价值链分工模式最终未能幸免于2008年的全球金融危机。危机爆发后，随着美国市场的萎缩，东亚地区各国出口急剧下降，并通过产业供应链在该区域迅速形成连锁反应，导致整个区域生产网络的断裂，最终使各国经济陷入全面衰退（成新轩，2019）。原有的"东亚生产美国消费"的亚太价值链分工模式遭受重创，新的亚太价值链分工模式呼之欲出。随着信息技术快速发展、亚太产业链不断延伸等因素的影响，东亚地区的分工结构日趋网络化和复杂化，雁阵模式逐渐消失，并很快被一种称为"东亚生产网络"的区域价值链分工形态取代（冯永琦，2011）。在新的"东亚生产网络"区域价值链分工体系中，中国替代日本成为"新三角贸易"主导者。在雁阵形态下，日本向东亚后发国家和地区进行直接投资和出口资本品，组装产品销往美欧市场，三者之间形成的是一种后发国家（地区）对美国贸易顺差弥补对日本贸易逆差的三角关系（刘洪钟，2020）。在新的区域生产网络形态下，中国逐渐成为亚太价值链的加工组装中心，并形成了日本及其他亚太先进经济体向中国出口零部件和资本品并经加工组装后再出口到美国的"新三角贸易"型亚太价值链分工模式。

综合现有文献不难发现，有关区域贸易协定深度的测量及其对全球价值链贸易影响的研究已较为深入。然而，相关研究主要从全球层面展开，专门针对亚太地区的研究相对鲜见。亚太地区拥有全球生产链条最多、分工程度最深、价值链贸易规模最大及分工网络最复杂的区域价值链分工体系，也是全球FTA数量最多、密度最高的地区。因此，深入考察区域贸易协定深化与亚太价值链重塑之间的关系有助于丰富FTA深化的价值链贸易效应研究。此外，已有研究主要关注区域贸易协定深化对全球价值链合作的影响效应，而有关区域贸易协定深化如何影响亚太价值链合作及其模式重塑的研究相对较少，尤其是专门针对数字贸易规则深化与数字价值链合作关系的研究更为鲜见。

参 考 文 献

成新轩. 2019. 东亚区域产业价值链的重塑——基于中国产业战略地位的调整. 当代亚太, (3):

29-46，157-158.

杜声浩. 2021. 区域贸易协定深度对全球价值链嵌入模式的影响. 国际经贸探索，37（8）：20-37.

冯永琦. 2011. 东亚区域的生产分工、产品需求结构与贸易模式转型. 当代亚太，（3）：41-56.

高疆，盛斌. 2018. 贸易协定质量会影响全球生产网络吗？世界经济研究，（8）：3-16.

韩剑，冯帆，李妍. 2018. FTA 知识产权保护与国际贸易：来自中国进出口贸易的证据. 世界经济，41（9）：51-74.

韩剑，王灿. 2019. 自由贸易协定与全球价值链嵌入：对 FTA 深度作用的考察. 国际贸易问题，（2）：54-67.

韩剑，许亚云. 2021. RCEP 及亚太区域贸易协定整合——基于协定文本的量化研究. 中国工业经济，（7）：81-99.

李墨丝. 2017. 超大型自由贸易协定中数字贸易规则及谈判的新趋势. 上海师范大学学报（哲学社会科学版），46（1）：100-107.

李艳秀，毛艳华. 2018. 区域贸易协定深度与价值链贸易关系研究. 世界经济研究，（12）：25-36.

刘斌，甄洋，李小帆. 2021. 规制融合对数字贸易的影响：基于 WIOD 数字内容行业的检验. 世界经济，44（7）：3-28.

刘洪愧. 2016. 区域贸易协定对增加值贸易关联的影响——基于服务贸易的实证研究. 财贸经济，（8）：127-143.

刘洪钟. 2020. 超越区域生产网络：论东亚区域分工体系的第三次重构. 当代亚太，（5）：137-158，160.

彭冬冬，林珏. 2021. "一带一路"沿线自由贸易协定深度提升是否促进了区域价值链合作？财经研究，47（2）：109-123.

唐海燕，张会清. 2008. 中国崛起与东亚生产网络重构. 中国工业经济，（12）：60-70.

铁瑛，黄建忠，徐美娜. 2021. 第三方效应、区域贸易协定深化与中国策略：基于协定条款异质性的量化研究. 经济研究，56（1）：155-171.

王金强. 2016. 亚太价值链构建中的原产地规则分析. 社会科学，430（6）：17-30.

许亚云，岳文，韩剑. 2020. 高水平区域贸易协定对价值链贸易的影响——基于规则文本深度的研究. 国际贸易问题，（12）：81-99.

杨继军，艾玮炜. 2021. 区域贸易协定服务贸易条款深度对增加值贸易关联的影响. 国际贸易问题，458（2）：143-158.

杨继军，艾玮炜，张雨. 2020. 区域贸易协定的条款深度对增加值贸易关联的影响. 国际经贸探索，36（7）：4-15.

张伯伟，胡学文. 2011. 东亚区域生产网络的动态演变——基于零部件贸易产业链的分析. 世界经济研究，（3）：81-86，89.

周念利，陈寰琦. 2020. RTAs 框架下美式数字贸易规则的数字贸易效应研究. 世界经济，43（10）：28-51.

周念利，李玉昊. 2021. RTAs 框架下数字知识产权规则的数字贸易效应测度及异质性分析. 国际经贸探索，37（5）：35-50.

周念利，李玉昊，刘东. 2018. 多边数字贸易规制的发展趋向探究——基于 WTO 主要成员的最新提案. 亚太经济，（2）：46-54.

Antràs P，Chor D. 2018. On the measurement of upstreamness and downstreamness in global value chains. NBER Working Paper 24185.

Antràs P，Chor D，Fally T，et al. 2012. Measuring the upstreamness of production and trade flows. CEPR Discussion Papers，NO. 8839.

Antràs P，Staiger R W. 2012. Offshoring and the role of trade agreements. The American Economic Review，102（7）：3140-3183.

Baier S L，Bergstrand J H. 2007. Do free trade agreements actually increase members' international trade? Journal of International Economics，71（1）：72-95.

Boffa M，Jansen M，Solleder O. 2019. Do we need deeper trade agreements for GVCs or just a BIT? The World Economy，42（6）：1713-1739.

Campi M，Duenas M. 2016. Intellectual property rights and international trade of agricultural products. World Development，80：1-18.

Dür A，Baccini L，Elsig M. 2014. The design of international trade agreements：introducing a new dataset. The Review of International Organizations，9（3）：353-375.

Egger P，Larch M，Staub K E，et al. 2011. The trade effects of endogenous preferential trade agreements. American Economic Journal：Economic Policy，3（3）：113-143.

Elsig M，Klotz S. 2018. Data flow-related provisions in preferential trade agreements//Burri Ma. Big Data and Global Trade Law. Cambridge：Cambridge University Press：42-62.

Elsig M，Klotz S. 2021. Digital trade rules in preferential trade agreements：is there a WTO impact? Global Policy，12（1）：25-36.

Falvey R，Foster-McGregor N. 2021. The breadth of preferential trade agreements and the margins of exports. Review of World Economics，（1）：1-71.

Haq M，Saeed J，Akram M. 2021. Exploring the advantages and disadvantages of the China-Pakistan free trade agreement. China & World Economy，29（3）：83-103.

Hofmann C，Osnago A，Ruta M. 2017. Horizontal depth：a new database on the content of preferential trade agreements. http://hdl.handle.net/10986/26148.

Horn H，Mavroidis P C，Sapir A. 2010. Beyond the WTO? An anatomy of EU and US preferential trade agreements. The World Economy，33（11）：1565-1588.

Hummels D，Ishii J，Yi K M. 2001. The nature and growth of vertical specialization in world trade. Journal of International Economics，54（1）：75-96.

Johnson R C，Noguera G. 2012. Accounting for intermediates：production sharing and trade in value added. Journal of International Economics，86（2）：224-236.

Koopman R，Wang Z，Wei S J. 2014. Tracing value-added and double counting in gross exports. American Economic Review，104（2）：459-494.

Laget E，Osnago A，Rocha N，et al. 2020. Deep trade agreements and global value chains. Review of Industrial Organization，57（6）：379-410.

Malkawi B H. 2019. Digitalization of trade in free trade agreements with reference to the WTO and the USMCA：a closer look. https://pdfs.semanticscholar.org/026e/5483e00346d1394b58e318145 d83ab8d2fc5.pdf.

Martínez-Zarzoso I, Chelala S. 2021. Trade agreements and international technology transfer. Review of Word Economics, 157 (3): 631-665.

Mattoo A, Mulabdic A, Ruta M. 2017. Trade creation and trade diversion in deep agreements. https://doi.org/10.1111/caje.12611.

Orefice R, Rocha N. 2014. Deep integration and production networks: an empirical analysis. The World Economy, 37 (1): 106-136.

Ornelas E, Turner J L, Bickwit G. 2021. Preferential trade agreements and global sourcing. Journal of International Economics, 128: 103395.

Osgood I, Feng Y. 2018. Intellectual property provisions and support for US trade agreements. Review of International Organizations, 13 (3): 421-455.

Pasara M T, Diko N. 2020. The effects of ACFTA on food security sustainability: an analysis of the cereals trade in the SADC region. Sustainability, 12 (4): 1-12.

Portugal-Perez A, Wilson J S. 2012. Export performance and trade facilitation reform: hard and soft infrastructure. World Development, 40 (7): 1295-1307.

Shadlen K C, Sampat B N, Kapczynski A. 2020. Patents, trade and medicines: past, present and future. Review of International Political Economy, 27 (1): 75-97.

Shepherd B, Wilson J S. 2009. Trade facilitation in ASEAN member countries: measuring progress and assessing priorities. Journal of Asian Economics, 20 (4): 367-383.

Timsina K P, Culas R J. 2020. Impacts of Australia's free trade agreements on trade in agricultural products: an aggregative and disaggregative analysis. Australian Journal of Agricultural and Resource Economics, 64 (3): 889-919.

Wang Z, Wei S J, Yu X, et al. 2017. Characterizing global value chains: production length and upstreamness. NBER Working Papers 23261.

Wang Z, Wei S J, Zhu K. 2013. Quantifying international production sharing at the bilateral and sector levels. NBER Working Paper 19677.

Weng Y, Yang C H, Huang Y J. 2009. Intellectual property rights and US information goods exports: the role of imitation threat. Journal of Cultural Economics, 33 (2): 109-134.

Yadav N. 2014. The role of internet use on international trade: evidence from Asian and Sub-Saharan African enterprises. Global Economy Journal, 14 (2): 189-214.

Zhou M, Sheldon I, Eum J. 2018. The role of intellectual property rights in seed technology transfer through trade: evidence from US field crop seed exports. Agricultural Economics, 49 (4): 423-434.

第 2 章　亚太地区区域贸易协定
深化历程

随着 WTO 多边贸易体制停滞不前和亚太地区各经济体价值链合作的日益深化，亚太地区各经济体之间的贸易依存度不断提高，区域贸易协定呈现出快速发展的态势。为了深入探讨亚太地区区域贸易协定深化历程，本章首先梳理亚太地区区域贸易协定数量的动态演变；其次，探讨亚太地区区域贸易协定的地理分布格局；再次，剖析亚太地区区域贸易协定网络拓扑结构特征；最后，分别基于区域贸易协定深度指数和条款覆盖率与法定承诺率，重点考察亚太地区区域贸易协定深度及其演进历程。

2.1　亚太地区区域贸易协定数量的动态演变

21 世纪以来，随着 WTO 多哈回合谈判陷入僵局与亚太价值链的深入发展，多边贸易体制已经无法满足亚太地区对于贸易自由化便利化和市场开放的要求。区域贸易协定由于涵盖成员较少，可更大程度满足各成员对贸易自由化便利化和市场开放的需求，于是，越来越多的亚太国家将政策重心转向更深层次一体化的区域与双边贸易协定，以期构建更高标准和质量的新贸易规则体系。如表 2.1 所示，亚太地区各经济体签署和实施的区域贸易协定数量快速增长，由 1999 年的 23 个增加到 2016 年的 143 个，尤其是 2000~2009 年，区域贸易协定签署生效数量高达 62 个，是亚太地区区域贸易协定谈判的高潮时期。截至 2016 年末，亚太地区 18 个国家已生效实施的双边及多边区域贸易协定多达 143 个，尤其是新加坡、智利、日本、马来西亚、澳大利亚和韩国等签署的区域贸易协定均高达 12 个以上，其中，智利签署生效的区域贸易协定最多，达 27 个，成为亚太地区签署区域贸易协定最为活跃的国家。中国作为亚太地区最大的发展中国家,在区域贸易协定签署方面进展相对缓慢。早期,中国主要同东亚地区经济体签署各类区域贸易协定,如与东盟签署区域贸易协定;后期,中国开始与大洋洲、南美洲及少数欧洲国家或地区逐步签署了一系列区域贸易协定,截至2016年,中国共签署生效的区域贸易协定达15个。

表2.1　亚太地区18个主要国家已生效实施的区域贸易协定数量

国家	生效实施年份					总计
	1980年以前	1980~1989年	1990~1999年	2000~2009年	2010~2016年	
澳大利亚	1	2	—	4	5	12
文莱	—	—	1	4	3	8
加拿大	—	—	3	3	5	11
智利	1	2	2	15	7	27
中国	1	—	—	8	6	15
印度尼西亚	—	1	1	3	3	8
日本	—	—	—	11	4	15
韩国	2	1	—	4	12	19
马来西亚	—	1	1	4	7	13
墨西哥	1	2	3	5	4	15
新西兰	—	2	—	4	5	11
秘鲁	1	3	—	4	9	17
菲律宾	1	—	1	3	3	9
俄罗斯	—	—	7	2	4	13
新加坡	—	1	1	14	6	22
泰国	—	1	2	5	3	11
美国	—	1	1	9	3	14
越南	—	1	1	3	5	10
18国总体	3	6	14	62	58	143

资料来源:根据WTO网站的区域贸易协定数据库整理得到

2.2　亚太地区区域贸易协定的地理分布格局

第一,亚太地区区域贸易协定主要分布在太平洋东西两岸。以东盟为核心的东盟自由贸易区及其衍生FTA,即东盟作为整体与中国、日本、韩国分别签署的双边FTA,以及东盟作为整体与中国、日本、韩国、新加坡和澳大利亚签署的RCEP,

构成太平洋西岸的 FTA 体系。以北美自由贸易区（North America Free Trade Area，NAFTA）为核心及其他美洲国家与 NAFTA 成员签署的双边 FTA 体系构成太平洋东岸 FTA 体系。

第二，亚太地区区域贸易协定布局形成了显著的中心-外围体系。日本和新加坡是亚太地区区域贸易协定体系的中心，建起了以日本和新加坡为核心的亚太 FTA 网络体系。日本与东盟成员国中的 7 个国家分别签订了双边区域贸易协定，新加坡则分别与中国、日本、韩国、美国、澳大利亚建立了经贸伙伴关系，成为亚太地区区域贸易协定网络的重要中心节点。此外，东盟作为国家集团，建起了以东盟自由贸易区为核心、以东盟与其他国家形成的多层级"10+X"FTA 及 RCEP 为外围的区域贸易协定体系。

第三，亚太地区区域贸易协定错综交织，形成了复杂和多样的结构体系。亚太地区区域贸易协定之间存在多重交互关系，使得亚太各国面临严重的多重治理难题。有些区域贸易协定的成员同时面临双边和区域性区域贸易协定的多重贸易规则，如中国与韩国的双边 FTA 及中国与 RCEP 成员签署的 RCEP 多边贸易协定就形成了这一结构。还有些区域贸易协定的成员与不同国家签订具有不同规则的区域贸易协定，如中国与韩国、智利、新加坡等分别签署双边贸易协定。此外，亚太地区区域贸易协定尚未形成一致而全面的贸易规则模板。例如，《内地与香港关于建立更紧密经贸关系的安排》《内地与澳门关于建立更紧密经贸关系的安排》涉及广泛的领域和丰富的内容，而中国与其他成员签订的区域贸易协定则主要以传统贸易领域涉及的市场准入和贸易便利化为核心。

2.3　亚太地区区域贸易协定网络拓扑结构特征

为全面深入地考察亚太地区区域贸易协定网络的内在结构与相互依赖关系，本节借鉴韩剑和许亚云（2021）的思路构建了两组亚太地区 1995~2020 年的区域贸易协定邻接矩阵，具体构建思路为：如果两个经济体之间存在区域贸易协定，则矩阵元素取值为 1，反之为 0；如果两个经济体之间存在区域贸易协定，则矩阵元素取值为 DESTA 数据库提供的区域贸易协定深度指数，反之为 0。根据两组矩阵提供的基础数据，借助复杂网络分析方法可测算亚太地区区域贸易协定网络的网络密度、平均距离和中心势。其中，网络密度是指网络中各个成员之间贸易协定联系的紧密程度，构建方法为已有连接数与理论上最多可以实现的连接数的比值，若网络密度低于 0.5，表示网络并不完整，大多数成员之间都没有协定联系。

平均距离描述网络中各节点的平均最短距离。中心势衡量网络趋于一个中心节点的程度，中心势越小意味着各经济体区域贸易协定签署情况的差异性越小，越大则表明该网络越集中于某个"中心点"。

由表 2.2 的测算结果可知，亚太地区区域贸易协定网络的网络密度不断增大，由 1995 年的 0.242 9 增加到 2020 年的 0.785 7，增大了 2 倍多，尤其是在 2003 年以后出现了跳跃式增长，主要是因为 2003~2004 年有多个深度区域贸易协定签署并生效，2008 年以后超过了 0.5 的临界值，远高于世界平均水平，意味着亚太经济体间经贸规则联系更加紧密。此外，亚太地区区域贸易协定网络的平均距离尽管在 1995~2002 年小幅增加，但 2003 年后呈现出持续缩小的发展态势，由 2003 年的 2.158 缩小到 2020 年的 1.214，意味着此后各经济体之间的连接途径变短，网络凝聚力不断增大。亚太地区区域贸易协定网络的中心势呈现出先下降后上升再下降但总体呈现上升的变动态势，在 2009 年以前有波动上升的趋势，而 2009 年之后整体呈下降态势，但加权区域贸易协定网络的中心势在金融危机的冲击下出现短暂下降之后又表现出递增趋势，说明金融危机之前区域贸易协定网络有向某些"中心点"（某些核心国家）集中的趋势，但是金融危机之后各经济体差距缩小，世界经济贸易格局短期内有向多边化发展的趋势。2018 年 CPTPP 的签署使得中心势重新提高（由 23.68 上升到 24.74），表明网络中心有向部分经济体集中的趋势，但 2020 年 RCEP 的签署使其再次降低（由 24.74 下降到 23.68），表现出明显的相互竞争与相互制衡关系，各经济体 FTA 签署情况的差异性减小。

表2.2　亚太地区区域贸易协定网络结构变化

年份	未加权			深度加权		
	网络密度	平均距离	中心势	网络密度	平均距离	中心势
1995	0.242 9	1.089	22.89	0.554 8	1.038	6.92
1996	0.247 6	1.071	22.37	0.583 3	1.019	6.47
1997	0.247 6	1.071	22.37	0.583 3	1.019	6.47
1998	0.252 4	1.054	21.84	0.597 6	1.089	6.24
1999	0.252 4	1.054	21.84	0.597 6	1.089	6.24
2000	0.257 1	1.408	26.84	0.626 2	1.434	8.95
2001	0.257 1	1.408	26.84	0.626 2	1.434	8.95
2002	0.261 9	1.489	31.84	0.659 5	1.511	13.95
2003	0.281 0	2.158	40.79	0.792 9	2.164	22.89
2004	0.342 9	2.053	39.47	0.978 6	2.063	21.54
2005	0.385 7	1.743	51.32	1.221 4	1.752	31.13
2006	0.438 1	1.667	45.53	1.364 3	1.676	28.87
2007	0.461 9	1.633	42.89	1.502 4	1.638	26.69

续表

年份	未加权			深度加权		
	网络密度	平均距离	中心势	网络密度	平均距离	中心势
2008	0.500 0	1.538	44.21	1.681 0	1.543	29.29
2009	0.623 8	1.414	30.53	2.247 6	1.419	23.50
2010	0.628 6	1.405	30.00	2.261 9	1.410	23.27
2011	0.647 6	1.381	27.89	2.371 4	1.386	22.33
2012	0.647 6	1.381	27.89	2.371 4	1.386	22.33
2013	0.652 4	1.371	27.37	2.390 5	1.376	22.82
2014	0.666 7	1.333	25.79	2.485 7	1.338	30.79
2015	0.681 0	1.319	24.21	2.571 4	1.324	33.38
2016	0.681 0	1.319	24.21	2.571 4	1.324	33.38
2017	0.685 7	1.314	23.68	2.595 2	1.319	33.01
2018	0.776 2	1.224	24.74	3.228 6	1.229	39.59
2019	0.776 2	1.224	24.74	3.228 6	1.229	39.59
2020	0.785 7	1.214	23.68	3.285 7	1.219	38.68

资料来源：笔者计算整理所得

2.4　基于区域贸易协定深度指数的考察

2.4.1　测度指标体系构建

本章借助于世界银行 2017 年发布的 PTA 数据库来测算区域贸易协定深度指数，该数据库涵盖了 1958~2015 年 189 个经济体向 WTO 通报的 279 份贸易协定。我们借鉴 Hofmann 等（2017）构建深度贸易协定内容（Content of Deep Trade Agreements，CDTA）数据库的思路，将贸易协定中高频出现的 52 项条款分成 14 项"WTO+"条款和 38 项"WTO-X"条款两类，并对每个条款进行量化打分。表 2.3 给出了 52 项条款的具体分类方法，"WTO+"条款是指 WTO 现行框架下已经包含的传统贸易政策规则，包括与贸易有关的投资措施协议（Agreement on Trade-Related Investment Measures，TRIMs）、动植物卫生检疫、反补贴、反倾销、政府采购等 14 项条款；"WTO-X"条款是指 WTO 现行框架中尚未涵盖的新一代贸易政策规则，包括反腐败、健康、知识产权、劳工市场规范等 38 项条款。

表2.3　区域贸易协定协议涉及的条款分类

"WTO+"条款（14项）	"WTO-X"条款（38项）	
工业品关税减让	反腐败	健康
农业品关税减让	竞争政策	人权问题
海关程序	环境保护	非法移民
出口税	知识产权	反毒品
动植物卫生检疫	投资措施	产业合作
国有企业	劳工市场规范	信息交流
技术性贸易壁垒	资本流动	采矿业
反补贴	消费者保护	反洗钱
反倾销	数据保护	核安全
国家补贴	农业	政治对话
政府采购	立法协调	公共管理
与贸易有关的投资措施协议	音像产业	区域合作
服务贸易协定[1]	公民保护	技术与科研
	创新政策	中小企业
	文化合作	社会事务
与贸易有关的知识产权协定[2]	经济政策对话	统计数据
	教育与培训	税收
	能源	恐怖主义
	金融支持	签证与政治庇护

1）服务贸易协定：Trade in Service Agreement，TISA；2）与贸易有关的知识产权协定：Agreement on Trade-Related Aspects of Intellectual Property Rights，TRIPs

资料来源：WTO的《世界贸易报告2011》

　　"WTO+"条款和"WTO-X"条款之间存在着显著差异。从协议措施及政策变化方式上看，传统"WTO+"条款主要聚焦于边界措施，通过降低区域贸易协定成员的市场准入门槛，使商品在成员间更自由地流动。成员间贸易政策的变化是从互利对等削减到完全消除彼此间的贸易壁垒，是一个"从有到无"的过程。"WTO-X"条款则主要聚焦于边界内措施，主要通过区域贸易协定成员内部政策的对话和协调来削减各成员的贸易壁垒，实现成员间国内政策的协调融合，形成公认的特定规则及最低的行为标准。区域贸易协定成员间贸易政策的变化是先从低标准起步逐渐升级至高标准，是一个"从低到高"的过程。前者可以为经济体内部的某些本土企业保护与干预自身市场竞争的政策保留一些余地，而后者则会对经济体内部政策造成较强的冲击和影响，使自身政策回旋余地相对变小（孙瑾等，2018）。

　　在考虑法律约束力的情形下测度区域贸易协定深度指数。首先，根据 Hofmann 等（2017）的赋值方法刻画区域贸易协定中各条款深度，如果该条款在区域贸易协定中没有提及或不具有法律约束力，则赋值为 0；如果该条款在区域贸易协定中明确提及且具有法律约束力，但被排除在争端解决机制之外，则赋值为 1；如果该条款在区域贸易协定中明确提及且具有法律约束力，并适用于争端解决机制，则赋值为 2。其次，对区域贸易协定中所包含的所有条款深度进行加总，并进行标准化处理，最终得到经济体间的区域贸易协定深度指数（depi_{ijt}）：

$$\text{depi}_{ijt}=\frac{\sum_{k=1}^{52}\text{provision}_{ijt}^{k}}{\text{Max}\left(\sum_{k=1}^{52}\sum_{i,j\neq i}^{20}\text{provision}_{ijt}^{k}\right)} \tag{2.1}$$

其中，$\text{provision}_{ijt}^{k}$ 为第 t 年 i 经济体与 j 经济体之间 k 条款的深度；depi_{ijt} 的取值在 0~1，数值越大，表明该协定的深度一体化程度越高；j 经济体为除巴布亚新几内亚外的其他亚洲太平洋经济合作组织（Asia-Pacific Economic Cooperation，APEC）经济体。

与既有文献类似，本节同样度量了两个经济体间区域贸易协定所包含的所有条款深度加总指数（dep）。计算方法如下：

$$\text{dep}_{ijt}=\sum_{k=1}^{52}\text{provision}_{ijt}^{k} \tag{2.2}$$

在此基础上，参考张志明（2022）的方法进一步计算了核心条款深度指数（cdepi）。其中，18 项核心条款包括 14 项 "WTO+" 条款和 4 项 "WTO-X" 条款（竞争政策、知识产权、投资措施和资本流动）。具体计算方法与式（2.1）类似：

$$\text{cdepi}_{ijt}=\frac{\sum_{k=1}^{18}\text{provision}_{ijt}^{k}}{\text{Max}\left(\sum_{k=1}^{18}\sum_{i,j\neq i}^{20}\text{provision}_{ijt}^{k}\right)} \tag{2.3}$$

此外，考虑到区域贸易协定深度条款的异质性，参考 Horn 等（2010）的方法将既有的区域贸易协定深度条款划分为 "WTO+" 与 "WTO-X" 两类，其深度指数分别记为 WTOdepi 和 WTOXdepi。计算公式分别为

$$\text{WTOdepi}_{ijt}=\frac{\text{WTOdepth}_{ijt}}{\text{Max}(\text{WTOdepth})}=\frac{\sum_{k=1}^{14}\text{provision}_{ijt}^{k}}{\text{Max}\left(\sum_{k=1}^{14}\sum_{i,j\neq i}^{20}\text{provision}_{ijt}^{k}\right)} \tag{2.4}$$

$$\text{WTOXdepi}_{ijt}=\frac{\text{WTOXdepth}_{ijt}}{\text{Max}(\text{WTOXdepth})}=\frac{\sum_{k=1}^{38}\text{provision}_{ijt}^{k}}{\text{Max}\left(\sum_{k=1}^{38}\sum_{i,j\neq i}^{20}\text{provision}_{ijt}^{k}\right)} \tag{2.5}$$

考虑到关税与非关税条款的异质性，借鉴 Damuri（2012）的思路将深度条款划分为关税与非关税条款，其中，关税条款包括反倾销、反补贴、与贸易有关的投资措施协议、与贸易有关的知识产权协定、工业品关税减让、农业品关税减让6 项子指标，剩余 46 项子指标则视为非关税条款，其深度指数分别记为 tardepi 和 ntardepi。计算公式分别如下：

$$tardepi_{ijt} = \frac{tardepth_{ijt}}{Max(tardepth)} = \frac{\sum\limits_{k=1}^{6} provision_{ijt}^{k}}{Max\left(\sum\limits_{k=1}^{6}\sum\limits_{i,j\neq i}^{20} provision_{ijt}^{k}\right)} \tag{2.6}$$

$$ntardepi_{ijt} = \frac{ntardepth_{ijt}}{Max(ntardepth)} = \frac{\sum\limits_{k=1}^{46} provision_{ijt}^{k}}{Max\left(\sum\limits_{k=1}^{46}\sum\limits_{i,j\neq i}^{20} provision_{ijt}^{k}\right)} \tag{2.7}$$

2.4.2 亚太地区区域贸易协定深度的静态分析

表 2.4 给出了亚太地区 20 个经济体与其他亚太经济体之间的平均区域贸易协定深度指数，其中最后一列表示各经济体与其他亚太经济体之间的平均区域贸易协定深度指数，而表格左下方的数据表示各经济体分别与其他亚太经济体之间的平均区域贸易协定深度指数。由最后一列可知，总体而言，智利、新加坡、新西兰、澳大利亚、日本及墨西哥等经济体与其他亚太经济体的平均区域贸易协定深度指数相对较大，均大于（等于）0.15。俄罗斯、中国台湾及中国香港与其他亚太经济体的平均区域贸易协定深度指数相对较小，均不足 0.03。这说明前者与其他亚太经济体签署了深度更深的区域贸易协定，而后者与其他亚太经济体所签署的区域贸易协定深度相对较浅。具体到经济体对而言，发达经济体之间的平均区域贸易协定深度指数相对较大。例如，加拿大与美国（0.91）、加拿大与墨西哥（0.91）、墨西哥与美国（0.91）、智利与墨西哥（0.58）、加拿大与智利（0.56）的平均区域贸易协定深度指数均大于 0.5，而发展中经济体与发达经济体间的平均区域贸易协定深度指数相对较小，大多数发展中经济体与发达经济体间并未签署区域贸易协定。可能的原因是，与发达经济体相比，发展中经济体的经济发展水平和市场体系完善程度均相对较低，因此，两者签署区域贸易协定的难度较大、所需付出的谈判成本相对较高且覆盖的深度条款相对较少。

表2.4 平均区域贸易协定深度指数（1995~2015年）

经济体	澳大利亚	文莱	加拿大	智利	中国	中国香港	印度尼西亚	日本	韩国	墨西哥	马来西亚	新西兰	秘鲁	菲律宾	俄罗斯	新加坡	泰国	中国台湾	美国	平均值
澳大利亚																				0.16
文莱	0.20																			0.10
加拿大	0	0																		0.14
智利	0.27	0.28	0.56																	0.22
中国	0	0.09	0	0.30																0.09
中国香港	0	0		0.06	0.13															0.02
印度尼西亚	0.20	0.04	0	0	0.09	0														0.07
日本	0.04	0.26	0	0.30	0	0	0.25													0.15
韩国	0.07	0.23	0.04	0.44	0	0	0.23	0												0.14
墨西哥	0	0	0.91	0.58	0	0	0	0.38	0											0.15
马来西亚	0.20	0.04	0	0.07	0.09	0	0.04	0.31	0.23	0										0.07
新西兰	0.37	0.31	0	0.28	0.33	0.15	0.20	0	0	0	0.25									0.17
秘鲁	0.04	0	0.20	0.20	0.18			0.10	0.24	0.16	0	0								0.08
菲律宾	0.20	0.02	0	0	0.09	0	0.04	0.25	0.23	0	0.04	0.20	0							0.07
俄罗斯	0	0	0	0	0	0	0	0	0	0	0	0	0	0						0
新加坡	0.47	0.30	0	0.28	0.24	0	0.04	0.42	0.36	0	0.04	0.47	0.22	0.04	0					0.18
泰国	0.37	0.04	0	0	0.09	0	0.04	0.27	0.23	0	0.04	0.35	0	0.04	0	0.04				0.08
中国台湾	0.03	0	0	0	0	0	0	0	0	0	0	0.11	0	0	0	0.06	0.04			0.01
美国	0.44	0	0.91	0.48	0	0	0		0.16	0.91	0	0	0.30	0	0	0.42	0	0		0.14
越南	0.20	0.04	0	0.04	0.09	0	0.04	0.25	0.23	0	0.04	0.20	0	0.04	0	0.04	0	0	0	0.11

资料来源：由笔者计算所得

2.4.3 亚太地区区域贸易协定深度的动态分析

为了深入考察亚太地区区域贸易协定深度的动态变化，本小节从总体层面（赋值为 0~2）和具有法律约束力层面（赋值为 2）两种视角出发，分别绘制经济体间的总条款深度指数（depi）、核心条款深度指数（cdepi）、"WTO+"条款深度指数（WTOdepi）、"WTO-X"条款深度指数（WTOXdepi）、关税条款深度指数（tardepi）、非关税条款深度指数（ntardepi）的时间趋势图。为了便于对上述指标进行比较分析，将基于总体层面的各项指标的时间趋势图绘制在图 2.1 中，将基于具有法律约束力层面的各项指标的时间趋势图绘制在图 2.2 中。

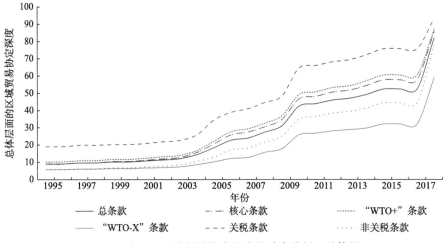

图 2.1 亚太地区区域贸易协定深度的动态分析：总体层面

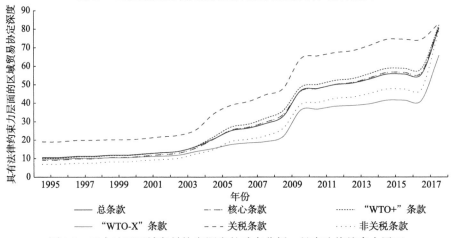

图 2.2 亚太地区区域贸易协定深度的动态分析：具有法律约束力层面

　　从各项指标的整体时间趋势来看，在样本考察期间（1995~2018 年），经济体间的总条款深度指数、核心条款深度指数、"WTO+"条款深度指数、"WTO-X"条款深度指数、关税条款深度指数、非关税条款深度指数均呈现显著的上升趋势。从图 2.1 和图 2.2 中不难发现，在 2008 年和 2016 年两个重要的时间节点后，上述 6 项深度指标均存在两次迅猛的攀升趋势。在 2008 年全球金融危机爆发后，国际经济与贸易遭受巨大冲击，WTO 多哈回合谈判持续受阻，贸易保护主义再现端倪，"逆全球化"思潮在发达国家暗流涌动（佟家栋等，2017）。在此背景下，亚太地区各主要国家经济复苏步伐存在明显的差异，区域贸易协定逐渐取代多边贸易协定成为国际经济秩序的主导规则（雷达，2018），因此自 2008 年全球金融危机爆发后，各项区域贸易协定深度指数攀升势头凸显。上述 6 项深度指标的另一个显著上升趋势出现在 2016 年唐纳德·特朗普宣誓就职美国总统后。特朗普上任伊始，美国政府奉行"美国优先"（America first）、"买美国货，雇美国人"（buy America，hire America）等经济和外交战略，肆意挥舞贸易保护主义和单边霸权主义的大棒，频繁与亚太地区各主要贸易伙伴（中国、日本、加拿大、墨西哥）发生贸易摩擦。特朗普政府系列经济政策彻底否认和批判了"新自由主义经济"，使得多边贸易体制遭受重大冲击，经济全球化陷入严重停滞（佟家栋等，2017）。为了应对新一轮的"逆全球化"浪潮，避免贸易摩擦及其他经济体之间的贸易协定引致的"贸易转移效应"，亚太地区各主要经济体再次开启新一轮区域贸易协定缔结进程（郭志芳等，2018；吕越等，2019），由此各项区域贸易协定深度指数再次呈现迅猛增长。

　　对比经济体间的总条款深度指数与核心条款深度指数，从图 2.1 中能够看到，在总体层面视角下，核心条款深度指数始终高于经济体间的总条款深度指数。这意味着各区域贸易协定中的核心条款更能够体现 FTA 缔结成员之间的贸易自由化程度。非核心条款内容则在一定程度上会引发亚太地区 FTA 的"意大利面碗"效应（Spaghetti bowl effect），即随着区域内 FTA 数量的递增，市场准入歧视愈发泛滥，在保证 FTA 缔结成员之间自由贸易的同时，引致了对非缔结成员的贸易保护及 FTA 之间不同贸易规则与贸易壁垒的冗余重叠（Bhagwati and Panagariya，1996；韩剑和许亚云，2021）。与之不同，从图 2.2 中能够看到，在具有法律约束力层面视角下，核心条款深度指数与经济体间的总条款深度指数基本呈现同步的动态增长，并且在经过标准化后核心条款深度指数与经济体间的总条款深度指数之间差异微弱。正如 Hofmann 等（2017）所指出的，并非所有条款的签署对区域内部的贸易自由化都是重要的，对于经济体间的总条款深度指数而言，具有法律约束力且能够适用于争端解决机制的核心条款仍然是各区域贸易协定中的核心条款。换言之，在约束程度较高的框架下，亚太地区 FTA 的"意大利面碗"效应明显减小，且具有法律约束力的核心条款在亚太地区 FTA 的缔结当中扮演着愈发重要的角色。

对比 "WTO+" 条款深度指数和 "WTO-X" 条款深度指数，从图 2.1 和图 2.2 中均能够看到，"WTO+" 条款深度指数和 "WTO-X" 条款深度指数始终处于基本相同趋势下的动态增长。并且，无论是在总体层面视角下还是在具有法律约束力层面视角下，"WTO+" 条款深度指数均高于 "WTO-X" 条款深度指数。换言之，在亚太地区缔结的 FTA 中 "WTO+" 条款深度要普遍高于 "WTO-X" 条款深度。Horn 等（2010）将已有的区域贸易协定深度条款划分为 "WTO+" 和 "WTO-X" 两类，其中，"WTO+" 条款是已存在于 WTO 框架之下的 "第一代" 贸易政策，协议双方承担的双边或多边承诺属于 WTO 的现行任务范围，共包含 14 项子指标；"WTO-X" 条款是尚未包含在 WTO 框架和规则之下的 "第二代" 贸易政策，协议双方承担的双边或多边承诺超出了 WTO 谈判授权或管辖范围，共包含 38 项子指标。这也就意味着，在样本期间的深度条款仍以 "第一代" 贸易政策为主导，需要进一步加强和完善 "第二代" 贸易政策的相关内容，以期达到更高水准的区域贸易协定。

对比关税条款深度指数和非关税条款深度指数，从图 2.1 和图 2.2 中均能够看到，关税条款深度指数在样本期间始终高于非关税条款深度指数，但随着时间的推移，二者之间的差异逐渐缩小，特别是在具有法律约束力层面视角下，关税条款深度指数与非关税条款深度指数的差异由样本初期的 12.071 缩小至样本末期的 3.667。这意味着，在亚太地区非关税条款在深度条款中承担着愈发重要的作用，这也是亚太地区 FTA 质量提升的重要表征。与关税条款相比，非关税条款涉及的范围更广、复杂程度更高、缔结难度更大，因此其在亚太地区经济一体化中也起到了引领亚太地区经贸秩序重构的重要支撑。在亚太地区 FTA 的 6 项条款（工业品关税减让、农业品关税减让、反倾销、反补贴、与贸易有关的投资措施协议、与贸易有关的知识产权协定）日益成熟的趋势下，非关税条款的完善与改进将决定亚太地区 FTA 的未来发展方向。

在上述分析的基础上，本小节进一步选取了样本初期（1995 年）、样本中期（2006 年）和样本末期（2018 年）3 个代表年份，考察了亚太地区 20 个主要经济体区域贸易协定深度指数的动态变化。与前文类似，本部分同样基于总体层面和具有法律约束力层面两种视角进行考察（图 2.3 和图 2.4）。

从样本初期来看，亚太地区在 1995 年仅有美国、加拿大和墨西哥三国的区域贸易协定深度指数较高，在总体层面指标下分别为 0.098 5、0.091 8 和 0.152 3，在具有法律约束力层面指标下分别为 0.113 2、0.105 3 和 0.176 3。这主要得益于美国、加拿大、墨西哥三国于 1994 年签署缔结了 NAFTA。NAFTA 生效以后，到 1999 年为止，区域内贸易增长达 97%，双边贸易则以年平均两位数增长率的速度增长，并且其成员国间的相互投资达 2.470 亿美元，而外国赴北美地区投资金额也高达 1.2 兆美元，显见 NAFTA 对于北美地区贸易与投资蓬勃发展贡献巨大。

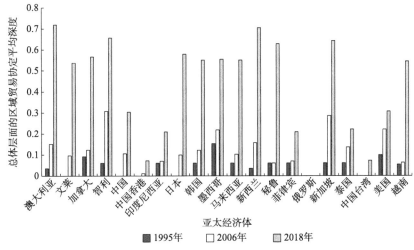

图 2.3 亚太地区各经济体区域贸易协定深度的动态分析：总体层面

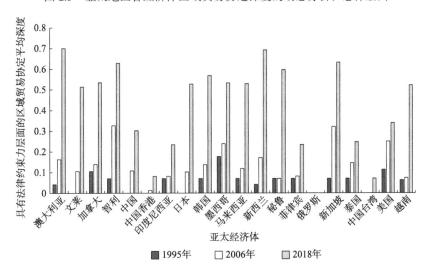

图 2.4 亚太地区各经济体区域贸易协定深度的动态分析：具有法律约束力层面

更为重要的是，在多边贸易体制尚未建立的情况下，NAFTA 以其具有创新性的安排与制度设计，不仅影响了随其后成立的 WTO，而且在很大程度上成为众多区域贸易协定的参考（Condon，2002）。

从样本中期来看，亚太地区各经济体区域贸易协定深度指数呈现了较大的跃升，在总体层面指标下由 0.004 8 提高至 0.119 8，在具有法律约束力层面指标下由 0.055 5 提高至 0.132 3[①]。从图 2.3 和图 2.4 中能够发现，在样本中期，智利和

新加坡两个国家区域贸易协定深度指数较高，在总体层面指标下分别为 0.308 0 和 0.285 6，在具有法律约束力层面指标下分别为 0.326 3 和 0.321 1。这主要得益于在样本中期前后，智利和新加坡与亚太地区各主要经济体，如美国、中国和日本等均达成了 FTA，获得了金融危机前夕多边贸易体系下的时代红利，从而使其能够凸显亚太地区区域贸易协定深度优势。

从样本末期来看，亚太地区各经济体区域贸易协定深度指数再次呈现了巨大跃升，在总体层面指标下由 0.119 8 提高至 0.431 3，在具有法律约束力层面指标下由 0.132 3 提高至 0.424 2[①]。从图 2.3 和图 2.4 中能够发现，在样本末期，澳大利亚和新西兰两个大洋洲国家的区域贸易协定深度指数较高，在总体层面指标下分别为 0.718 9 和 0.704 4，在具有法律约束力层面指标下分别为 0.700 0 和 0.692 1。这主要是由于在样本末期，"逆全球化"浪潮已经对多边贸易体制产生了重大的挑战，作为大洋洲两大最为重要的经济体，澳大利亚和新西兰两国与亚太地区经济体之间存在紧密的经贸往来，为了避免中美贸易摩擦等贸易冲击沿全球价值链引致的负面冲击（张志明和杜明威，2018），澳大利亚和新西兰两国参与了众多高水平的区域贸易协定缔结，如 CPTPP、《中国-澳大利亚自由贸易协定》和《中国-新西兰自由贸易协定》等，并积极筹划参与 RCEP 的制定。

2.5　基于条款覆盖率与法定承诺率的再考察

在考察区域贸易协定质量时，既有研究通常聚焦于贸易协定条款覆盖范围及条款实施效力两个方面。不同的区域贸易协定不仅在条款覆盖范围方面有所差异，各项条款的实施效力也大有不同。一些国家在签署贸易协定时，会对协定原文中超出 WTO 现行规则框架的条款做出"明示"承诺，然而，这并不能代表这些承诺具有法律效力且能够被具体实施执行。协议文本中界定不清的表述及含糊其词的争端解决办法无疑会削弱条款实际履行效率（盛斌和果婷，2014）。由此，本章同时引入条款覆盖率和法定承诺率两项重要指标以考察亚太地区区域贸易协定签署质量。条款覆盖率是指贸易协定中涉及"WTO+"或"WTO-X"条款数目占总条款数目的比重。法定承诺率是指贸易协定中涉及"WTO+"或"WTO-X"条款的具有法律效力的条款数目占总条款数目的比重，这一指标能进一步衡量条款的实施效力，一定程度上是对贸易协定质量更为严格的考察。

---

① 数据由笔者计算整理所得。

2.5.1　亚太地区生效实施的区域贸易协定条款质量分析

本小节以亚太地区内部各经济体签署的 46 个区域贸易协定为研究主体，利用条款覆盖率与法定承诺率对各双边及多边区域贸易协定涉及的条款覆盖范围及实施约束效力进行测算分析，相关计算结果见表2.5。

表2.5　亚太地区生效实施的区域贸易协定的条款对比

经济体之间的区域贸易协定	"WTO+" 条款		"WTO-X" 条款	
	条款覆盖率	法定承诺率	条款覆盖率	法定承诺率
发达国家之间的双边区域贸易协定				
日本—新加坡	64.3%	64.3%	28.9%	10.5%
韩国—新加坡	85.7%	64.3%	44.7%	13.2%
韩国—澳大利亚	92.9%	78.6%	42.1%	23.7%
新加坡—澳大利亚	71.4%	71.4%	21.1%	15.8%
新加坡—新西兰	78.6%	78.6%	10.5%	7.9%
美国—新加坡	78.6%	78.6%	26.3%	18.4%
美国—韩国	85.7%	85.7%	55.3%	36.8%
美国—澳大利亚	85.7%	85.7%	34.2%	26.3%
澳大利亚—新西兰	64.3%	64.3%	18.4%	10.5%
总体水平	78.6%	74.6%	31.3%	18.1%
发展中国家之间的双边区域贸易协定				
中国—智利	78.6%	78.6%	26.3%	7.9%
中国—秘鲁	71.4%	71.4%	26.3%	13.2%
马来西亚—智利	50%	50%	10.5%	5.3%
秘鲁—墨西哥	64.3%	57.1%	15.8%	5.3%
秘鲁—智利	92.9%	78.6%	36.8%	15.8%
智利—墨西哥	85.7%	64.3%	15.8%	10.5%
智利—越南	78.6%	64.3%	—	—
总体水平	74.5%	66.3%	21.9%	9.7%
发达国家与发展中国家签署的双边区域贸易协定				
日本—文莱	71.4%	42.9%	34.2%	10.5%
日本—印度尼西亚	78.6%	57.1%	47.4%	13.2%
日本—马来西亚	78.6%	78.6%	36.8%	10.5%
日本—菲律宾	71.4%	64.3%	47.4%	15.8%

续表

经济体之间的区域贸易协定	"WTO+" 条款		"WTO-X" 条款	
	条款覆盖率	法定承诺率	条款覆盖率	法定承诺率
发达国家与发展中国家签署的双边区域贸易协定				
日本—泰国	71.4%	64.3%	39.5%	21.1%
日本—越南	64.3%	57.1%	36.8%	15.8%
日本—墨西哥	64.3%	57.1%	34.2%	7.9%
日本—智利	71.4%	71.4%	44.7%	13.2%
日本—秘鲁	78.6%	71.4%	34.2%	15.8%
中国—新加坡	64.3%	57.1%	21.1%	5.3%
中国—新西兰	71.4%	71.4%	23.7%	7.9%
新加坡—秘鲁	85.7%	78.6%	36.8%	21.1%
马来西亚—新西兰	71.4%	71.4%	26.3%	23.7%
马来西亚—澳大利亚	71.4%	71.4%	28.9%	26.3%
泰国—澳大利亚	85.7%	71.4%	15.8%	15.8%
泰国—新西兰	78.6%	78.6%	39.5%	34.2%
韩国—智利	100%	100%	55.3%	28.9%
韩国—秘鲁	92.9%	85.7%	39.5%	15.8%
美国—秘鲁	85.7%	85.7%	57.9%	23.7%
美国—智利	100%	92.9%	26.3%	13.2%
加拿大—秘鲁	100%	100%	60.5%	26.3%
加拿大—智利	78.6%	71.4%	18.4%	7.9%
澳大利亚—智利	92.9%	78.6%	52.6%	18.4%
澳大利亚—巴布亚新几内亚	35.7%	35.7%	10.5%	10.5%
总体水平	77.7%	71.4%	36.2%	16.8%
亚太地区多边区域贸易协定				
东盟	50%	42.9%	50%	0%
东盟—中国	57.1%	57.1%	5.3%	5.3%
东盟—韩国	71.4%	64.3%	39.5%	10.5%
东盟—日本	71.4%	71.4%	26.3%	7.9%
东盟—澳大利亚—新西兰	64.3%	57.1%	39.5%	15.8%
NAFTA	100%	100%	23.7%	23.7%
总体水平	69.0%	65.5%	30.7%	10.5%
全部区域贸易协定总体水平	76.24%	70.49%	31.90%	14.90%

资料来源：参考孙瑾等（2018）

由表 2.5 测算结果可知，在亚太地区已经签署生效的 46 个区域贸易协定中

"WTO+"条款的总体覆盖率高达76.24%,且这些"WTO+"条款同时也具有较强的法律约束效力(平均法定承诺率为70.49%)。相比之下,"WTO-X"条款覆盖率及法定承诺率均处于较低水平,其总体条款覆盖率不及"WTO+"条款覆盖率的一半(仅为31.90%),法定承诺率更是不足15%。由此可见,亚太地区签署生效的区域贸易协定在传统"WTO+"条款覆盖率及法定承诺率方面明显高于新一代"WTO-X"条款。

就不同类型的区域贸易协定而言,亚太地区多边区域贸易协定的"WTO+"和"WTO-X"条款覆盖率及法定承诺率均明显低于双边区域贸易协定。具体而言,亚太地区多边区域贸易协定的传统"WTO+"条款覆盖率及法定承诺率分别为69.0%和65.5%,新一代"WTO-X"条款覆盖率及法定承诺率分别为30.7%和10.5%,这一水平明显低于其他经济体间的双边区域贸易协定总体水平,同时也低于亚太地区区域贸易协定总体水平。这可能是多边区域贸易协定涉及更多经济体,不同经济体在谈判过程中可能存在诉求不同,对不同议题的接受程度也不尽相同,使得区域贸易协定的谈判难度及签约成本大幅增加,因此,最终条款质量难以达到较高水平。

从经济体的经济发展水平情况来看,发达国家之间签署的区域贸易协定条款质量水平往往更高,发展中国家之间签署的区域贸易协定条款质量水平相对较低,发达国家与发展中国家签署的区域贸易协定条款质量介于两者之间。具体来看,发达国家之间签署的双边区域贸易协定条款覆盖率及法定承诺率最高,在传统"WTO+"领域达到78.6%和74.6%,新一代"WTO-X"条款达到31.3%和18.1%。发达国家与发展中国家签署的双边区域贸易协定的"WTO+"和"WTO-X"条款覆盖率(法定承诺率)次之,分别为77.7%和36.2%(71.4%和16.8%),发展中国家之间的双边区域贸易协定的"WTO+"和"WTO-X"条款覆盖率(法定承诺率)最低,分别为74.5%和21.9%(66.3%和9.7%)。多边区域贸易协定质量水平同样受到经济体的经济发展水平限制,如东盟—日本区域贸易协定的"WTO+"和"WTO-X"条款覆盖率为71.4%和26.3%,法定承诺率分别为71.4%和7.9%,而东盟—中国区域贸易协定则明显低于这一水平。

从贸易协定签署时间来看,不难发现近年来签署的贸易协定相对于早期2010年以前签署的区域贸易协定条款质量水平有所提高。例如,2012年达成的美国—韩国区域贸易协定的"WTO-X"条款覆盖率达到了历史最高标准,超过了55%,且法定承诺率高达36.8%。2014年底生效实施的韩国—澳大利亚区域贸易协定的"WTO+"条款覆盖率及法定承诺率分别为92.9%和78.6%,同样处于历史新高水平。

2.5.2 亚太地区各国签署区域贸易协定条款质量分析

我们进一步考察亚太地区各主要国家签署区域贸易协定条款的质量水平，其结果见表 2.6。我们发现亚太地区不同经济体间区域贸易协定条款覆盖率及法定承诺率均存在明显差异，并呈现如下特点：从总体来看，发达国家签署的区域贸易协定条款平均质量明显优于发展中国家。发达国家"WTO+"条款覆盖率及法定承诺率分别为 79.6% 和 75.1%，这一水平明显高于发展中国家的 70.7% 和 64.9%。同时，发达国家的"WTO-X"条款覆盖率及法定承诺率也远超发展中国家，分别高达 34.1% 和 17.1%，这在一定程度上反映了发达国家对于新一代"WTO-X"条款及其法律效力格外重视。就国别情况而言，美国、日本、韩国和加拿大在"WTO-X"条款覆盖率及法定承诺率方面表现最为突出，充分体现了这些国家对新一代贸易规则的重视及不遗余力争夺新一轮贸易规则以重构话语权的决心。相比之下，中国签订的区域贸易协定条款质量仍有待提高，其"WTO+"和"WTO-X"条款覆盖率及法定承诺率均未达到亚太地区平均水平，这可能是由于中国在推动亚太地区深度一体化的过程中主要采取了"地缘整合模式"（张蕴岭，2018），这一模式同美国倡导的"规则重塑模式"不同，更强调在"规则劣势、地缘优势"的条件约束下，以最低限度的制度化确保同亚太经济体合作的连续性（岳文和韩剑，2021）。

表2.6 亚太地区主要国家签署区域贸易协定条款质量比较

国别	"WTO+" 条款		"WTO-X" 条款	
	条款覆盖率	法定承诺率	条款覆盖率	法定承诺率
发达国家				
澳大利亚	73.8%	68.3%	29.2%	18.7%
韩国	88.1%	79.8%	45.2%	17.5%
加拿大	92.9%	90.5%	34.2%	19.3%
美国	89.3%	88.1%	37.3%	23.7%
日本	71.4%	63.6%	37.3%	12.9%
新加坡	70.2%	65.5%	29.2%	11%
新西兰	71.4%	70.2%	26.3%	16.7%
总体水平	79.6%	75.1%	34.1%	17.1%
发展中国家				
中国	68.6%	67.1%	20.5%	7.9%
菲律宾	64.3%	59.5%	34.6%	9.2%
马来西亚	65.1%	62.7%	29.2%	11.7%

国别	"WTO+"条款		"WTO-X"条款	
	条款覆盖率	法定承诺率	条款覆盖率	法定承诺率
发展中国家				
秘鲁	83.9%	78.6%	38.5%	17.1%
墨西哥	78.6%	69.6%	22.4%	11.8%
泰国	68.8%	63.4%	31.9%	13.8%
文莱	64.3%	56%	32.5%	8.3%
印度尼西亚	65.5%	58.3%	34.6%	8.8%
越南	65.3%	59.2%	28.2%	7.9%
智利	82.9%	75%	28.7%	12.1%
总体水平	70.7%	64.9%	30.1%	10.9%
全部国家总体水平	74.4%	69.1%	31.8%	13.4%

资料来源：在表 2.5 基础上计算均值得到

2.5.3　亚太地区主要经济体区域贸易协定具体条款比较分析

表 2.7 计算了亚太地区主要经济体签署的区域贸易协定协议文本中有关"WTO+"各主要条款的条款覆盖率和法定承诺率。在"WTO+"条款中，工业品关税减让、农业品关税减让、海关程序、反倾销、反补贴、与贸易有关的投资措施协议及服务贸易协定等传统市场准入条款的条款覆盖率和法定承诺率均超过了 90%，处于较高水平，无疑说明了亚太各经济体区域贸易协定对传统 WTO 基本规则及管辖领域覆盖非常全面。在公共补助和出口税方面条款覆盖率和法定承诺率仍有待提高。此外，值得关注的是，中国签署的区域贸易协定的国有企业、出口税、国家补贴和政府采购四项条款覆盖率处于较低水平。

表2.7　亚太地区主要经济体区域贸易协定具体条款的比较（一）

条款		亚太地区		中国		美国		日本		韩国		东盟	
		条款覆盖率	法定承诺率	条款覆盖率	法定承诺率	条款覆盖率	法定承诺率	条款覆盖率	法定承诺率	条款覆盖率	法定承诺率	条款覆盖率	法定承诺率
"WTO+"	工业品关税减让	100%	100%	100%	100%	100%	100%	100%	100%	100%	100%	100%	100%
	农业品关税减让	98%	98%	100%	100%	83%	100%	100%	100%	100%	100%	100%	100%
	海关程序	93%	98%	80%	75%	100%	100%	100%	100%	100%	80%	80%	75%
	出口税	27%	75%	0	—	67%	75%	27%	100%	60%	67%	20%	0
	动植物卫生检疫	82%	100%	100%	100%	100%	100%	55%	100%	100%	100%	100%	100%

续表

条款		亚太地区		中国		美国		日本		韩国		东盟	
		条款覆盖率	法定承诺率	条款覆盖率	法定承诺率	条款覆盖率	法定承诺率	条款覆盖率	法定承诺率	条款覆盖率	法定承诺率	条款覆盖率	法定承诺率
"WTO+"	技术壁垒	78%	100%	80%	100%	100%	100%	73%	100%	100%	100%	60%	100%
	国有企业	31%	50%	20%	100%	50%	100%	18%	0	40%	50%	0	—
	反倾销	91%	93%	100%	100%	100%	100%	64%	86%	100%	80%	100%	100%
	反补贴	91%	95%	100%	100%	100%	100%	64%	100%	100%	80%	100%	100%
	国家补贴	33%	67%	0	—	50%	100%	18%	0	40%	100%	0	—
	政府采购	71%	72%	0	—	100%	100%	82%	44%	80%	100%	20%	0
	与贸易有关的投资措施协议	96%	100%	100%	100%	100%	100%	100%	100%	100%	100%	80%	100%
	服务贸易协定	91%	100%	100%	100%	100%	100%	100%	100%	100%	100%	60%	100%
	与贸易有关的知识产权协定	84%	95%	80%	100%	100%	100%	100%	82%	100%	100%	60%	100%
"WTO+"总体水平		76%	93%	69%	98%	89%	99%	71%	89%	87%	92%	63%	93%

注：条款覆盖率是指该经济体与所有亚太地区经济体已签署并实施的区域贸易协定中涉及"WTO+"领域的条款数目与总条款数目的比率；法定承诺率是指该协议中涉及"WTO+"领域的具有实质性法律约束效力的条款数目与所覆盖的条款总数的比率

资料来源：参考自盛斌和果婷（2014）整理

表2.8计算了亚太地区主要经济体签署的区域贸易协定协议文本中有关"WTO-X"各主要条款的条款覆盖率和法定承诺率。在"WTO-X"条款中，竞争政策、新知识产权、投资、金融服务和制度机制等新议题已经被广泛接受，条款覆盖率均超过70%，同时法定承诺率也处于较高水平。但是对于劳工标准、电子商务、核安全、采矿业、音像业、能源等几项议题的覆盖程度及法律效力仍处于较低水平，随着新一轮贸易规则的重塑，上述条款无疑会成为未来区域贸易协定谈判过程中的必争之地。此外，一些涉及立法、反毒品、反洗钱、非法移民、恐怖主义、政治对话、统计及税收等议题方面的条款极少出现在协议中。可能原因在于：一方面，这些条款与贸易的直接关联程度相对较低；另一方面，这些条款相对敏感，难免涉及某些国家的国内和国际政治问题，因此，只有部分国家象征性表态，也没有做出严格的法律承诺。

表2.8 亚太地区主要经济体区域贸易协定具体条款的比较（二）

条款		亚太地区		中国		美国		日本		东盟	
		条款覆盖率	法定承诺率	条款覆盖率	法定承诺率	条款覆盖率	法定承诺率	条款覆盖率	法定承诺率	条款覆盖率	法定承诺率
"WTO-X"	竞争政策	82%	70%	20%	100%	100%	83%	91%	40%	60%	0
	资本流动	42%	32%	20%	0	17%	100%	73%	25%	20%	0

续表

条款		亚太地区		中国		美国		日本		东盟	
		条款覆盖率	法定承诺率	条款覆盖率	法定承诺率	条款覆盖率	法定承诺率	条款覆盖率	法定承诺率	条款覆盖率	法定承诺率
"WTO-X"	投资	98%	100%	100%	100%	100%	100%	100%	100%	80%	100%
	环境	58%	35%	20%	0	100%	83%	82%	0	40%	0
	新知识产权	78%	89%	60%	100%	100%	100%	91%	80%	60%	67%
	劳工标准	36%	63%	0	—	100%	83%	36%	0	0	—
	电子商务	38%	65%	0	—	83%	80%	9%	0	20%	100%
	能源	40%	17%	20%	0	33%	100%	82%	0	40%	0
	制度机制	76%	76%	0	—	100%	83%	91%	50%	60%	67%
	金融服务	89%	80%	100%	80%	100%	100%	91%	80%	60%	67%
	人力资本	58%	27%	80%	0	17%	100%	73%	50%	80%	25%
	核安全	27%	0	0	—	33%	0	55%	0	40%	0
	医疗卫生	44%	20%	0	—	33%	0	73%	38%	0	—
	采矿业	31%	7%	0	—	17%	0	55%	0	20%	0
	音像业	29%	23%	0	—	33%	50%	45%	20%	20%	0
	信息传播	64%	59%	60%	0	67%	50%	82%	33%	20%	0
	研发	60%	22%	40%	0	50%	0	91%	40%	20%	0
	中小企业	44%	10%	60%	0	33%	0	45%	0	80%	25%
	社会事务	38%	0	0	—	33%	0	64%	0	20%	0
	签证	36%	31%	20%	100%	0	—	64%	14%	20%	100%
	消费者保护	29%	38%	20%	0	50%	67%	0	—	20%	0
"WTO-X" 总体水平		32%	48%	21%	38%	37%	64%	37%	35%	23%	34%

注：条款覆盖率与法定承诺率的定义及计算方式同表2.7。本表未标明覆盖率小于20%的条款，包括立法、产业政策、财政政策、反腐败、政治经济对话、人权、文化、恐怖主义、创新政策、税收政策、反毒品、反洗钱、公共行政、区域合作、数据安全、数据对接、非法移民17个领域

资料来源：数据参考盛斌和果婷（2014）

参 考 文 献

郭志芳，李春顶，何传添. 2018. 欧盟的大型区域贸易协定建设对中国对外贸易的影响. 数量经济技术经济研究，35（10）：78-95.

韩剑，许亚云. 2021. RCEP 及亚太区域贸易协定整合——基于协定文本的量化研究. 中国工业经济，（7）：81-99.

雷达. 2018. "逆全球化"概念辨析与全球化进程的梳理. 世界经济研究，（3）：6-8.

吕越，娄承蓉，杜映昕，等. 2019. 基于中美双方征税清单的贸易摩擦影响效应分析. 财经研究，45（2）：59-72.

盛斌，果婷. 2014. 亚太地区自由贸易协定条款的比较及其对中国的启示. 亚太经济，（2）：94-101.

孙瑾，施戍杰，封于瑶. 2018. 亚太区域贸易协定的经济增长效应——基于 RTAs 数量与质量的对比研究. 经济理论与经济管理，336（12）：70-83.

佟家栋. 2017. "一带一路"倡议的理论超越. 经济研究，52（12）：22-25.

佟家栋，谢丹阳，包群，等. 2017. "逆全球化"与实体经济转型升级笔谈. 中国工业经济，（6）：5-59.

岳文，韩剑. 2021. 我国高标准自由贸易区建设：动因、现状及路径. 经济学家，（7）：92-100.

张蕴岭. 2018. 转变中的亚太区域关系与机制. 外交评论（外交学院学报），35（3）：1-11.

张志明. 2022. 区域贸易协定深化与亚太价值链合作模式重塑. 国际贸易问题，（5）：85-102.

张志明，杜明威. 2018. 全球价值链视角下中美贸易摩擦的非对称贸易效应——基于 MRIO 模型的分析. 数量经济技术经济研究，35（12）：22-39.

Bhagwati J，Panagariya A.1996. The theory of preferential trade agreements：historical evolution and current trends. The American Economic Review，86（2）：82-87.

Condon B J. 2002. NAFTA，WTO，and global business strategy：how AIDs，trade，and terrorism affect our economic future. New York：Praeger.

Damuri Y R. 2012. How preferential are preferential trade agreements? Graduate Institute of International and Development Studies.

Hofmann C，Osnago A，Ruta M. 2017. Horizontal depth：a new database on the content of preferential trade agreements. http://hdl.handle.net/10986/26148.

Horn H，Mavroidis P C，Sapir A. 2010. Beyond the WTO? An anatomy of EU and US preferential trade agreements. World Economy，33（11）：1565-1588.

Shen G，Fu X. 2014. The trade effects of US anti-dumping actions against China post-WTO entry. World Economy，37（1）：86-105.

第3章 亚太价值链重塑及演变历程

3.1 引　言

信息通信技术革命降低了生产技术在经济体间转移的成本，使得发达经济体的大量制造技术能够同发展中经济体的低成本劳动力结合起来，由此推动了生产的全球化，也被称为"工厂的拆分"。这一阶段的全球化以全球价值链为基本表征，国际竞争的本质由之前的国家层面比较优势的交换转变为地域比较优势的重新定义——发达经济体掌握核心技术的企业在全球价值链分工中将管理、营销、技术、组织和物流等知识转移到生产网络中，位居价值链中高端地位；发展中经济体企业多依靠低廉的劳动力成本、充沛的自然资源等从后向嵌入全球价值链，从事原材料出口、来料加工等价值链低端环节的生产。区域价值链是构成全球价值链的重要组成部分，作为当今世界经济发展最为活跃的地区，亚太地区是全球价值链连接最为紧密的地区之一，并已逐渐形成以美国为新产品、新技术的创新地和最终品消费地、以日本和韩国为上接美国下连中国的核心零部件生产地、以中国为最终品加工组装地和最终品出口地的完整区域价值链分工体系（张志明等，2019）。

然而，无论是全球价值链还是区域价值链，伴随着价值链参与主体相对优势的变化和贸易环境的变化，价值链的组织结构始终处于不断变化的重构过程中。Gereffi（1999）最早在全球价值链的研究中发现了服装产业的国际转移，Beck 等（2001）首次使用"价值链重塑"的概念来描述在网络的作用下价值链各个环节进行重组、移动的现象。而后，随着概念的广泛化，Milberg 和 Winker（2010）考察了经济周期和全球价值链组织方式的变迁关系，发现全球价值链垂直重构引致供应链中层级数量的减少，水平重构引致特定层级供应商数量的增加。Baldwin 和 Venables（2010）从外包与整合的角度研究了全球价值链的重新分布。田文等

（2015）则认为各国家（地区）的比较优势是形成现有全球价值链结构的基础。毛蕴诗等（2015）对"全球价值链重塑"的概念进行了界定，指出处于价值链中低端的新兴经济体创造性企业通过自主创新来积累能力，逐渐打破由发达经济体主导的国际分工，进而实现在全球范围内配置资源、向价值链中高端攀升、推动全球竞争格局发生结构性变化的过程就是全球价值链重塑。

　　在上述研究的基础上，许多学者基于客观贸易数据测度了全球价值链分工的演变，与本章的研究主题最为相近。例如，蒋为等（2018）采用改进后的显示性比较优势指数测度了全球制造业分工的演变，指出中国主要嵌套于中间阶段与最终阶段，且逐步取代最终阶段的主导地位，成为全球化生产的最主要推动力。胡昭玲等（2016）基于产品复杂度视角研究了东亚生产分工格局的变迁，认为中国优势产品的复杂度不断提升，东亚地区已经形成了由中国、日本、韩国三国驱动的复杂生产网络形式。华晓红和宫毓雯（2015）的研究也表明中国在亚太地区电子、光学产品制造、机械设备制造业价值链中正在从中低端向中高端迅速移动。谭人友等（2016）从贸易增加值视角探究了技术驱动的全球价值链重塑和劳动成本驱动的全球价值链重塑对推动不同国家、不同产业国际竞争格局变革的异质性影响。Prete等（2018）基于多区域投入产出表的研究，认为北非国家融入全球价值链的程度相对较低，且主要集中在上游阶段，但其与外国的价值链联系呈现上升趋势。Sirkin等（2011）的研究表明中国劳动力成本的上升正在推动欧美国家在中国的企业转移布局。但既有的文献中鲜有从经济体层面全面探究亚太价值链重塑的文章，仅马涛和盛斌（2018）的研究中指出中国等主要经济体已经成为亚太价值链和国际秩序重构的"朱格诺"，东南亚国家新一轮的工业化是引致亚太互联经济格局变革的主要推手。鉴于此，本章首先对亚太价值链重塑的基础与动力进行系统分析，并在此基础上从价值链长度、价值链合作度、价值链合作模式重塑、价值链分工模式及价值链地位等多个视角来全面考察亚太价值链的重塑状况及中国在亚太价值链中的角色变迁。在全球经贸格局全面重塑及中美贸易摩擦的背景下，本章的研究对于我国更有效地参与亚太价值链及应对中美贸易摩擦具有良好的理论价值及实践借鉴。

3.2　亚太价值链重塑的基础与动力

　　20世纪90年代以来，伴随着双边投资协定和区域贸易协定数量的增加，跨国企业在亚太地区不断深化布局，形成了日新月异的区域经济一体化格局（马涛和盛斌，2018）。随着亚太地区经济体间比较优势的变化，亚太价值链已经具备了发生重塑的基础：其一，原先形成亚太价值链的比较优势已经发生了变化。以中国为代表的发展中经济体最初以要素价格低廉的比较优势嵌入亚太价值链，从事价值链中劳动密集型环节的生产。随着要素成本的上升，比较优势的变化导致价值链中产品生产的不同阶段出现收缩与异地迁移。例如，中国劳动力成本的上升致使美国在中国的企业开始转向越南、印度尼西亚等劳动力成本更低的国家（Sirkin et al., 2011）。其二，亚太价值链中新兴经济体的技术水平普遍提升。随着新兴经济体亚太价值链参与度的上升，在竞争效应、学习效应、技术外溢效应和倒逼效应的共同作用下，新兴经济体优秀企业生产技术不断提升，逐渐从价值链低端环节向品牌营销、研发设计等高端环节延伸，试图争取更多的制造环节附加值（王玉燕等，2014）。其三，贸易保护主义暗流涌动。长久以来，以 WTO 为代表的多边贸易安排是亚太价值链分工体系形成的制度基础，美国在特朗普上台后大力推行贸易保护主义，单方面挑起中美贸易摩擦，形成亚太价值链的制度基础被削弱。同时，美国自 2008 年开始实施的以推动制造业回归为目的的"再工业化战略"也加快了制造业亚太布局的迁移和亚太价值链的割裂重组。其四，国际贸易规则正在发生深刻变革。在发达经济体和发展中经济体都试图重塑国际经贸规则的今天，以《跨大西洋贸易与投资伙伴协定》（Transatlantic Trade and Investment Partnership，TTIP）、RCEP 等为代表的地区贸易协定通过建立高标准的国际经贸规则来重塑全球价值链，势必会对亚太价值链的结构产生影响。

同时，推动亚太价值链重塑的动力来源是多方面的：其一，以技术和创新优势主导亚太价值链的美国、日本、韩国等传统发达经济体跨国企业会不断通过中间品出口的形式分割产品生产工序，按照地区间要素禀赋的差异将劳动密集型、附加值较低的生产片段外包，价值链分工因而表现出生产环节线性结构的垂直分离（丁宋涛和刘厚俊，2013）。其二，以劳动力成本和资源优势融入亚太价值链，从事任务贸易的发展中经济体，如中国、东南亚国家等，为争取价值链中高附加值环节的生产利益和跳出链主经济体企业对本国的"低端锁定"（刘志彪，2017），一方面会在出口导向中发展生产替代能力，提升"干中学"效应；另一方面会对碎片化生产进行再组合以获得规模经济效应（丁宋涛和刘厚俊，2013）。这是价值链进行重塑的内生动力。其三，许多外部因素也在推动亚太价值链重塑，如发包承接国劳动力成本和技术水平的变化会改变发包国的决策，从而改变全球分工格局（张辉，2006），但二者对产业国际竞争力的影响不同（谭人友等，2016）。企业外部经营环境的变化（经济衰退、金融危机、竞争加剧等）会促进企业转型升级，进而推动全球价值链重塑（毛蕴诗等，2015）。另外，跨太平洋关系协定（Trans-Pacific Partnership Agreement，TPP）、"一带一路"倡议等国际经贸协议也对全球价值链重塑有重要的推动作用（刘志彪，2017；秦升，2017；陈淑梅和高敬云，2017；阚登峰等，2017）。以美国"再工业化战略"为代表的发达经济体制造业回流同样促进了全球生产布局的重整（阙登峰等，2017）。网络通信技术的发展推动贸易与生产协调成本的下降同样是价值链重塑的关键推动力。

3.3　指标构建与数据说明

3.3.1　指标构建

1. 亚太价值链长度指标

在以中间品贸易为主要依托的价值链合作中，一国出口的中间品既可以被进口国加工成最终品用于本国消费，也可经进口国再加工后出口至第三国或返回出口国，因此，中间品可能跨越多个边境、经历多个生产环节，我们把这一反映产品生产过程复杂程度的"价值链阶段数"称为价值链长度。价值链长度不仅可以测度生产分工的专业化程度，也可通过产业在价值链中所处的上下游位置判断一国的价值链地位。本章借鉴 Wang 等（2017a）的思路，将亚太经济体间的价值链长度计算公式构建如下：

$$PL\_APVC = PLd\_APVC + PLi\_APVC = \frac{X\_APVC}{VY\_APVC} \qquad （3.1）$$

其中，PL_APVC 表示亚太价值链长度；PLd_APVC 表示一经济体亚太价值链生产活动的平均内部长度；PLi_APVC 表示一经济体亚太价值链生产活动的国际长度；X_APVC 表示由一经济体总的中间品出口引致的总产出；VY_APVC 表示一经济体总的中间品出口引致的国内增加值。亚太价值链长度测度了亚太国际生产分工模式的复杂程度，价值链长度越长，代表生产分工越复杂。两个经济体间价值链长度越长，代表其中一经济体出口的中间品被另一经济体用于再出口的比例越高，中间品出口经济体位于进口经济体的价值链上游，对进口经济体具有更强的影响力和控制力。

为测度亚太价值链长度在 2005~2015 年的变化情况，在式（3.1）的基础上，我们构建了亚太价值链长度变动率指标，公式如下：

$$ROC\_PL\_APVC_{ij} = \frac{PL\_APVC_{ij2015} - PL\_APVC_{ij2005}}{PL\_APVC_{ij2005}} \times 100\% \qquad （3.2）$$

2. 亚太价值链合作度指标

在国际化垂直专业分工格局下，中间品依托于产业链在不同经济体间流转，由此推动了各经济体间的价值链合作。准确测算经济体间的价值链合作度，既可以反映经济体间的生产依赖关系，也可以反映一经济体与全球价值链的分工程度。一经济体出口中包含的其他经济体增加值可有效反映该经济体与其他经济体间的价值链联系，借鉴 Koopman 等（2010）构建总值贸易核算方法的思路，我们将经济体 s 总出口额中包含的其他经济体增加值的度量指标构建如下：

$$\mathbf{FV}^s = \sum_{r=1}^{G} (V^r \mathbf{B}^{rs})^{\mathrm{T}} \# \mathbf{E}^s \quad (r=1,2,\cdots,G，为除经济体 s 外的世界其他经济体）\quad (3.3)$$

其中，$\mathbf{FV}^s(N\times 1)$ 为经济体 s 总出口额中包含的其他经济体增加值向量；$V^r(N\times N)$ 为经济体 s 的直接增加值系数对角矩阵；$\mathbf{B}^{rs}(N\times N)$ 为里昂惕夫逆矩阵，表示经济体 s 一单位最终品产出所引致经济体 r 的总产出向量；$\mathbf{E}^s(N\times 1)$ 为经济体 s 向其他经济体的总出口额向量；"#" 表示元素智能矩阵乘法运算。

相应地，亚太经济体 i 总出口额中包含的亚太经济体 j 的增加值可表示为

$$\mathbf{APFV}_i^j = (V^j \mathbf{B}^{ji})^{\mathrm{T}} \# \mathbf{E}^i \quad (j 为除了 i 之外的其他亚太经济体）\quad (3.4)$$

其中，$\mathbf{APFV}_i^j(N\times 1)$ 为经济体 i 总出口额中包含的经济体 j 的增加值向量；V^j 为经济体 j 的直接增加值系数对角矩阵；$\mathbf{B}^{ji}(N\times N)$ 为里昂惕夫逆矩阵，表示经济体 i 一单位最终品产出所引致经济体 j 的总产出向量；$\mathbf{E}^i(N\times 1)$ 为经济体 i 向其他经济体的总出口额向量。

价值链合作的主要特征是中间品在经济体间的流转，两个经济体相互贸易中来自对方经济体的增加值所占比例可反映两个经济体间的价值链合作度，因此我们可将测度两个经济体间价值链合作度的指标构建如下：

$$\mathrm{APVC\_cooperation}_{ijt} = \frac{\mathrm{FV}_i^j + \mathrm{FV}_j^i}{E_{itoj} + I_{ifromj}} \quad (3.5)$$

其中，$\mathrm{APVC\_cooperation}_{ijt}$ 为亚太经济体 i 和亚太经济体 j 在第 t 年的价值链合作度；FV_i^j 为第 t 年经济体 i 总出口额中包含的经济体 j 增加值；FV_j^i 为第 t 年经济体 j 总出口额中包含的经济体 i 增加值；E_{itoj} 为第 t 年经济体 i 向经济体 j 的总出口额；I_{ifromj} 为第 t 年经济体 i 向经济体 j 的总进口额。$\mathrm{APVC\_cooperation}_{ijt}$ 的值越大，则经济体 i 与经济体 j 的价值链合作越密切、越深入。

为探究亚太各经济体 2006~2015 年价值链合作度的变动情况，在式（3.5）的基础上我们构建了亚太价值链合作度变动率指标，具体计算公式为

$$\text{ROC\_cooperation}_{ij}=\frac{\text{APVC\_cooperation}_{ij2015}-\text{APVC\_cooperation}_{ij2005}}{\text{APVC\_cooperation}_{ij2005}}\times100\%$$

（3.6）

3. 亚太价值链合作模式重塑指数

1）亚太价值链合作模式重塑指数：基于空间联系维度

正如 Wang 等（2017a）所言，从分工复杂度来看，两个经济体间价值链合作可划分为深度与浅度价值链合作两种模式；从空间联系维度来看，两个经济体间价值链合作可划分为直接与间接价值链合作两种模式。考虑到张志明和李健敏（2020）及周彦霞等（2021）已深入考察了亚太经济体间的深度与浅度价值链合作模式，故本章将重点考察直接与间接价值链合作模式。直接价值链合作模式意味着经济体间价值链合作的效率与紧密程度较高、交易成本较低、增加值创造能力较强，由于受其他经济体或者外部冲击的干扰较小，该类价值链合作的韧性和抗风险能力较强。相反，间接价值链合作的效率较低、交易成本较高，由于受其他经济体或者外部冲击的干扰较大，该类价值链合作的韧性和抗风险能力较弱（Wang et al.，2017b）。由此可见，直接与间接价值链合作在两个经济体间价值链合作中的地位孰轻孰重，直接关系到双方价值链合作的效率与紧密程度高低、增加值创造能力强弱、韧性及抗风险能力强弱，而选择一种效率与紧密程度较高、增加值创造能力较强、韧性与抗风险能力较强的价值链合作模式无疑是各经济体共同的期盼。为此，我们利用双边中间品增加值贸易额与其间接中间品增加值贸易额之比来度量双边价值链合作模式重塑情况。具体计算公式为

$$\text{vccp}_{ijt}=\frac{\text{diva}_{ijt}}{\text{idiva}_{ijt}}=\frac{\text{psh}_{ijt}\times\text{sh}_{ijt}\times\text{ge}_{it}+\text{psh}_{jit}\times\text{sh}_{jit}\times\text{ge}_{jt}}{\text{ivaii}_{ijt}-\text{dva}_{ijt}+\text{ivaii}_{jit}-\text{dva}_{jit}}$$

（3.7）

其中，diva_{ijt} 和 idiva_{ijt} 分别为第 t 年 i 经济体与 j 经济体之间的中间品与间接中间品增加值贸易额；$\text{psh}_{ijt}(\text{psh}_{jit})$ 为第 t 年 i（j）经济体对 j（i）经济体中间品总出口额中的国内增加值额占 i（j）经济体中间品总出口额中的国内增加值额之比；$\text{sh}_{ijt}(\text{sh}_{jit})$ 为第 t 年 i（j）经济体对 j（i）经济体中间品总出口额中的国内增加值额占 i（j）经济体总出口额之比；$\text{ge}_{it}(\text{ge}_{jt})$ 为第 t 年 i（j）经济体总出口额；dva_{ijt} 为第 t 年 i 经济体对 j 经济体总出口额中的国内增加值；ivaii_{ijt} 为第 t 年 j 经济体总进口额中包含的 i 经济体增加值，主要由第 t 年 j 经济体从 i 经济体总进口额中包含的 i 经济体增加值和从其他亚太经济体总进口额中包含的 i 经济体增加值两部分构成。vccp 大于 1，意味着直接价值链合作在经济体间价值链合作中占据主导地位，随着 vccp 的增大，双边价值链合作模式逐步发生重塑，即由间接价值链合作模式向直接价值链合作模式转变，反之亦然。

2）亚太价值链合作模式重塑指数：基于分工复杂度维度

Wang 等（2017a）首次从分工复杂度视角将两个经济体间价值链合作划分为深度与浅度价值链合作两种模式。在 Wang 等（2017a）的基础之上，张志明和李健敏（2020）及周彦霞等（2021）进一步构建了亚太经济体间的深度与浅度价值链合作模式。深度价值链合作是指 $i(j)$ 经济体创造的增加值以中间品形式出口到 $j(i)$ 经济体并经加工后再出口的价值链合作模式；浅度价值链合作是指 $i(j)$ 经济体创造的增加值以中间品形式出口到 $j(i)$ 经济体并经加工就地消费的价值链合作模式。通常而言，深度价值链合作模式意味着经济体间开展了复杂、深入的价值链分工合作，该类型价值链合作所涉及的价值链链条相对较长，分工效率相对较高，但受其他经济体或者外部冲击的干扰较大，其抗风险能力较弱（Wang et al., 2017b）；相反，浅度价值链合作模式意味着经济体间简单、肤浅的价值链分工合作，该类型价值链合作所涉及的价值链链条相对较短，分工效率相对较低，但其交易成本较低、抗风险能力较强。当各经济体追求全球价值链分工效率时，深度价值链合作模式将是最优选择，反之，当各经济体追求全球价值链分工安全时，浅度价值链合作模式将是最优选择。由此可见，深度与浅度价值链合作在两个经济体间价值链合作中的地位孰轻孰重，直接关系到双方价值链合作的效率高低及安全与否。在全球经贸环境日益恶化，影响国际经贸合作的不确定、不稳定因素不断增加的背景下，选择一种安全性较高的价值链合作模式无疑是各经济体共同的期盼，然而，在国际经贸环境良好的背景下，各经济体会选择分工效率较高的价值链合作模式。20 世纪 90 年代以来，随着信息通信技术与生产技术的快速进步，全球及亚太价值链分工日益复杂化、深度化，经济体间的深度价值链合作不断增强，因此深度价值链合作是全球金融危机前全球及亚太价值链合作的主旋律。然而，全球金融危机后，全球价值链开始出现重塑态势，且该态势随着中美贸易摩擦爆发、新冠疫情形势复杂及俄乌冲突等不确定性因素出现而不断强化，其中亚太价值链重塑较为显著的一个特征就是短链化，即亚太经济体间价值链合作模式逐步由深度价值链合作向浅度价值链合作转变。为准确度量亚太价值链合作模式重塑状况，我们构建了亚太价值链合作模式重塑指数，具体计算公式为

$$\mathrm{dsc}_{ijt}=\frac{\mathrm{dva}_{ijt}}{\mathrm{mva}_{ijt}}=\frac{\mathrm{psh}_{ijt}\times\mathrm{sh}_{ijt}\times\mathrm{ge}_{it}\times\mathrm{rei}_{jt}+\mathrm{psh}_{jit}\times\mathrm{sh}_{jit}\times\mathrm{ge}_{jt}\times\mathrm{rei}_{it}}{\mathrm{psh}_{ijt}\times\mathrm{sh}_{ijt}\times\mathrm{ge}_{it}+\mathrm{psh}_{jit}\times\mathrm{sh}_{jit}\times\mathrm{ge}_{jt}} \qquad (3.8)$$

其中，dva_{ijt} 和 mva_{ijt} 分别为第 t 年 i 经济体与 j 经济体间的深度价值链贸易额与总体价值链贸易额；$\mathrm{psh}_{ijt}(\mathrm{psh}_{jit})$ 为第 t 年 $i(j)$ 经济体对 $j(i)$ 经济体中间品出口中的国内增加值额占 $i(j)$ 经济体中间品出口中的国内增加值额之比；$\mathrm{sh}_{ijt}(\mathrm{sh}_{jit})$ 为第 t 年 $i(j)$ 经济体对 $j(i)$ 经济体中间品出口中的国内增加值额占 $i(j)$ 经济体总出口额之比；$\mathrm{ge}_{it}(\mathrm{ge}_{jt})$ 为第 t 年 $i(j)$ 经济体总出口额；$\mathrm{rei}_{it}(\mathrm{rei}_{jt})$ 为第 t 年 $i(j)$ 经济体的中

间品进口加工再出口额占其中间品进口额之比。dsc 越大，意味着深度价值链合作在经济体间价值链合作中的地位越高，随着 dsc 减小，双边价值链合作模式逐步发生重塑，即由深度价值链合作模式向浅度价值链合作模式转变，反之亦然。

4. 亚太价值链地位指标

1）需求视角

Gereffi（1999）将全球价值链的发展驱动因素分为生产者驱动和购买者驱动两大类。生产者驱动的全球价值链是指在产品研发上具备竞争优势的生产者凭借核心技术吸附大量处于非核心环节的生产者，从而形成具备规模效应的垂直生产分工模式。购买者驱动的全球价值链是指具备品牌优势的国际大买家通过全球采购、贴牌生产等方式在全球范围内形成巨大的供应商吸附力，进而组织起跨国商品流通网络。已有许多研究表明全球价值链的驱动机制正在由生产者驱动向购买者驱动转变。就亚太价值链而言，我们长久以来认为美国、日本、韩国等发达经济体是重要的最终需求来源国，在其余亚太经济体最终需求中占据着重要的地位，推动着亚太价值链的形成和发展。一经济体最终需求中的增加值来源反映了各经济体在该经济体需求市场上的地位，而一经济体的增加值在其余经济体最终需求中所占的比例能够有效反映该经济体在全球消费市场的地位。为重新测度亚太经济体基于需求视角的亚太价值链地位，本章用一经济体最终需求中包含的各经济体增加值来构建基于需求视角的亚太价值链地位指标如下：

$$APVC\_demand\_position_{ijt} = \frac{FV^{j}}{D_{i}} \qquad (3.9)$$

其中，FV^{j} 为第 t 年 j 经济体的增加值；D_{i} 为第 t 年 i 经济体的最终需求。式（3.9）测算了第 t 年 j 经济体的增加值在 i 经济体的最终需求中所占的比例，也就是其在 i 经济体需求市场上的地位。

根据式（3.9）我们可测度基于市场需求视角的亚太价值链地位，在此基础上我们构建基于市场需求视角的亚太价值链地位变动率指标，公式如下：

$$ROC\_demand_{ij} = \frac{APVC\_demand\_position_{ij2015} - APVC\_demand\_position_{ij2005}}{APVC\_demand\_position_{ij2005}} \times 100\%$$

$$(3.10)$$

ROC_demand_{ij} 的值越大，说明 j 经济体在 i 经济体需求市场上的地位上升，反之则说明 j 经济体在 i 经济体需求市场上的地位下降。

2）产出视角

在全球价值链分工网络中，不同的生产环节根据各国资源禀赋、技术等差异进行分配，各国承担的生产环节具有不同的附加值，因而所创造的增加值也不同。

在两国模型下，一国出口中包含的贸易伙伴的增加值和贸易伙伴出口中包含的本国增加值之间的大小决定了两国的相对价值链地位。因此，本章基于产出视角，将 2005~2015 年亚太经济体相对价值链地位变化指标构建如下。

首先，测算 2005~2015 年 i 经济体出口中包含的 j 经济体增加值变动率。计算公式如下：

$$\text{ROC\_value}_{ij} = \frac{\text{FV}_{i2015}^{j} - \text{FV}_{i2005}^{j}}{\text{FV}_{i2005}^{j}} \times 100\% \qquad (3.11)$$

其中，FV_{i2005}^{j} 为 2005 年 i 经济体出口中包含的 j 经济体增加值；FV_{i2015}^{j} 为 2015 年 i 经济体出口中包含的 j 经济体增加值。

其次，测算 2005~2015 年 j 经济体出口中包含的 i 经济体增加值变动率。计算公式如下：

$$\text{ROC\_value}_{ji} = \frac{\text{FV}_{j2015}^{i} - \text{FV}_{j2005}^{i}}{\text{FV}_{j2005}^{i}} \times 100\% \qquad (3.12)$$

其中，FV_{j2005}^{i} 为 2005 年 j 经济体出口中包含的 i 经济体增加值；FV_{j2015}^{i} 为 2015 年 j 经济体出口中包含的 i 经济体增加值。

最后，测算 2005~2015 年 i 经济体出口中包含的 j 经济体增加值与 j 经济体出口中包含的 i 经济体增加值的相对变化。计算公式如下：

$$\text{APVC\_position}_{ij} = \text{ROC\_value}_{ij} - \text{ROC\_value}_{ji} \qquad (3.13)$$

式（3.13）测度了 i 经济体和 j 经济体间相对价值链地位的变化，若 APVC_position$_{ij}$ 为正值，则 i 经济体出口中包含的 j 经济体增加值相较于 j 经济体出口中包含的 i 经济体增加值有所增长，则 j 经济体相对于 i 经济体正在实现价值链地位上升，反之则是价值链地位下降。

5. 亚太价值链分工模式指标

亚太价值链分工经历了两个阶段：其一是以日本为"领头雁"、亚洲四小龙[①]为"雁身"、东盟等欠发达经济体为"雁尾"的"雁行发展模式"。随着日本经济的下行，"领头雁"效应日趋衰弱，"雁行发展模式"创新不足的缺点逐渐暴露，加之交通和通信成本的下降，东亚各国逐渐融入由美国主导的全球价值链分工中，依托于外包、合同制造或战略联盟等方式，产业内甚至产品内分工成为国际分工的主流，亚太区域逐渐形成了以美国消费市场为主要导向的生产网络体系。美国企业负责价值链体系的顶层搭建、产品的设计研发与品牌营销，在价值链分工中赚取高额的附加值。日本、韩国等相对发达的亚太经济体承接来自美国市场的生产订单，负责其

①　亚洲四小龙是指自 20 世纪 60 年代末至 90 年代，亚洲 4 个发展迅速的经济体，即韩国、中国台湾、中国香港和新加坡。

中关键零部件的生产并将部分技术含量较低的生产环节转移到成本更低的经济体，亚洲四小龙通过承担外包环节的生产获得了发展，东盟则更多地承担了劳动密集型环节的生产。其二是随着中国深入融入亚太价值链，凭借丰裕的自然资源及劳动力成本优势，成为承接日本、韩国、新加坡等经济体加工组装订单的主要力量，进而发展为出口美国市场的主要窗口。这种由日本、韩国承接美国市场订单并生产关键零部件，由东盟等经济体承接日本、韩国零部件订单并由中国加工组装出口至美国市场的生产分工模式成为亚太"新三角贸易"体系。

在亚太价值链重塑过程中，一方面，新兴经济体市场地位不断上升，对亚太价值链布局有了更大的影响力；另一方面，处于亚太价值链不同环节的生产商为了获取更大的分工利益，纷纷对邻近的上下游碎片化的生产环节进行整合以获得规模优势。这些力量都在推动以美国市场为主导的亚太价值链体系发生变革。如何从增加值视角考察"新三角贸易"体系的变革过程？为此，我们构建了度量亚太价值链分工模式的指标体系，以亚太经济体对美国出口中包含的美国增加值变化率（ROC_AmericanVA$_T^i$）来度量某一时期亚太价值链分工模式的变化情况，具体公式如下：

$$ROC\_AmericanVA_T^i = \frac{\dfrac{VA_{t_1}^{USA}}{E_{t_1}^{itoUSA}} - \dfrac{VA_{t_2}^{USA}}{E_{t_2}^{itoUSA}}}{\dfrac{VA_{t_1}^{USA}}{E_{t_1}^{itoUSA}}} \times 100\% \qquad (3.14)$$

其中，$\dfrac{VA_{t_1}^{USA}}{E_{t_1}^{itoUSA}}$ 和 $\dfrac{VA_{t_2}^{USA}}{E_{t_2}^{itoUSA}}$ 分别为 t_1 和 t_2 时期 i 经济体对美国出口中包含的美国增加值；i 为除美国外的其他亚太经济体。如果 ROC_AmericanVA$_T^i$ 为正值，则表明 t_1 到 t_2 时期 i 经济体在亚太价值链分工体系中对美国的依赖程度降低，反之则表明 i 经济体对美国的依赖程度增加。

3.3.2　数据说明

本章的原始数据主要来源于经济合作与发展组织（Organisation for Economic Co-operation and Development，OECD）开发的 Trade in Value-Added 数据库（简称 OECD-TiVA 数据库）。该数据库包含全球 63 个经济体 55 个产业 1995~2015 年共计 21 年的增加值贸易数据，其中涵盖了 APEC 21 个正式成员中的 20 个成员（巴布亚新几内亚未包含在内）。这 20 个经济体无论是在经济总量还是在贸易总量上，均能够充分反映亚太经济体间的经济活动，因此，本章以这 20 个经济体 2005~2015 年的增加值贸易数据为样本探讨亚太价值链的重塑状况及中国的角色变迁。

3.4　亚太价值链重塑与中国的角色变迁：实证考察

本部分从价值链长度、价值链合作度、价值链合作模式、基于需求视角的价值链地位、基于产出视角的价值链地位及价值链分工模式六方面入手，剖析亚太价值链的重塑状况。

3.4.1　亚太价值链重塑：基于价值链长度视角的考察

式（3.2）的测算结果如表 3.1 所示，由表 3.1 中数据可知，大部分亚太经济体间价值链长度在缩短。尤其以中国香港、日本、泰国、文莱、美国、墨西哥、秘鲁等经济体最为明显，这说明亚太价值链长度总体在缩短。实际上，许多客观事实和研究结果正在论证这一观点，如 Fally（2012）在其研究中指出，商品生产的平均阶段数在过去的 50 年中下降了 10% 左右。这与贸易保护主义引致的中间品在国际流转的成本提升有关，也与价值链重塑过程中碎片化生产阶段的整合有关。进一步分经济体来看，中国是 20 个样本经济体中唯一与其他经济体的价值链长度均处于延长状态的经济体。其中与马来西亚（0.57）、印度尼西亚（0.55）、越南（0.53）、俄罗斯（0.51）的价值链长度延长幅度最大。与日本（0.43）、韩国（0.40）、文莱（0.38）等经济体的价值链长度延长幅度次之。与智利（0.20）、秘鲁（0.17）、菲律宾（0.11）等经济体的价值链长度延长幅度最小。这说明中国所参与的亚太价值链链条越来越长，同其他亚太经济体之间的价值链分工复杂度日益深化，在亚太价值链中的影响力也日益增强。可能的原因有二：其一，中国是亚太地区重要的"贸易枢纽"。中国自 20 世纪 90 年代凭借充沛的劳动力优势、完备的基础设施及优惠的政策支持嵌入亚太价值链以来，已经成为亚太价值链的重要参与者（张蕴岭，2015），承接了大量来自美国、日本、韩国等发达经济体发包的生产环节，是亚太地区重要的加工贸易中枢，因此与美国、日本、韩国等亚太经济体的价值链长度延长。其二，随着中国的亚太价值链地位上升，中国中间品出口的数量也在大规模提升，通过对马来西亚、印度尼西亚、越南、俄罗斯等经济体的中间品出口的增加，中国增强了对上述经济体价值链分工的影响力。

表3.1 亚太经济体价值链长度

经济体	中国	中国香港	中国台湾	日本	韩国	俄罗斯	越南	泰国	马来西亚	新加坡	印度尼西亚	文莱	菲律宾	美国	加拿大	墨西哥	秘鲁	智利	新西兰	澳大利亚
中国	0.15	0.20	0.27	0.43	0.40	0.51	0.53	0.31	0.57	0.30	0.55	0.38	0.11	0.25	0.27	0.21	0.17	0.20	0.24	0.36
中国香港	0.16	-0.09	-0.19	-0.22	-0.26	-0.55	0.02	0.01	-0.08	-0.25	-0.12	0.19	-0.27	-0.38	-0.27	0.17	-0.40	-0.14	-0.08	-0.10
中国台湾	0.20	-0.08		-0.02	-0.04	0.23	0.23	0.07	0.32	-0.15	0.33	0.31	-0.03	0.08	-0.01	0.19	0.14	0.36	0.26	0.18
日本	0.25	0.14	-0.05		0.08	0.33	0.10	0.09	0.27	-0.16	0.18	0.14	0.19	-0.14	-0.09	0.00	-0.29	-0.11	0.11	0.07
韩国	0.62	0.01	0.15	0.13		0.52	0.22	0.20	0.44	-0.05	0.40	-0.31	0.03	0.00	0.01	0.03	0.06	0.23	-0.06	-0.07
俄罗斯	0.01	0.10	0.35	-0.29	0.06		1.18	0.61	0.44	-0.45	0.51	1.42	0.45	0.28	0.49	0.22	-0.24	1.03	-0.99	0.05
越南	0.18	-0.21	0.09	0.10	-0.01	0.40		0.14	0.08	0.34	-0.20	0.17	0.22	0.06	0.22	-0.41	-0.11	-0.03	-0.23	0.45
泰国	0.33	-0.09	0.00	0.04	0.11	0.11	0.24		0.22	0.05	0.16	-0.07	-0.05	-0.07	0.03	-0.14	-0.15	0.22	-0.08	-0.05
马来西亚	0.40	-0.11	0.12	0.03	0.29	0.31	0.32	0.15		0.04	0.20	0.13	0.04	0.15	0.41	0.30	0.31	0.52	-0.14	0.30
新加坡	0.31	0.12	-0.08	-0.03	0.10	0.35	0.39	0.10	0.25		0.28	-0.06	-0.01	-0.07	0.05	0.50	-0.19	0.09	-0.21	0.08
印度尼西亚		-0.01	0.06	0.20	0.18	-0.04	0.35	0.19	0.35	0.01		0.22	-0.10	-0.01	0.03	0.20	0.10	0.39	0.03	0.39
文莱	0.80	-0.15	-1.80	0.03	-0.01	0.46	-0.43	-0.14	-1.01	-0.36	0.53		-0.61	1.77	0.32	0.37	0.37	0.12	-0.41	0.41
菲律宾	0.31	-0.12	0.05	-0.03	0.06	0.38	0.22	0.08	0.48	-0.11	0.27	0.34		-0.03	-0.05	0.11	-0.15	0.16	0.11	0.26
美国	0.04	-0.03	-0.06	-0.02	-0.01	0.17	-0.19	0.03	0.38	0.06	0.29	0.07	0.20		-0.10	-0.08	-0.15	-0.07	-0.07	0.08
加拿大	0.06	-0.28	0.04	0.13	0.04	0.12	0.09	0.04	0.21	-0.12	0.34	1.03	-0.04	-0.15		-0.15	0.01	-0.11	0.04	0.06
墨西哥	-0.09	-0.38	-0.26	-0.34	-0.53	-0.29	-0.83	-0.25	-0.04	-0.60	0.02	1.07	-0.30	-0.15	-0.23		-0.30	-0.18	-0.24	-0.23
秘鲁	0.03	0.26	0.25	-0.13	-0.54	0.07	0.62	-0.29	-0.19	-0.23	0.12	0.90	-0.45	-0.11	-0.55	0.10		-0.26	-0.67	-0.24
智利	0.26	-0.02	0.16	0.17	0.09	-0.16	0.91	0.32	0.61	0.53	0.26	0.93	-0.16	0.04	-0.04	0.27	0.00		-0.08	0.11
新西兰	0.08	-0.08	-0.17	0.02	0.06	0.43	0.18	-0.15	0.04	-0.18	0.15	0.39	-0.06	-0.16	0.02	0.16	-0.20	-0.05		0.03
澳大利亚	0.22		0.25	0.10	0.20	0.43	0.46	0.34	0.30	0.05	0.37	0.65	0.09	0.10	0.22	0.69	0.34	0.29	-0.06	

资料来源：由笔者计算所得

中国香港是亚太地区价值链长度缩短幅度最大的经济体,除了与中国(0.15)、文莱(0.19)、墨西哥(0.17)、越南(0.02)、泰国(0.01)等经济体的价值链长度有些微延长外,与其余经济体的价值链长度均大幅度缩短,与俄罗斯(-0.55)、美国(-0.38)、秘鲁(-0.40)等经济体的价值链长度缩短程度最为显著。这与中国香港发展模式的转变息息相关,中国香港是亚太地区重要的金融服务中心,服务业在其产业结构中占比的迅速上升挤占了参与亚太价值链的制造业生产要素,引致参与亚太价值链的长度显著缩短。与中国香港情况相似的是日本和美国,Fally(2012)的研究表明,越偏向最终消费的产品越容易由富裕经济体出口到美国。美国和日本是亚太地区经济发展水平较高的经济体,其参与亚太价值链的长度均表现出一定的缩短趋势:日本与中国香港(-0.08)、中国台湾(-0.05)、新加坡(-0.16)、美国(-0.14)、加拿大(-0.09)、秘鲁(-0.29)及智利(-0.11)的价值链长度均有所缩短。美国与中国香港(-0.12)、越南(-0.19)、秘鲁(-0.15)的价值链长度缩短最为明显。

3.4.2　亚太价值链重塑:基于价值链合作度视角的考察

在价值链分工网络中,以中间品贸易为主要途径,各经济体基于自身要素禀赋优势从事不同环节的生产并获取不同环节的附加值。经济体间价值链合作度变动率可通过式(3.6)进行测算,测算结果如表 3.2 所示。表 3.2 中各行代表了亚太各经济体与其他经济体之间的价值链合作度变动率。

从总体来看,由表 3.2 最后一列可知,20 个样本经济体中,11 个经济体同亚太其余经济体的价值链合作度不断下降。其中更是包括中国(-12%)、日本(-8%)、俄罗斯(-11%)、美国(-1%)等体量较大的经济体。秘鲁(-24%)、中国香港(-18%)、智利(-17%)、中国(-12%)、马来西亚(-12%)等经济体的价值链合作度下降的幅度最大。由此可见,亚太地区的价值链合作度总体呈下降趋势。这一结果与许多学者的研究观点相吻合,如 Fally(2012)在其研究中指出,商品生产的平均阶段数在过去的 50 年中下降了 10%左右,这从侧面反映了经济体间价值链合作度下降的事实。可能的原因是,一方面,2008 年全球金融危机给经济体间的价值链合作造成了严重打击,金融危机以来世界经济复苏缓慢,发达经济体市场持续疲软,国际贸易渐渐偏向传统最终品贸易,经济体间的价值链合作不断萎缩。另一方面,在价值链重塑过程中,碎片化的生产过程不断重组以通过集聚效应提升竞争力,这也使得垂直碎片化的亚太价值链变得扁平。

分经济体来看,中国、俄罗斯、马来西亚、印度尼西亚及菲律宾与其余亚太经济体的价值链合作度下降最为显著,这 5 个经济体与超过 15 个经济体的价值链

表3.2 亚太各价值链合作度变动率

经济体	中国	中国香港	中国台湾	日本	韩国	俄罗斯	越南	泰国	马来西亚	新加坡	印度尼西亚	文莱	菲律宾	美国	加拿大	墨西哥	秘鲁	智利	新西兰	澳大利亚	总体
中国		-35%	-7%	-28%	-6%	-29%	13%	-10%	-15%	-20%	-42%	-13%	-23%	-1%	-19%	-5%	-33%	-32%	-23%	-21%	-12%
中国香港	-35%		-10%	-9%	-13%	-43%	11%	-20%	-29%	11%	-20%	29%	-2%	10%	-18%	38%	-3%	-11%	6%	12%	-18%
中国台湾	-7%	-10%		-6%	19%	-5%	43%	4%	-7%	-4%	6%	-50%	2%	11%	-9%	16%	-19%	0%	8%	2%	1%
日本	-28%	-9%	-6%		2%	14%	15%	11%	-32%	0%	-5%	20%	-5%	1%	-5%	-16%	3%	14%	20%	26%	-8%
韩国	-6%	-13%	19%	2%		40%	12%	5%	-1%	-2%	-12%	-23%	0%	1%	10%	-2%	-14%	1%	21%	6%	1%
俄罗斯	-29%	-43%	-5%	14%	40%		14%	-39%	-5%	-3%	-41%	43%	-5%	-1%	-27%	-21%	-58%	-59%	-9%	-3%	-11%
越南	13%	11%	43%	15%	12%	14%		20%	-4%	14%	-24%	-69%	53%	47%	-9%	-1%	16%	4%	-3%	36%	22%
泰国	-10%	-20%	4%	11%	5%	-39%	20%		-10%	-5%	1%	2%	-3%	7%	3%	-9%	-58%	-16%	-3%	-19%	0%
马来西亚	-15%	-29%	-7%	-32%	-1%	-5%	-4%	-10%		-15%	-32%	-56%	-22%	-1%	7%	12%	4%	-11%	-9%	13%	-12%
新加坡	-20%	11%	-4%	0%	-2%	-3%	14%	-5%	-15%		28%	-40%	16%	7%	7%	8%	-34%	-15%	4%	1%	0%
印度尼西亚	-42%	-20%	6%	-5%	-12%	-41%	-24%	1%	-32%	28%		-31%	-31%	-1%	-18%	-6%	-28%	-18%	1%	-20%	-11%
文莱	-13%	29%	-50%	20%	-23%	43%	-69%	2%	-56%	-40%	-31%		-29%	21%	88%	470%	521%	538%	-13%	11%	11%
菲律宾	-23%	-2%	2%	-5%	0%	-5%	53%	-3%	-22%	16%	-31%	-29%		-11%	-12%	-2%	-37%	-24%	-24%	-7%	-1%
美国	-1%	10%	11%	1%	1%	-1%	47%	7%	-1%	7%	-1%	21%	-11%		11%	2%	-20%	-3%	0%	13%	-1%
加拿大	-19%	-18%	-9%	-5%	10%	-27%	-9%	3%	7%	7%	-18%	88%	-12%	11%		-8%	-11%	-20%	-4%	-23%	5%
墨西哥	-5%	38%	16%	-16%	-2%	-21%	-1%	-9%	12%	8%	-6%	470%	-2%	2%	-8%		-47%	-18%	55%	29%	8%
秘鲁	-33%	-3%	-19%	3%	-14%	-58%	16%	-58%	4%	-34%	-28%	521%	-37%	-20%	-11%	47%		-51%	-25%	3%	-24%
智利	-32%	-11%	0%	14%	1%	-59%	4%	-16%	-11%	-15%	-18%	538%	-24%	-3%	-20%	-18%	-51%		-15%	23%	-17%
新西兰	-23%	6%	8%	20%	21%	-9%	-3%	-3%	-9%	4%	1%	-13%	-24%	0%	-4%	55%	-25%	-15%		5%	1%
澳大利亚	-21%	12%	2%	26%	6%	-3%	36%	-19%	13%	1%	-20%	11%	-7%	13%	-23%	29%	3%	23%	5%		-1%

资料来源：由笔者计算所得

合作度变动率为负值。值得注意的是，以上 5 个经济体都是位居价值链低端的发展中经济体，中国主要从事加工组装贸易，马来西亚、印度尼西亚及菲律宾主要通过原材料出口嵌入亚太价值链。这说明在亚太价值链重塑过程中，除掌握核心技术的链主经济体外，处于可替代地位的经济体正面临着被挤出价值链的危险。同时，日本、韩国、美国、澳大利亚 4 国与其余亚太经济体的价值链合作度下降幅度最小，这 4 国与 10 个以上亚太经济体的价值链合作度变动率为正值，说明传统亚太发达经济体掌握着核心技术，通过核心零部件的出口赚取高额附加值，并位居亚太价值链的链主地位，这些经济体在价值链重塑过程中被边缘化的可能性较低。值得注意的是，在亚太价值链合作度普遍下降的大环境下，越南同大多数亚太经济体的价值链合作度上升，且上升幅度均在 10%以上（除智利以外）。同时，越南与菲律宾（53%）、美国（47%）、中国台湾（43%）、日本（15%）、中国（13%）等经济体均保持较高的价值链合作度上升幅度，这一结果与越南近年来经济高速发展的状况相符合，充分说明越南长期以来坚持的"革新开放"经济发展举措有了显著的效果。

将 20 个亚太经济体样本按照其各自的地理位置划分为不同区域，分别为东亚区域（包括中国、中国香港等 6 个经济体）、东南亚区域（包括越南、泰国等 7 个经济体）、美洲区域（包括美国、加拿大、墨西哥等 5 个经济体）及大洋洲区域（包括新西兰和澳大利亚）。从跨区域的价值链合作来看，东亚经济体同东南亚经济体的价值链合作以越南为主、东亚经济体同美洲经济体的价值链合作以美国为主、东南亚经济体与美洲经济体的价值链合作以文莱为主。其中，文莱与美洲各经济体的价值链合作度均有显著上升，与墨西哥、秘鲁、智利价值链合作度的上升幅度甚至达到 500%左右。除此之外，大洋洲经济体同东亚经济体、东南亚经济体之间的价值链合作也表现出上升趋势，这可能得益于便捷的海运交通和禀赋优势上的互补性。

3.4.3　亚太价值链合作模式重塑

1. 基于空间联系维度的考察

表 3.3 给出了 20 个亚太经济体与其他亚太经济体间的平均价值链合作模式重塑指数，其中最后一列表示各经济体与其他亚太经济体之间的平均价值链合作模式重塑指数，左下方数据表示各经济体分别与其他亚太经济体间的平均价值链合作模式重塑指数。由最后一列可知，总体而言，新西兰、澳大利亚、中国、韩国、新加坡及美国与其他亚太经济体的平均价值链合作模式重塑指数相对较大，均大

于 3.5，而俄罗斯、墨西哥和加拿大与其他亚太经济体的平均价值链合作模式重塑指数相对较小，均不足 2.5。这说明新西兰、澳大利亚、中国、韩国、新加坡及美国更为安全稳定地参与亚太价值链合作，而俄罗斯、墨西哥和加拿大参与亚太价值链合作可能面临诸多风险挑战。具体到经济体对来看，地理距离较近且已签订双边或多边贸易协定的经济体对的价值链合作模式重塑指数相对较大。例如，新西兰与澳大利亚（38.98）、秘鲁与智利（24.32）、美国与加拿大（20.90）、美国与墨西哥（17.41）、新加坡与马来西亚（11.54）、中国香港与中国（11.41）及新西兰与文莱（10.28）等经济体对的平均价值链合作模式重塑指数均大于 10。相反，地理距离较远且并未签订双边或多边贸易协定的经济体对的平均价值链合作模式重塑指数相对较小。例如，墨西哥与文莱（0.07）、智利与文莱（0.12）、新加坡与秘鲁（0.16）、俄罗斯与文莱（0.18）、加拿大与文莱（0.20）、墨西哥与中国香港（0.22）、俄罗斯与澳大利亚（0.23）及俄罗斯与智利（0.23）等经济体对的平均价值链合作模式重塑指数均不足 0.25。

2. 基于分工复杂度维度的考察

图 3.1 给出了基于分工复杂度维度的各经济体间价值链合作模式重塑指数的平均值。由图 3.1 可知，从总体来看，新加坡、马来西亚、中国台湾、菲律宾、韩国、越南和中国香港的平均价值链合作模式重塑指数相对较高，意味着这些经济体与其他亚太经济体主要开展深度价值链合作，深度价值链合作模式在双边价值链合作中的地位相对较高。文莱、美国、智利、澳大利亚和日本等经济体的平均价值链合作模式重塑指数相对较低，意味着这些经济体与其他亚太经济体主要开展浅度价值链合作，浅度价值链合作模式在双边价值链合作中的地位相对较高。从变动趋势来看，大部分经济体的平均价值链合作模式重塑指数呈现出先上升后下降的倒 "U" 形变动趋势。澳大利亚、中国、智利、加拿大、印度尼西亚、新西兰、秘鲁、菲律宾、中国香港、马来西亚、俄罗斯 11 个经济体的平均价值链合作模式重塑指数呈现出先上升后下降的倒 "U" 形变动趋势，这意味着从 1995 年到全球金融危机爆发，随着亚太价值链分工不断深化，亚太价值链合作呈现出不断由浅度价值链合作向深度价值链合作转变的发展态势。然而，全球金融危机爆发后，随着全球贸易保护主义抬头、中美贸易摩擦升级及发达经济体实施制造业回流战略，亚太价值链发生深刻重塑，主要体现为亚太价值链链条不断缩短、复杂程度不断下降，即深度价值链合作逐步向浅度价值合作转变。韩国、美国和越南的平均价值链合作模式重塑指数呈现出逐步上升的变动态势，文莱的平均价值链合作模式重塑指数呈现出先下降后上升的 "U" 形变动趋势，而墨西哥的平均价值链合作模式重塑指数呈现出逐步下降的变动趋势。

表3.3　平均价值链合作模式重塑指数（1995—2015年）

经济体	澳大利亚	文莱	加拿大	智利	中国	中国香港	印度尼西亚	日本	韩国	墨西哥	马来西亚	新西兰	秘鲁	菲律宾	俄罗斯	新加坡	泰国	中国台湾	美国	平均值
澳大利亚																				4.57
文莱	5.21																			3.09
加拿大	1.16	0.20																		2.27
智利	1.15	0.12	1.55																	2.93
中国	3.63	0.80	1.83	4.16																4.03
中国香港	2.59	0.63	2.00	0.88	11.41															2.60
印度尼西亚	4.15	8.70	1.02	1.68	2.73	1.38														3.25
日本	3.94	8.22	1.32	2.78	4.61	2.18	4.92													3.32
韩国	4.22	7.11	1.26	3.78	8.28	2.37	5.40	4.22												3.61
墨西哥	0.49	0.07	1.20	3.03	1.59	0.22	0.64	0.99	1.24											1.83
马来西亚	3.21	2.45	0.85	1.14	3.29	2.54	4.88	3.41	3.26	0.91										3.29
新西兰	38.98	10.28	1.98	2.60	2.77	1.92	2.24	2.22	2.78	0.96	4.26									4.59
秘鲁	0.80	1.62	2.78	24.32	4.46	0.65	0.70	1.88	2.22	2.17	0.83	1.88								2.96
菲律宾	1.51	0.58	0.92	0.96	2.70	3.34	2.97	3.39	3.85	0.64	3.54	2.13	1.26							2.54
俄罗斯	0.23	0.18	0.55	0.23	3.26	0.40	0.66	1.54	2.28	0.38	0.50	1.18	1.54	1.24						1.04
新加坡	4.08	3.93	0.88	1.04	2.57	6.88	8.08	3.25	3.36	0.73	11.54	3.77	0.16	5.37	0.58					3.90
泰国	3.34	5.79	0.97	1.06	3.71	3.02	4.12	4.98	2.62	0.89	7.14	2.66	1.90	4.50	1.32	5.52				3.42
中国台湾	2.49	1.46	0.92	2.66	7.57	3.59	3.88	3.98	2.95	0.79	3.62	1.51	1.46	3.93	1.08	3.35	3.01			2.88
美国	1.63	0.79	20.90	1.99	2.78	1.73	1.40	2.50	2.27	17.41	1.80	1.90	3.20	2.17	1.05	2.95	1.75	1.83		3.74
越南	4.01	0.61	0.76	0.56	4.39	1.64	2.10	2.77	5.17	0.49	3.30	1.14	2.40	3.16	1.51	6.09	6.71	4.63	1.03	2.76

资料来源：由笔者计算所得

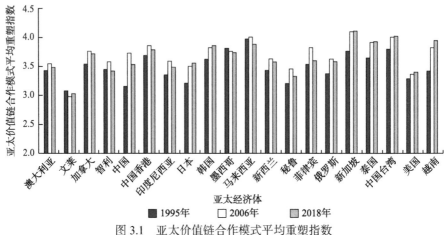

图 3.1　亚太价值链合作模式平均重塑指数

3.4.4　亚太价值链重塑：基于价值链地位视角的考察

1. 基于需求视角

根据式（3.10）可测度最终需求的增加值变动率指标，测算结果如表 3.4 所示。表 3.4 每一行代表亚太经济体最终需求中包含的来自其他亚太经济体的增加值变动率，揭示了一经济体最终需求中的增加值来源在地理上的分布；每一列代表某亚太经济体在其他亚太经济体最终需求中的增加值变动率，揭示了一经济体创造的增加值去向在亚太地区最终需求市场上的地理分布；总体列表示亚太经济体最终需求中包含的来自亚太地区总的增加值变动率，揭示了一经济体最终消费市场上，来自亚太地区的增加值份额变动，这一数值越大，代表亚太地区在消费经济体最终需求市场上的地位越高，反之则越低。

由表 3.4 可知，从总体看，除日本外，各经济体最终需求中来自亚太地区的增加值均显著增长，其中，中国（407%）、越南（222%）、印度尼西亚（197%）、秘鲁（179%）的增长最为显著。也就是说，上述 4 个经济体最终需求中来自亚太地区的增加值的份额显著上升，意味着它们在亚太价值链需求驱动中的地位显著上升。与之相反的是，日本作为传统亚太发达经济体之一，其最终需求中来自亚太地区的增加值变动率为-8%，同样为发达经济体的美国、韩国、加拿大最终需求中来自亚太地区的增加值变动率数值分别为 36%、46%、44%。可见，与新兴经济体相比，传统发达经济体最终需求对亚太价值链需求驱动能力的相对重要性在逐渐降低。

从各经济体最终需求中增加值来源的地理分布上看，东亚区域的中国，东南亚区域各经济体，美洲区域的墨西哥、秘鲁、智利等经济体在亚太各经济体最终需求中的增加值比重显著上升。以几个具有影响力的典型市场进行分析：首先，

表3.4 最终需求的增加值来源变动率

经济体	中国	中国香港	中国台湾	日本	韩国	俄罗斯	越南	泰国	马来西亚	新加坡	印度尼西亚	文莱	菲律宾	美国	加拿大	墨西哥	秘鲁	智利	新西兰	澳大利亚	总体
中国	435%	163%	169%	90%	208%	201%	713%	387%	245%	284%	260%	86%	567%	371%	256%	562%	333%	261%	406%	382%	407%
中国香港	232%	76%	65%	79%	40%	182%	232%	150%	38%	148%	91%	81%	290%	137%	62%	235%	535%	236%	41%	129%	88%
中国台湾	152%	-17%	28%	-31%	-16%	17%	121%	54%	23%	63%	66%	799%	79%	5%	-20%	39%	-5%	19%	17%	-2%	24%
日本	125%	-10%	13%	-12%	19%	111%	175%	45%	37%	86%	13%	19%	119%	15%	-20%	75%	71%	9%	-15%	26%	-8%
韩国	183%	39%	62%	-18%	43%	93%	440%	98%	25%	81%	39%	20%	158%	65%	10%	208%	202%	46%	2%	30%	46%
俄罗斯	401%	126%	92%	-17%	20%	78%	333%	386%	66%	132%	191%	34%	242%	110%	21%	201%	55%	132%	21%	60%	82%
越南	636%	4%	63%	117%	373%	35%	210%	167%	95%	103%	180%	580%	313%	340%	166%	799%	173%	120%	137%	162%	222%
泰国	375%	-2%	42%	-9%	64%	21%	228%	103%	27%	96%	82%	156%	148%	76%	29%	142%	191%	28%	57%	24%	93%
马来西亚	366%	52%	73%	21%	50%	130%	235%	156%	153%	149%	134%	307%	133%	63%	33%	122%	194%	52%	71%	50%	137%
新加坡	298%	98%	159%	118%	175%	306%	182%	145%	91%	151%	120%	65%	345%	127%	80%	250%	152%	42%	112%	71%	145%
印度尼西亚	470%	93%	98%	52%	179%	131%	285%	119%	163%	124%	210%	-79%	175%	67%	28%	185%	142%	86%	58%	53%	197%
文莱	473%	22%	51%	104%	1120%	-8%	733%	331%	507%	490%	299%	38%	239%	84%	-50%	-37%	67%	50%	7%	17%	60%
菲律宾	775%	88%	140%	43%	269%	163%	174%	375%	198%	245%	391%	406%	184%	103%	109%	200%	342%	253%	155%	224%	184%
美国	167%	-7%	4%	-13%	51%	16%	232%	45%	-2%	52%	42%	-56%	112%	35%	2%	51%	32%	23%	34%	38%	36%
加拿大	206%	-3%	18%	-24%	35%	-3%	319%	59%	2%	41%	56%	-11%	151%	43%	42%	72%	124%	21%	7%	20%	44%
墨西哥	445%	-7%	68%	15%	122%	54%	437%	175%	89%	56%	87%	26%	254%	51%	40%	25%	42%	4%	-21%	27%	33%
秘鲁	884%	151%	131%	113%	292%	251%	813%	611%	127%	275%	261%	143%	752%	231%	143%	327%	166%	103%	307%	193%	179%
智利	471%	2%	50%	34%	133%	20%	607%	243%	94%	155%	70%	69%	297%	126%	100%	140%	122%	123%	109%	111%	130%
新西兰	247%	-27%	-9%	-22%	61%	171%	145%	117%	53%	138%	49%	236%	161%	48%	4%	95%	192%	44%	54%	-8%	52%
澳大利亚	302%	4%	28%	9%	110%	74%	9%	196%	28%	101%	64%	-46%	148%	64%	14%	140%	138%	75%	24%	69%	71%

资料来源：由笔者计算所得

分析美国市场，美国一直以来都是亚太地区的主要消费市场，是亚太价值链主要的需求驱动力，由表 3.4 可知，美国最终需求中来自中国（167%）、越南（232%）、菲律宾（112%）的增加值增长十分显著，这说明上述经济体在美国最终消费市场上所占地位的上升，同时也说明上述经济体的生产对美国市场的依赖程度上升，美国的需求驱动更加显著地影响了上述经济体参与亚太价值链。可能的原因是，在亚太价值链中，美国既是生产驱动的大厂商的集聚地，也是购买驱动的国际大卖家集聚地。在垂直专业化生产分工的亚太价值链中，存在着东南亚国家出口初级原材料，美国提供核心技术及研发，由中国进行加工组装并出口到美国市场的分工模式，因此，东南亚国家和中国在美国最终消费市场上贡献了更多的增加值。同时，来自中国香港（-7%）、日本（-13%）、马来西亚（-2%）、文莱（-56%）的增加值在美国最终需求市场上所占比重有所下降，这说明美国的最终需求对上述经济体参与亚太价值链的需求驱动效应有所下降。其次，分析中国市场，中国是世界第二大经济体和第一大人口国，是亚太需求市场的重要组成部分。亚太经济体对中国消费市场所贡献的增加值都是呈上升趋势的，其中中国（435%）、越南（713%）、菲律宾（567%）、泰国（387%）、美国（371%）、墨西哥（562%）、新西兰（406%）等经济体对中国最终需求的增加值贡献显著提升。这说明中国市场已经成为亚太地区重要的增加值流向目的地，在亚太价值链的需求驱动结构中，中国市场的地位不断上升。从各经济体创造的增加值去向在亚太地区最终需求市场上的地理分布来看，中国、越南、菲律宾、墨西哥等经济体创造的增加值在亚太各经济体最终需求中的增加值占比上升幅度最为显著，其余亚太经济体创造的增加值在亚太需求市场上所占的比重总体上升，说明广大发展中经济体逐渐成为亚太需求市场的重要增加值来源，是参与亚太价值链的重要力量。

2. 基于产出视角

在价值链分工网络中，各经济体基于自身比较优势承担不同环节的生产分工并赚取不同的利润。价值链上游经济体往往从事原材料及关键零部件的出口工作，因此出口中包含的本国增加值占比较高。以中国为代表的价值链下游经济体往往以加工贸易模式为主，导致其出口中的其他经济体增加值占有较高的比例。因此，亚太经济体相对价值链地位的高低可用一经济体出口中包含的另一经济体增加值比例来衡量。为此，在上文中我们构建了基于产出视角的亚太价值链地位指标来测度亚太经济体相对价值链地位。式（3.13）的测算结果如表 3.5 所示，每一个数据为行经济体出口中包含的列经济体增加值变动率与列经济体出口中包含的行经济体增加值变动率的差。这一数值为正值则表明列经济体价值链地位相对行经济体的上升，反之则表明行经济体价值链地位相对列经济体的上升。为了便于观察和理解，我们对下三角区域的数据进行了填补（为上三角对称位置数据的相反数）。

表3.5　亚太经济体出口中包含的其他亚太经济体增加值变动率

经济体	中国	中国香港	中国台湾	日本	韩国	俄罗斯	越南	泰国	马来西亚	新加坡	印度尼西亚	文莱	菲律宾	美国	加拿大	墨西哥	秘鲁	智利	新西兰	澳大利亚	总体
中国		-185%	-51%	-120%	-154%	-288%	-646%	-243%	-17%	-187%	-97%	-145%	-288%	-108%	13%	-115%	-194%	-330%	-95%	-107%	-159%
中国香港	185%		8%	3%	-53%	-64%	-46%	-49%	-46%	-43%	-29%	-106%	-164%	-38%	-23%	-134%	-180%	-1%	27%	80%	56%
中国台湾	51%	-8%		-37%	-107%	-93%	-15%	-48%	-48%	-102%	70%	-1 260%	-76%	-37%	-15%	-1%	-38%	-15%	27%	-34%	-48%
日本	120%	-3%	37%		35%	134%	30%	40%	-103%	-50%	42%	59%	116%	47%	44%	87%	73%	17%	33%	37%	61%
韩国	154%	53%	107%	-35%		131%	72%	1%	57%	-84%	-10%	-37%	65%	-2%	48%	292%	182%	48%	9%	-71%	8%
俄罗斯	288%	64%	93%	-134%	-131%		239%	124%	74%	-200%	130%	101%	236%	73%	11%	-25%	-128%	57%	-215%	-108%	42%
越南	646%	-46%	15%	-30%	-72%	-239%		32%	39%	188%	249%	581%	402%	210%	95%	555%	47%	-87%	105%	300%	245%
泰国	243%	-49%	48%	-40%	-1%	-124%	-32%		25%	-37%	80%	244%	-101%	-33%	28%	7%	-29%	18%	-11%	-100%	6%
马来西亚	17%	-46%	-48%	-103%	-57%	-74%	-39%	-25%		-65%	-53%	-205%	-143%	-64%	-7%	-15%	43%	-2%	-65%	19%	-61%
新加坡	187%	43%	102%	50%	84%	200%	-188%	37%	65%		175%	-107%	114%	4%	67%	265%	-67%	-95%	-48%	-76%	60%
印度尼西亚	97%	29%	-70%	-42%	10%	-130%	-249%	-80%	53%	-175%		-172%	-61%	-81%	-51%	-8%	-14%	22%	-28%	-20%	-39%
文莱	145%	-106%	-1 260%	-59%	37%	-101%	-581%	-244%	205%	107%	172%		-2 334%	26%	-53%	-117%	-23%	-38%	-309%	-21%	-18%
菲律宾	288%	-164%	76%	-116%	-65%	-236%	-402%	101%	143%	-114%	61%	234%		-171%	-71%	-60%	69%	20%	47%	5%	-68%
美国	108%	-38%	37%	-47%	2%	-73%	-210%	33%	64%	-4%	81%	-26%	171%		28%	3%	-93%	-50%	-3%	-23%	16%
加拿大	-13%	-23%	15%	-44%	48%	-11%	-95%	-28%	7%	-67%	51%	53%	71%	-28%		-21%	24%	-89%	0	-53%	-28%
墨西哥	115%	-134%	1%	-87%	-292%	25%	-555%	-7%	15%	-265%	8%	117%	60%	-3%	21%		-110%	-92%	-44%	-380%	5%
秘鲁	194%	-180%	38%	-73%	-182%	128%	-47%	29%	-43%	67%	14%	23%	-69%	93%	-24%	110%		41%	-199%	-137%	35%
智利	330%	1%	15%	-17%	-48%	-57%	87%	-18%	2%	95%	-22%	38%	-20%	50%	89%	92%	-41%		-98%	-247%	25%
新西兰	95%	-27%	-27%	-33%	-9%	215%	-105%	11%	65%	48%	28%	309%	-47%	3%	0	44%	199%	98%		-41%	-14%
澳大利亚	107%	-80%	34%	-37%	71%	108%	-300%	100%	-19%	76%	20%	21%	-5%	23%	53%	380%	137%	247%	41%		5%

资料来源：由笔者计算所得

表3.5最后一列测度了行经济体出口中包含的所有列经济体的增加值变化率，可有效表现亚太经济体出口中包含的其他亚太经济体增加值变动率情况。由表3.5中的数据可知，中国、中国台湾、马来西亚、印度尼西亚、文莱、菲律宾及加拿大7个经济体出口中包含的其他亚太经济体的增加值变动表现出明显的下降趋势，这说明上述7个经济体在亚太价值链中的地位有上升态势，其中又以中国（−159%）的上升态势最为明显，即中国嵌入亚太价值链以来，通过竞争效应、学习效应及技术溢出效应，开始从事更多附加值较高环节的生产和出口，有效提升了中国增加值在本国对外出口中的比例。从国内价值链构建的角度来看，这一变化趋势也说明中国国内价值链的完善程度在不断提升，出口中对外来关键零部件的需求在不断减少，从侧面反映出中国的亚太价值链地位上升。除中国外，马来西亚和菲律宾出口中包含的其他亚太经济体增加值变动趋势也趋于下降，说明上述两国在亚太价值链分工中创造的增加值也在不断上升。

从亚太经济体相对价值链地位的变化来看，除加拿大外，中国相对其余各亚太经济体的价值链地位均有所上升，即其余亚太经济体出口中包含的中国增加值增长率相对高于中国出口中包含的其余亚太经济体增加值增长率。其中，中国的价值链地位相对于俄罗斯、越南、泰国、菲律宾、智利的上升更为明显。可能的原因有二：一是中国与上述几个经济体的价值链地位较为相近，中国的价值链地位上升会体现得更加明显；二是俄罗斯、越南、泰国等经济体与中国地理距离相近，随着生产分工的细化，经济体间的中间品贸易愈加频繁，中国生产并出口的零部件更加便捷出口到上述经济体。除中国外，马来西亚与大多数亚太经济体（除中国、秘鲁、澳大利亚）相比，其出口中含有的其他亚太经济体的增加值变化率相对减少，这与马来西亚主要从事原材料出口的贸易模式息息相关。此外，中国台湾、印度尼西亚、文莱、加拿大等经济体的亚太价值链地位相对于大多数亚太经济体也体现出上升趋势。

与上述经济体相反的是，中国香港、日本、韩国、俄罗斯、新加坡、美国等发展水平较高的经济体体现出亚太价值链地位下降的趋势，其中日本（相对中国等17个经济体地位下降，相对中国香港和新加坡2个经济体地位上升）、韩国（相对中国等13个经济体地位下降，相对日本等6个经济体地位上升）价值链地位下降的趋势更加明显。由表3.5中数据可知，日本的亚太价值链地位仅相对于中国香港、新加坡有所上升，而韩国的亚太价值链地位仅相对于日本等6个经济体有所上升。可能的原因是，作为传统亚太价值链中关键零部件生产订单主要承接者，日本、韩国在亚太价值链重塑过程中逐步将外围环节外包给中国、马来西亚等经济体，从而减少了出口中包含的本国增加值。同时，以中国为代表的发展中经济体凭借劳动力优势、资源优势及基础设施优势对日本、韩国的增加值创造起到了一定的替代作用，这些因素的共同作用造成了日本、韩国的亚太价值链地位的下降。就中国香港而言，在中国经济高速发展的前期，中国香港是中国参与国际分工的窗口，因此带动了中国香港深度参与亚太价值链分工。然而，随着中国开放程度的深化及中国香港经济的发展，一方面，广州、深圳、上海等城市代替了中国香港作为中国对外开放窗口的地位；另一方面，中国香港的经济逐渐向高度服务化转变，因此，中国香港出口中包含的自身经济体增加值逐渐减少，来自内地的转口贸易是中国香港对外贸易的主要组成部分。俄罗斯的亚太价值链地位的相对下降可能更多受政治因素及国内经济发展水平的影响。美国的亚太价值链相对地位也体现出一定的下降趋势，但相对日本和韩国来说下降趋势较弱（相对中国等 9 个经济体地位下降，相对中国香港等 10 个经济体地位上升），说明虽然在亚太价值链重塑过程中，以中国为代表的发展中经济体通过各种途径实现了价值链地位攀升，但掌握核心技术并处于价值链主导者地位的美国依旧是国际分工中重要的增加值来源。

3.4.5　亚太价值链重塑：基于价值链分工模式视角的考察

式（3.14）可测度亚太经济体对美国出口中包含的美国增加值状况，为了解不同时期亚太经济体对美国出口中包含的美国增加值变化率，我们除了将 2005~2015 年整体作为时间段进行考察外，还对 2005~2008 年、2009~2012 年、2013~2015 年三个时间段分别进行考察。具体测算结果如表 3.6 所示。

表3.6　亚太经济体对美国出口中包含的美国增加值变化率

经济体	2005~2015 年	2005~2008 年	2009~2012 年	2013~2015 年
中国	−0.003 93%	−0.003 35%	−0.000 49%	0.000 68%
中国香港	−0.001 63%	−0.000 42%	−0.000 26%	−0.000 63%
中国台湾	−0.005 34%	−0.002 72%	−0.002 06%	0.000 49%
日本	−0.000 41%	−0.000 58%	−0.000 05%	0.001 10%
韩国	−0.003 67%	−0.003 46%	−0.000 89%	0.000 86%
俄罗斯	0.000 02%	−0.000 01%	−0.000 27%	0.000 30%
越南	0.001 24%	0.000 06%	−0.000 68%	0.001 43%
泰国	−0.005 12%	−0.003 74%	−0.000 96%	0.000 18%
马来西亚	−0.016 55%	−0.013 18%	−0.005 53%	0.001 38%
新加坡	−0.003 81%	−0.003 87%	−0.002 26%	0.001 60%

续表

经济体	2005~2015 年	2005~2008 年	2009~2012 年	2013~2015 年
印度尼西亚	−0.001 72%	−0.001 54%	−0.000 42%	0.000 35%
文莱	−0.000 96%	−0.000 78%	0.000 09%	−0.000 30%
菲律宾	−0.009 11%	−0.006 87%	−0.001 53%	0.000 27%
美国	−0.015 10%	−0.016 36%	0.000 49%	0.005 29%
加拿大	−0.001 49%	−0.008 78%	−0.000 87%	0.008 55%
墨西哥	−0.015 36%	−0.026 96%	−0.005 90%	0.016 16%
秘鲁	−0.002 06%	−0.000 92%	−0.000 44%	0.000 37%
智利	0.000 05%	0.000 61%	0.000 28%	0.000 59%
新西兰	−0.000 48%	−0.000 58%	−0.000 08%	0.000 21%
澳大利亚	−0.000 32%	−0.000 19%	−0.000 29%	0.000 51%

资料来源：由笔者计算所得

对 2005~2015 年的整体情况进行分析，除俄罗斯、越南及智利外，其他亚太经济体对美国的出口中包含的美国增加值均有所下降，其中中国台湾、菲律宾、马来西亚、墨西哥 4 个经济体对美国出口中的美国增加值降低幅度很大。这说明，上述 4 个经济体对美国的价值链依赖有所降低，即对美国的出口中包含的美国增加值含量在下降。这也从侧面反映出美国在亚太价值链分工中所承担的角色变化，美国长期占据的高附加值环节正在被其他经济体分化。为了深入研究不同时期亚太经济体对美国出口中包含的美国增加值变化率，我们将研究样本分为 2005~2008 年的全球金融危机前期、2009~2012 年的全球金融危机后的快速反弹期及 2013~2015 年的全球金融危机后的缓慢恢复期。由表 3.6 中数据可知，在 2005~2008 年和 2009~ 2012 年两个时期内，亚太经济体对美国出口中包含的美国增加值变动率与 2005~ 2015 年的变化趋势基本一致，值得注意的是，与 2009~2012 年相比，2005~2008 年亚太经济体对美国出口中包含的美国增加值的下降幅度较大。这说明，全球金融危机的酝酿与发生期加速了亚太地区分工模式的变化，降低了美国在亚太地区生产分工中的地位。但在全球金融危机后的快速反弹期，亚太经济体对美国出口中包含的美国增加值的下降趋势得到了有效遏制，且在 2013~2015 年的全球金融危机后的缓慢恢复期，原本的下降趋势已经全面转变为上升趋势。这说明在全球金融危机后的缓慢恢复期，受金融危机影响而暂时中止甚至断裂的亚太价值链得到了有效修复。总体而言，美国主导亚太价值链分工的总体趋势没有发生改变。

分经济体来看，在全球金融危机前期和全球金融危机后的快速反弹期，马来西亚、美国、墨西哥 3 个经济体对美国出口中包含的美国增加值变化率的变化幅度最大。这说明上述 3 个经济体同美国的价值链合作更加密切且受全球金融危机的影响更大。除此之外，中国、中国台湾、日本、韩国、泰国、加拿大等经济体对美国出口中包含的美国增加值变化率的变化幅度次之，说明上述 6 个经济体与美国的价值链合作同样受到全球金融危机的影响。值得注意的是，中国向美国出口中包含的美国增加值变化率的变化幅度也很大，2005~2012 年，中国对美国出口中包含的美国增加值降低幅度逐渐减小，且在 2013~2015 年变为正值。可见，全球金融危机过后，亚太价值链得到了有效修复，美国对其下游经济体的影响力和控制力在逐渐增强。总体而言，各经济体对美国出口中包含的美国增加值变化率均经历了金融危机前的下降期、金融危机后的下降速度放缓期及经济复苏过程中的缓慢上升期。可以明确的是，亚太价值链分工模式并没有发生根本性变化，作为主要出口目的地的美国同样是价值链中重要的增加值来源地。

3.5　中国应对亚太价值链重塑的策略

在亚太价值链重塑过程中，经济体间的价值链合作长度、价值链合作度及各自的价值链地位在不断变化，亚太地区的价值链分工模式也在不断变革。加之中美贸易摩擦出现，"逆全球化"思潮暗流涌动，在这一背景下，剖析亚太价值链重塑的趋势，测度亚太价值链重塑过程中各经济体的相对利得就显得至关重要。

3.5.1　研究结论

本章以 2005~2015 年 OECD-TiVA 数据库中 20 个亚太经济体的增加值贸易数据为基础数据，先对亚太价值链重塑过程中各亚太经济体的价值链长度变化、价值链合作度变化、价值链地位及价值链分工模式变化进行评估，全面测度亚太价值链重塑现状。然后，基于中美贸易摩擦复杂化的背景，本章以中美两国在亚太价值链重塑过程中的价值链长度变化、价值链合作度变化、价值链相对地位变化为主要指标，剖析来自美国的增加值对中国国内产业链的挤出效应，从而为界定美国单方面挑起贸易摩擦的深层次动因提供更多的依据。本章主要得出以下研究结论。

亚太价值链重塑现状：从价值链长度视角来看，亚太经济体间的价值链长度变化体现出传统发达经济体价值链长度缩短而发展中经济体价值链长度延长的趋势。日本和美国的亚太价值链长度缩短趋势最为显著，而中国是亚太经济体中唯一与其他亚太经济体的价值链长度都延长的经济体；从价值链合作度视角来看，亚太地区价值链合作度总体呈现下降趋势，包括中国、日本、美国在内的体量较大经济体的价值链合作度均呈现出下降态势。这说明亚太地区的国际贸易中最终品贸易所占的比重在不断提升，这与全球国际贸易的发展趋势是一致的；从价值链合作模式视角来看，亚太价值链合作模式呈现出由间接价值链合作向直接价值链合作、由深度价值链向浅度价值链合作转变的历程；从需求视角来看，以中国、越南为代表的发展中经济体的最终需求对亚太地区增加值创造的拉动作用显著高于以美国为代表的传统发达经济体；从产出视角来看，中国、马来西亚、印度尼西亚、文莱等发展中经济体的亚太价值链地位上升显著，而日本、韩国、美国等较发达亚太经济体却体现出不同程度的价值链地位下降趋势，其中以日本价值链地位下降趋势最为显著；就价值链分工模式而言，各经济体对美国出口中的美国增加值变化率均经历了金融危机前的下降期、金融危机后的下降速度放缓期及经济复苏过程中的缓慢上升期。可以明确的是，亚太价值链分工模式并没有发生根本性变化，作为主要出口市场的美国同样是价值链中重要的增加值来源地。

3.5.2　政策建议

基于本章的研究结论，结合中美贸易摩擦持续化及"逆全球化"思潮普遍化的国际经贸现状，本章具有以下政策启示。

1. 深化创新驱动发展战略，推动中国向亚太价值链上游攀升

本章的研究结论表明，虽然中国等发展中经济体的亚太价值链地位有所上升，但总体而言依旧处于价值链附属地位，面临着陷入链主经济体"低端锁定"的困境。"微笑曲线"的两端代表设计研发与销售售后，具有较高的附加值，而底部则代表加工组装等附加值较低的生产环节。中国凭借自身比较优势嵌入亚太价值链以来，就主要从事加工组装环节的生产，获取的生产附加值相对有限。因此，在亚太价值链重塑过程中，中国要把握机会，深化创新驱动发展战略，向亚太价值链上游攀升。其一，中国政府要引导和激励广大企业自主创新，发挥国有企业的规模优势、民营企业的灵活优势、外资企业的技术优势，以优惠的税收政策、关键领域的创新扶持等举措，提高企业自主创新能力，实现价值链地位攀升。其二，中国企业要积极参与亚太价值链分工，通过价值链生产活动的技术溢出效应和竞争效应来倒逼企业发展壮大，整合碎片化上下游生产环节以获取规模优势，进而提升自身国际竞争力。

2. 内需驱动与"一带一路"倡议并重，减少对美国市场的依赖

需求始终是拉动经济增长的首要驱动力。本章的研究表明，中国的生产对美国需求市场具有很强的依赖性，来自中国的增加值在美国最终需求中所占的比重持续上升，已经达到了较高的水平。一方面，说明中国在需求驱动的亚太价值链分工中具有更强的影响力；另一方面，说明中国对美国市场的依赖程度增加。在中美贸易摩擦持续的背景下，这一趋势不利于中国对外贸易的持续稳定增长，因此，中国必须调整对外经贸关系，减少对美国市场的依赖，内需驱动与"一带一路"倡议是两个主要途径。首先，中国本身就拥有巨大的国内市场，随着中国经济的发展，居民消费水平也不断提升，如果能充分激发内需，就会成为推动经济发展的巨大力量。但目前我国有效供给不足、供需不相匹配的情况严重，继续深化供给侧结构性改革将会是刺激国内消费需求的先决条件。其次，就外需拉动而言，中国提出的"一带一路"倡议将中国经济发展与"一带一路"沿线国家联系起来，在共同发展、互惠互利的同时，能够创造巨大的新需求市场，消化过剩产能，转移对美国市场的依赖。

参 考 文 献

陈淑梅, 高敬云. 2017. 后 TPP 时代全球价值链的重构与区域一体化的深化. 世界经济与政治论坛, (4): 124-144.

丁宋涛, 刘厚俊. 2013. 垂直分工演变、价值链重构与"低端锁定"突破——基于全球价值链治理的视角. 审计与经济研究, 28 (5): 105-112.

胡昭玲, 张玉, 宋晓丽. 2016. 东亚区域生产分工格局变迁——基于产品复杂度的视角. 亚太经济, (2): 11-17.

华晓红, 宫毓雯. 2015. 中国制造业在亚太生产网络中的地位——基于增值贸易数据测度. 国际经贸探索, 31 (12): 45-59.

蒋为, 宋易珈, 李行云. 2018. 全球制造业生产分工的演变、分布与贸易效应. 数量经济技术经济研究, 35 (9): 3-21.

刘志彪. 2017. "一带一路"倡议下全球价值链重构与中国制造业振兴. 中国工业经济, (6): 35-41.

马涛, 盛斌. 2018. 亚太互联经济格局重构的国际政治经济分析——基于全球价值链的视角. 当代亚太, (4): 86-112.

毛蕴诗, 王婕, 郑奇志. 2015. 重构全球价值链: 中国管理研究的前沿领域——基于 SSCI 和 CSSCI (2002-2015 年) 的文献研究. 学术研究, (11): 85-93, 160.

秦升. 2017. "一带一路":重构全球价值链的中国方案. 国际经济合作,(9):11-16.

阙登峰,肖汉雄,卓丽洪,等. 2017. TPP、亚太区域价值链重构及对中国的影响. 经济与管理研究,38(1):16-24.

谭人友,葛顺奇,刘晨. 2016. 全球价值链重构与国际竞争格局——基于40个经济体35个行业面板数据的检验. 世界经济研究,(5):87-98,136.

田文,张亚青,佘珉. 2015. 全球价值链重构与中国出口贸易的结构调整. 国际贸易问题,387(3):3-13.

王玉燕,林汉川,吕臣. 2014. 全球价值链嵌入的技术进步效应——来自中国工业面板数据的经验研究. 中国工业经济,(9):65-77.

佘珮. 2017. 美国再工业化背景下中美制造业嵌入全球价值链的比较研究. 经济学家,(11):88-96.

张辉. 2006. 全球价值链动力机制与产业发展策略. 中国工业经济,(1):40-48.

张蕴岭. 2015. 亚太经济一体化与合作进程解析. 外交评论(外交学院学报),32(2):1-11.

张志明,李健敏. 2020. 中国嵌入亚太价值链的模式升级及影响因素研究:基于双重嵌入视角. 世界经济研究,(6):57-72.

张志明,周彦霞,张建武. 2019. 嵌入亚太价值链提升了中国劳动生产率吗? 经济评论,(5):110-122.

周彦霞,张志明,陈嘉铭. 2021. 亚太价值链重构与中国的角色变迁. 世界经济研究,(4):28-42.

Baldwin R, Venables A J. 2010. Relocating the value chain:off-shoring and agglomeration in the global economy. https://www.nber.org/system/files/working_papers/w16611/revisions/w16611.rev0.pdf.

Beck M, Costa L, Hardman D, et al. 2001. Getting past the hype:value chain restructuring in the e-economy. Booz-Allen & Hamilton.

Fally T. 2012. Production staging:measurement and facts. https://are.berkeley.edu/~fally/Papers/Fragmentation_US_Aug_2012.pdf.

Gereffi G. 1999. International trade and industrial upgrading in the apparel commodity chain. Journal of International Economics, 48(1):37-70.

Koopman R, Powers W, Wang Z, et al. 2010. Give credit where credit is due:tracing value added in global production chains. NBER Working Paper 16426.

Lee J, Gereffi G, Beauvais J. Global value chains and agrifood standards:challenges and possibilities for smallholders in developing countries. Proceedings of the National Academy of Sciences, 109(31):12326-12331.

Milberg W, Winkler D E. 2010. Trade crisis and recovery: restructuring of global value chains. http://hdl.handle.net/10986/3780.

Milberg W, Winkler D E. 2011. Economic and social upgrading in global production networks:problems of theory and measurement. International Labour Review, 150(3/4):341-365.

Nadvi K, Raj-Reichert G. 2015. Governing health and safety at lower tiers of the computer industry global value chain. Regulation & Governance, 9(3):243-258.

Prete D D, Giovannetti G, Marvasi E. 2018. Global value chains:new evidence for North Africa.

International Economics，153：42-54.

Sirkin H L，Zinser M，Hohner D. 2011. Made in America，again：why manufacturing will return to the US. Boston Consulting Group.

Wang Z，Wei S J，Yu X，et al. 2017a. Characterizing global value chains：production length and upstreamness. NBER Working Paper 23261.

Wang Z，Wei S J，Yu X，et al. 2017b. Measures of participation in global value chains and global business cycles. NBER Working Paper 23222.

第4章 区域贸易协定深化与亚太价值链合作

4.1 引　　言

　　过去四十余年，信息通信技术的不断革新和航运物流技术的迅速发展促进了全球价值链分工的形成。在该分工体系下，以产业间分工为主导的水平型分工模式逐渐被以产业内、产品内为主导的垂直型分工模式替代，国际生产和贸易模式也从最终品贸易转向中间品贸易。全球价值链分工以产品价值链分解为主要特征，通过将设计产品、生产中间品、组装最终品到最后的销售产品等各个环节或阶段布局到世界各地，各经济体根据自身在产品价值链上的某一特定环节或阶段所具有的比较优势，就同一产品的不同生产环节展开分工合作。目前，中间品贸易已经在全球贸易中占据主导地位。根据联合国贸易和发展会议（United Nations Conference on Trade and Development，UNCTAD）的统计测算，2018 年中间品贸易占总货物贸易的 60%以上，占总服务贸易的 70%。

　　21 世纪之前，在 GATT①/WTO 的多边自由贸易体系的推动下，全球关税壁垒大幅削减，贸易自由化水平显著提高，极大促进了全球贸易的规模扩张和全球价值链的发展。但随着全球经济一体化的发展，各国经济发展不平衡问题越来越明显。WTO 机制的缺陷和成员相差过大的诉求导致多哈回合谈判陷入长期停滞。同时，世界"逆全球化"浪潮的兴起和贸易保护主义的抬头，使得世界经济发展的不确定因素增加。在此背景下，越来越多的经济体选择加入协调更加方便、条款更加深入、规则更加灵活的区域贸易协定。从 20 世纪 90 年代以来，区域贸易协定数量开始迅猛增加。根据 WTO 相关数据，区域贸易协定从 1990 年的 23 个增加到 2015 年的 279 个，截至 2020 年，生效并仍在实施的区域贸易协定数量达到

---

① GATT：General Agreement on Tariffs and Trade，关税与贸易总协定。

305 个。伴随着区域贸易协定的涌现，其条款深度也不断深入，且涵盖了大量超越传统的贸易政策。在传统的贸易协定下，各成员承诺降低关税，并在 WTO 覆盖的政策领域承担额外义务，如海关管理、反倾销和反补贴等。但现有的区域贸易协定越来越多地在竞争和投资政策、知识产权保护等不受 WTO 监管的政策范围开辟新领域。

在当前全球经济一体化的背景下，亚太地区各个经济体正积极参与全球价值链分工，同时，亚太地区也成为全球区域贸易协定数量最多、密度最高的地区，且涵盖深度条款的区域贸易协定迅速增加。2020 年，中国与其他 14 个亚太经济体签署了 RCEP，该协定标志着全球最大自贸区的形成，这将有利于中国进一步深化对外开放、增加与缔约方之间的贸易往来。由此，自然引申出一个问题：区域贸易协定深化如何影响亚太经济体间的价值链合作？发展程度不同的经济体与不同类型区域贸易协定的影响是否存在差异？这些问题的回答将有助于了解亚太经济体间价值链合作的动因，对助推中国更高效地参与亚太价值链合作具有重要意义。

长期以来，学者就区域贸易协定与价值链合作的关系展开了广泛而深入的研究，并且得到了相近的结论，即区域贸易协定促进了两个经济体之间的价值链合作。Baier 和 Bergstrand（2007）发现区域贸易协定的签署对缔约方之间的双边价值链贸易量有正向影响。刘洪愧（2016）利用中间产品引力模型及增加值贸易数据，研究发现区域贸易协定的签署能够显著促进成员之间的价值链合作。张中元（2019）发现，区域贸易协定总深度的提升能够显著促进出口国的前向垂直专业化参与率，且不同类型的区域贸易协定条款对前向垂直专业化参与率的影响存在显著的异质性。许亚云等（2020）通过分析中国已签署的区域贸易协定文本的深度，提出了区域贸易协定深度的提升能够显著促进缔约方的总贸易、中间品贸易和增加值贸易的观点。杨继军等（2020）通过引入增加值贸易关联指标，从贸易净值的视角考察区域贸易协定对双边价值链合作的影响，结果发现区域贸易协定深化有助于双边价值链合作。

综合相关文献不难发现，相关研究大都以全球或者中国为样本考察区域贸易协定或区域贸易协定深化对价值链合作的影响，而专门针对亚太地区的研究则相对较少。基于此，本章首先梳理了区域贸易协定深化促进亚太价值链合作的理论机制；其次，采用 1995~2015 年 20 个亚太经济体的数据，实证验证区域贸易协定深化对亚太价值链合作的实际影响。研究结果发现，区域贸易协定深化能够显著促进亚太价值链合作；区域贸易协定的"WTO-X"条款深化对亚太价值链合作的促进作用更强，并且区域贸易协定深化对亚太价值链合作的促进作用在发展中经济体间更强。

4.2　理　论　机　制

在传统的最终品贸易体系下，产品的生产完全在国内进行，跨境流动不频繁，一般性贸易制度安排的关注点在于关税，其目的在于关税削减所引起的贸易效应。但是，随着中间品贸易不断发展，产品的生产活动需要经历多次跨境流动，因此传统的贸易制度安排已经无法满足中间品贸易需求，更深程度的贸易制度安排迫在眉睫。与 WTO 下的多边贸易协议相比，区域贸易协定的贸易自由化程度相对较高。例如，几乎不存在关税壁垒，非关税壁垒较低，服务业市场准入行业更多，知识产权保护更严格，解决争端机制更有效且监管政策更透明。

4.2.1　区域贸易协定深化通过降低贸易成本推动区域价值链合作

在全球价值链背景下，跨国企业为了实现利润最大化，将产品的各个生产工序根据各个国家（地区）的要素禀赋和制度质量布局到不同的国家（地区）。在最终品生产完成前，中间品需要经历多次进出关境，导致关税和运输成本重复产生，进而显著增加了全球价值链分工的交易成本，严重制约了全球价值链分工深化。区域贸易协定使得国际贸易的交易费用显著降低，在中间品多次跨境转移的情况下，每一次交易费用的小幅下降都将诱发中间品更多次的跨境流动，从而使得中间品贸易成倍增加，区域价值链合作不断深化，也就是说交易费用降低对区域价值链合作具有更强劲的促进效应（Koopman et al.，2014）。此外，交易费用的降低和中间品贸易的增加也会不断促进中间品的延展，使得各国越来越专注于产品的某一个或某几个特定的优势工序，促使工序比较优势进一步增强，从而引致区域价值链合作更深入地开展。

4.2.2　区域贸易协定深化通过增加 FDI 促进区域价值链合作

在全球价值链分工体系下，跨国企业主要通过 FDI 等股权模式获得中间品投入。Antràs 和 Helpman（2006）的分析发现跨国生产比国内生产的契约履行和保障成本更高，风险更大。当深度区域贸易协定包含了更多与投资相关的条款，如资本流动、投资措施和知识产权保护等，就会增加跨国企业的契约保障率，降低跨国企业中间品贸易的风险，跨国生产就会成为跨国企业的最优选择，进而有助于深化区域价值链合作。此外，深度区域贸易协定设有更有效的争端解决机制且监管政策更加透明，能降低国家间信息不对称和政策不确定性，给予跨国企业更强的产权保障，有利于增加跨国企业的 FDI。全球价值链分工离不开资本的跨国流动，两国间 FDI 的增加有助于促进彼此间的价值链合作。

4.3 模型设定、变量与数据

4.3.1 模型设定

为了实证分析区域贸易协定深化对亚太价值链合作的影响，本章借鉴 Baldwin 和 Taglioni（2011）构建的基于中间品贸易的新引力模型，设定以下计量模型：

$$\ln RVC_{ijt} = \beta_0 + \beta_1 totaldepth_{ijt} + \beta_2 X + \mu_{it} + \mu_{jt} + \mu_{ij} + \varepsilon_{ijt} \qquad (4.1)$$

其中，i 和 j 分别代表 i 经济体和 j 经济体；t 表示年份；β_0 为常数项；$\ln$ 表示对变量取自然对数；因变量 RVC_{ijt} 表示经济体间的亚太价值链合作度；$totaldepth_{ijt}$ 表示两个经济体间的区域贸易协定条款总深度，是本章的核心解释变量，如果 $\beta_1 > 0$，则意味着经济体间区域贸易协定深化促进成员之间的价值链合作；X 为控制变量；μ_{it} 和 μ_{jt} 为经济体-年份的固定效应；μ_{ij} 为经济体对固定效应；ε_{ijt} 为随机扰动项。

4.3.2 变量选取

1. 因变量：亚太价值链合作度

在全球价值链分工体系下，一国不再承担产品的全部生产环节，而仅仅承担某一个或部分环节。基于此，本章参考张志明等（2019）的做法测算亚太价值链合作度，具体测算公式如式（3.5）所示。限于篇幅，表 4.1 仅展示了亚太地区前十名经济体对 1995~2015 年的价值链合作度情况。

表4.1　主要经济体对价值链合作度变化情况

经济体对	1995 年	2000 年	2005 年	2010 年	2015 年
新加坡-越南	3.544 729	3.695 028	3.801 576	3.670 012	3.820 888
新加坡-中国台湾	3.447 795	3.525 307	3.754 648	3.816 047	3.806 656
马来西亚-新加坡	3.636 507	3.966 818	3.937 158	3.834 347	3.773 427
泰国-越南	2.884 298	3.286 871	3.603 444	3.628 222	3.723 836
中国台湾-越南	3.421 036	3.470 776	3.705 943	3.759 804	3.706 771
马来西亚-中国台湾	3.355 049	3.675 343	3.749 984	3.790 199	3.650 632
新加坡-泰国	3.356 318	3.690 483	3.735 420	3.728 235	3.633 694
中国-新加坡	3.653 879	3.605 840	3.647 912	3.481 191	3.442 576
中国-马来西亚	3.340 141	3.659 798	3.647 901	3.518 340	3.407 885
韩国-马来西亚	3.278 227	3.688 839	3.645 737	3.677 227	3.531 781

注：表中数据为对数化处理后的价值链合作度
资料来源：笔者根据 OECD-TiVA 数据库整理计算得到

　　由表 4.1 可知，亚太地区价值链合作度前十名经济体对主要集中于东亚区域，尤其是新加坡和马来西亚与其他东亚经济体的价值链合作更为凸显，前十名经济体对中的四对经济体与新加坡和马来西亚有关，可见新加坡和马来西亚是亚太价值链的重要参与者。越南仅次于新加坡和马来西亚，其与其他三个亚太经济体的价值链合作度居亚太地区前十名。从变动态势来看，在样本期间，除越南与泰国价值链合作度呈现出持续上升态势外，其他各经济体对的价值链合作度多显现出先上升后下降的变动趋势，尤其是全球金融危机成为大部分经济体对价值链合作度的重要转折点。

　　2. 解释变量：区域贸易协定深度指数

　　本章参考 Horn 等（2010）的方法，根据区域贸易协定条款与 WTO 规则的关系，将条款分为两类，即"WTO+"条款和"WTO-X"条款。"WTO+"条款属于WTO 框架下的政策领域，已经在 WTO 协议中受到某种形式承诺的约束，如工业品/农业品关税减让、海关程序和反倾销等。"WTO-X"条款是指 WTO 范围之外的政策义务，涉及 WTO 尚未监管的领域，如投资措施和竞争政策等。

　　借鉴 Hofman 等（2017）的做法，根据 52 项政策条款的清单，识别每个区域贸易协定涵盖的条款情况，并根据条款法律语言的分析和诉诸争端解决的可能性，将每一条款是否具有法律执行力作为衡量区域贸易协定深度的第一项指标。具体而言，我们将区域贸易协定深度指数定义为，在 i 经济体和 j 经济体之间签署的区域贸易协定中包含的具有法律强制执行力条款的简单计数。如果某一条款包含在区域贸易协定中并且具有法律约束力，则赋值为"1"，否则为"0"。最后，将区域贸易协定中涉及条款的赋值情况进行加总，并进行标准化处理。区域贸易协定总深度指数（totaldepth$_{ijt}$）、"WTO+"条款深度指数（wtoplus$_{ijt}$）及"WTO-X"条款深度指数（wtoextra$_{ijt}$）的具体计算方法为

$$totaldepth_{ijt} = \frac{\sum\limits_{k=1}^{52} Provision_{ijk}}{Max\left(\sum\limits_{k=1}^{52}\sum\limits_{i,j\neq1}^{20} Provision_{ijk}\right)} \qquad (4.2)$$

$$wtoplus_{ijt} = \frac{\sum\limits_{k=1}^{14} Provision_{ijk}}{Max\left(\sum\limits_{k=1}^{14}\sum\limits_{i,j\neq1}^{20} Provision_{ijk}\right)} \qquad (4.3)$$

$$wtoextra_{ijt} = \frac{\sum\limits_{k=1}^{38} Provision_{ijk}}{Max\left(\sum\limits_{k=1}^{38}\sum\limits_{i,j\neq1}^{20} Provision_{ijk}\right)} \qquad (4.4)$$

3. 控制变量

在控制变量方面，本章在回归过程中引入以下变量。

（1）经济规模（gdp）。本章采用两个经济体的实际 GDP 之和来衡量经济规模和贸易潜力。

（2）制度距离（ins）。本章使用全球治理指数衡量制度距离，以各经济体在政治稳定程度、司法有效性等 6 个方面的平均值度量其制度质量，并利用各经济体制度质量之差的绝对值来度量制度距离，计算公式为 ins$_{ijt}$ = |ins$_{it}$ − ins$_{jt}$|。该值越大，意味着两个经济体间的制度质量差异越大。

（3）产业结构相似度（sis）。本章借鉴 Imbs（2004）的方法来测度产业结构相似度，具体测算公式为 sis$_{ijt}$ = $\dfrac{1}{\sum\limits_{s=1}^{s}|R_{ist} - R_{jst}|}$ ，其中，R_{ist}（R_{jst}）表示 i（j）经济体 s 部门产出占 GDP 的比值。该值越大，意味着两个经济体间的产业结构越相似。

（4）地理距离（dist）与是否相邻（contig）。本章采用 i 经济体和 j 经济体的首都之间的简单地理距离进行实证分析。是否相邻变量为虚拟变量，如果 i 经济体和 j 经济体有共界，则 contig$_{ij}$ 取值为 1，否则为 0。

（5）文化相似度（comlang）。如果 i 经济体和 j 经济体有共同语言，则 comlang$_{ij}$ 取值为 1，否则为 0。

为缓解样本数据波动引致的异方差问题，我们分别对 gdp、ins、sis 和 dist 进行了对数化处理。

4.3.3　数据来源

本章的数据主要来自 OECD-TiVA 数据库、世界银行开发的 PTA 数据库、UNCTAD 数据库、世界银行开放数据（World Bank Open Data）和法国国际展望与信息研究中心数据库。其中，计算亚太价值链合作度（RVC）的基础数据来自 OECD-TiVA 数据库，该数据库覆盖了 64 个经济体 1995~2015 年的双边增加值贸易数据；计算区域贸易协定深度指数的基础数据来源于世界银行开发的 PTA 数据库，该数据库涵盖了自 2015 年 12 月起已向 WTO 通报的所有有效的贸易协定，即 180 个成员在 1958~2015 年签署的 260 项贸易协定；实际国民生产总值数据（基于 2010 美元不变价）来自 UNCTAD 数据库；制度质量的数据来源于世界银行发布的全球治理指数；计算地理距离、是否相邻、文化相似度的数据均来自法国国际展望与信息研究中心数据库。本章选取 1995~2015 年 20 个亚太经济体的 3 990 个样本数据进行实证研究。20 个样本经济体为澳大利亚、俄罗斯、菲律宾、斐济、加拿大、柬埔寨、老挝、韩国、墨西哥、美国、马来西亚、日本、泰国、文莱、越南、印度尼西亚、新加坡、中国台湾、中国香港、中国。表 4.2 展示了各变量的描述性统计。

表4.2　各变量的描述性统计

变量	均值	标准差	最小值	最大值	样本量
亚太价值链合作度	4.272 127	0.157 182 5	3.269 105	4.653 96	3 990
区域贸易协定总深度指数	0.128 118 2	0.238 459 7	0	1	3 990
经济规模	12.948 29	1.303 53	9.099 722	17.152 99	3 990
制度距离	1.684 651	0.686 967	−1.557 241	2.794 665	3 990
产业结构相似度	0.240 125	0.413 324	−0.609 865	1.959 074	3 990
地理距离	8.741 728	0.908 938	5.754 296	9.888 976	3 990
是否相邻	0.052 631 6	0.223 324 9	0	1	3 990
文化相似度	0.178 947 4	0.383 356 3	0	1	3 990

资料来源：根据笔者计算整理所得

4.4　实证结果分析

4.4.1　基准回归结果分析

表 4.3 报告了区域贸易协定总深度指数对亚太价值链合作度的基准回归结果。其中，列（1）给出了混合 OLS（ordinary least squares，普通最小二乘法）的回归结果，回归结果显示区域贸易协定总深度指数的系数显著为正值，表明区域贸易协定深化对亚太价值链合作具有显著的促进作用。列（2）则给出了随机效应模型的回归结果，结果显示，核心变量的系数符号和显著性水平没有发生实质性变化。列（3）进一步考虑了个体固定效应和时间固定效应后进行再回归，结果发现区域贸易协定深化仍显著促进了亚太价值链合作，这初步说明本章的回归结果是稳健的。

表4.3　基准回归结果

变量	亚太价值链合作度		
	（1）	（2）	（3）
totaldepth	0.238***	0.092***	0.089***
	（6.44）	（3.26）	（3.03）
lngdp	−0.033***	−0.037**	−0.041*
	（−6.45）	（−2.43）	（−1.79）
lnins	−0.020	0.069***	0.096***
	（−1.63）	（3.10）	（3.89）
lnsis	0.236	−0.083***	−0.099***
	（11.11）	（−4.11）	（−4.78）
lndist	−0.291***	−0.290***	
	（−29.77）	（−7.65）	
contig	−0.034	0.018	
	（−0.85）	（−0.12）	
comlang	0.157***	0.201**	
	（7.01）	（−2.35）	
_cons[1]	5.644***	5.619***	3.132***
	（54.37）	（15.07）	（11.24）
个体固定效应	否	否	是

续表

变量	亚太价值链合作度		
	（1）	（2）	（3）
时间固定效应	是	否	是
N	3 990	3 990	3 990
R^2	0.274	0.003	0.782

*、**、***分别表示在10%、5%、1%的水平上显著

1）_cons 为截距项，下同

注：括号内的值为采用稳健标准误的 t 统计量

在控制变量方面，我们以控制个体固定效应和时间固定效应的回归结果为基准进行分析。经济规模变量的回归系数显著为负值，表明双方经济规模对亚太价值链合作具有抑制作用。可能的解释是，亚太经济体在出口产品结构、要素禀赋、产业结构和价值链地位等方面相似度高，大多数亚太经济体主张出口导向的贸易政策，致力于在国际竞争中占据主动地位。因此，亚太经济体经济规模越大，双方竞争性越强，进而导致双方难以开展有效的价值链合作；制度距离变量的回归系数显著为正值，表明两个经济体间的制度质量差异扩大对双边价值链合作有促进作用；产业结构相似度变量的回归系数显著为负值，说明产业结构越相似越不利于双边价值链合作，可能的解释是，两个经济体的产业结构越相似，产品替代能力越强，双边产业竞争性也就越强，双边价值链合作的潜力就越小。

4.4.2　稳健性分析

为确保回归结果的稳健性，本章从多方面进行了稳健性检验。

1. 替换解释变量

为确保回归结果的可靠性，本章利用区域贸易协定核心条款深度指数来替代总深度指数并进行再回归。参考许亚云等（2020）的做法，将"WTO+"的 14 项条款和"WTO-X"中的 4 项条款（即投资措施、资本流动、竞争政策和知识产权）作为核心条款来构建区域贸易协定核心条款深度指数（coredepth），计算公式为

$$\text{coredepth}_{ijt} = \frac{\sum_{1}^{18} \text{Provision}_{kt}}{\text{Max}\left(\sum_{k=1}^{18} \sum_{i,j \neq 1}^{20} \text{Provision}_{ijk}\right)}$$

。coredepth 取值范围为 0~1，取值越大，区域贸易协定核心条款深度越深。由表 4.4 列（1）的回归结果可知，coredepth 的回归系数显著为正值，说明改变解释变量度量方法并未对本章回归结果产生实质性影响。

表4.4　稳健性分析结果

变量	亚太价值链合作度					
	（1）	（2）	（3）	（4）	（5）	（6）
	替换核心变量	滞后一期	虚拟变量	以3年为间隔	剔除2008年	PPML[1]
totaldepth				0.140***	0.088***	9.760***
				（2.75）	（2.73）	（32.12）
coredepth	0.975***					
	（72.25）					
totaldepth1		1.210***				
		（10.46）				
RTA			0.651***			
			（59.45）			
lngdp	−0.012	0.021	−0.066***	−0.047	−0.054**	0.225***
	（−1.27）	（1.51）	（−6.34）	（−1.27）	（−2.16）	（3.53）
lnins	−0.006	0.034*	−0.013	0.085**	0.071***	−0.079
	（−0.44）	（1.76）	（−0.92）	（2.08）	（2.70）	（−0.99）
lnsis	0.072***	0.043**	0.083***	−0.080**	−0.104***	−0.060
	（5.80）	（2.30）	（6.01）	（−2.16）	（−4.72）	（−0.86）
_cons	0.127	−0.248	0.784***	3.193***	3.311***	−9.789***
	（1.03）	（−1.32）	（5.67）	（7.10）	（11.17）	（−11.70）
个体固定效应	是	是	是	是	是	是
时间固定效应	是	是	是	是	是	是
N	3 990	3 990	3 990	1 330	3 420	3 990
R^2	0.782	0.524	0.747	0.836	0.795	

*、**、***分别表示在10%、5%、1%的水平上显著

1）PPML：Personal print markup language，泊松伪最大似然估计

注：括号内的值为采用稳健标准误的 t 统计量

2. 解释变量滞后一期

当区域贸易协定深化促进双边价值链合作时，双边价值链合作也会反过来影响区域贸易协定的签署。为了解决这种反向因果关系造成的内生性偏误，本章将解释变量滞后一期替换解释变量进行再回归，回归结果见表4.4列（2）。结果发现，与基准回归结果相比，区域贸易协定总深度指数（totaldepth1）的系数符号及显著性水平并未发生根本性变化，表明反向因果内生性问题并未对回归结果产生实质性影响。

3. 是否签署区域贸易协定虚拟变量

我们借鉴许亚云等（2020）的思路，使用两个经济体间是否签署区域贸易协

定虚拟变量（RTA）来重新度量区域贸易协定深度水平并进行再回归，若第 t 年 i 经济体与 j 经济体之间已签署区域贸易协定且处于生效期内，则变量 RTA 取值为 1，反之取 0。由表 4.4 列（3）可知，RTA 在 1% 水平上显著为正值，即两个经济体签署区域贸易协定对双边价值链合作具有显著的促进作用，再次说明基准回归结果是稳健的。

4. 重新划分样本期间

区域贸易协定具体条款的实施是一个缓慢的过程，签署区域贸易协定后两个经济体之间贸易流的调整可能需要一段时间。为了减弱这种偏差给回归结果带来的负面影响，我们以 3 年为间隔将样本期间分为 7 个时间段并进行再回归，由表 4.4 列（4）可知，totaldepth 的回归系数依然显著为正值，这与基准回归结果一致。同时，考虑到 2008 年全球金融危机可能导致样本数据发生异常波动，为降低该负面冲击，本章将 2008 年样本予以剔除并进行重新回归，结果如表 4.4 列（5）所示，totaldepth 的回归系数符号与基准回归完全一致，再次证实了区域贸易协定深化对亚太价值链合作具有显著促进作用。

5. 变换估计方法

鉴于亚太价值链合作度指数存在零值和可能的异方差问题，故我们借鉴 Silva 和 Tenreyro（2006）的做法，使用 PPML 技术来再回归。由表 4.4 列（6）的估计结果可知，totaldepth 的系数符号仍显著为正值。这说明变换估计方法并未对基准估计结果产生实质性影响。

4.4.3　异质性分析

本部分主要探究区域贸易协定深化对亚太价值链合作影响的异质性。

1. 区域贸易协定条款异质性分析

（1）"WTO+" 与 "WTO-X" 条款。为了分析不同类型条款对亚太价值链合作是否存在异质性影响，本章将区域贸易协定所涵盖条款划分为 "WTO+" 条款和 "WTO-X" 条款，并使用 "WTO+" 条款深度指数（wtoplus）和 "WTO-X" 条款深度指数（wtoextra）分别替换 totaldepth 进行再回归分析。回归结果见表 4.5 列（1）和列（2）。结果显示，"WTO+" 条款深度指数和 "WTO-X" 条款深度指数的回归系数均显著为正值，但后者的系数更大，也就是说，"WTO+" 条款深化和 "WTO-X" 条款深化都会显著促进亚太价值链合作，且 "WTO-X" 条款深化对亚太各经济体间价值链合作的促进作用大于"WTO+"条款深化。可能的原因是，相比"WTO+"条款，"WTO-X"条款的开放度更大，既包含了边界内措施，又覆盖了环境、制度、文化等多领域内容，因此"WTO-X"条款深化更有利于降低国际贸易成本和促进 FDI 流动，从而更有助于区域价值链合作。

表4.5 不同类型区域贸易协定条款的回归结果

变量	亚太价值链合作度			
	（1）	（2）	（3）	（4）
wtoplus	0.937***			
	（69.67）			
wtoextra		1.325***		
		（63.68）		
Tardepi			0.773***	
			（63.11）	
nonTardepi				1.126***
				（70.51）
lngdp	−0.018*	0.020**	−0.052***	0.020**
	（−1.88）	（2.00）	（−5.17）	（2.06）
lnins	−0.008	−0.013	−0.012	−0.008
	（−0.59）	（−0.92）	（−0.89）	（−0.63）
lnsis	0.074***	0.084***	0.096***	0.068***
	（5.81）	（6.35）	（7.16）	（5.37）
_cons	0.210*	−0.251*	0.654***	−0.261**
	（1.66）	（−1.89）	（4.88）	（−2.08）
个体固定效应	是	是	是	是
时间固定效应	是	是	是	是
N	3 990	3 990	3 990	3 990
R^2	0.786	0.764	0.762	0.789

*、**、***分别表示在10%、5%、1%的水平上显著
注：括号内的值为采用稳健标准误的 t 统计量

（2）关税与非关税条款。借鉴 Damuri（2012）的做法，我们将深度条款划分为关税条款与非关税条款，其中，关税条款包括工业品关税减让、农业品关税减让、反倾销、反补贴、与贸易有关的投资措施协议、与贸易有关的知识产权协定 6 项子指标，其余 46 项子指标则为非关税条款。为考察关税条款与非关税条款深化对亚太价值链合作的影响是否有所差异，我们依据区域贸易协定深度指数 totaldepth 的计算方法，构建了关税条款深度指数与非关税条款深度指数，分别表示为 Tardepi 和 nonTardepi，并利用 Tardepi 和 nonTardepi 分别替代 totaldepth 进

行再回归。由表 4.5 列（3）、列（4）的回归结果可知，Tardepi 和 nonTardepi 的回归系数均显著为正值，且 nonTardepi 的回归系数更大。这说明与仅涉及关税条款的区域贸易协定相比，签署仅涉及非关税条款的区域贸易协定对缔约双方价值链合作的促进效应更为强劲。这是因为，与相对透明且更容易实施的关税条款相比，非关税条款极具隐蔽性，且对双边贸易的抑制作用更为强劲，因此，仅涵盖非关税条款的区域贸易协定更有助于亚太价值链合作。

2. 经济体对异质性分析

为了探究不同发展程度的经济体签署的区域贸易协定对价值链合作的影响效应是否存在差异，本章根据世界银行关于发达经济体和发展中经济体的划分标准，将样本划分为三类，即发达与发达经济体对、发展中与发达经济体对、发展中与发展中经济体对，并分别进行再回归分析。样本分组回归结果如表 4.6 所示。由表 4.6 可以看出，totaldepth 的回归系数在三组子样本中均显著为正值，说明区域贸易协定深化对各类经济体间价值链合作均具有显著促进作用。需特别说明的是，发达与发达经济体对样本的回归系数最大（为 1.414），发展中与发展中经济体对样本次之（为 1.279），发展中与发达经济体对样本的回归系数最小（为 0.948），这说明区域贸易协定深化对发达与发达经济体间价值链合作的促进作用最大，而对发展中与发达经济体间价值链合作的促进作用最小。可能的原因是，发达经济体的技术发达、资本丰裕、市场规模较大，在亚太价值链中位居中高端环节，且国内产业链分工更为深入，参与亚太价值链分工的愿望更为强烈，彼此之间价值链合作的潜力相对较大，因此区域贸易协定深化可充分挖掘发达经济体间价值链合作的空间和潜力。相比之下，发展中经济体与发达经济体在制度质量、政府效率、区域贸易协定施行效率、经济发展水平等方面存在较大差异，使得发达经济体对发展中经济体参与价值链合作的信任较低，不愿在亚太价值链中过度依赖发展中经济体，因此区域贸易协定深化对双方价值链合作的影响就相对较弱。

表4.6　不同经济发展程度国家区域贸易协定深度的回归结果

变量	亚太价值链合作度		
	（1） 发展中与发展中经济体对	（2） 发达与发达经济体对	（3） 发展中与发达经济体对
totaldepth	1.279***	1.414***	0.948***
	（53.83）	（68.04）	（41.68）
lngdp	−0.013**	−0.022	−0.002
	（−1.99）	（−0.95）	（−0.09）
lnins	0.023**	−0.022	−0.011
	（2.44）	（−1.16）	（−0.44）

续表

变量	亚太价值链合作度		
	（1） 发展中与发展中经济体对	（2） 发达与发达经济体对	（3） 发展中与发达经济体对
lnsis	0.006	−0.019	0.103***
	（0.57）	（−0.87）	（4.58）
_cons	0.091	0.188	0.031
	（1.10）	（0.58）	（0.13）
个体固定效应	是	是	是
时间固定效应	是	是	是
N	1 407	588	1 994
R^2	0.803	0.960	0.739

、*分别表示在 5%、1%的水平上显著

注：括号内的值为采用稳健标准误的 t 统计量

4.5　本章小结

　　本章利用 OECD-TiVA 数据库所提供的 1995~2015 年 20 个亚太经济体的价值链贸易数据构建了价值链合作度指标，并利用世界银行开发的 PTA 数据库构建了区域贸易协定深度指数，实证研究区域贸易协定深化对亚太价值链合作的影响，并从多个维度进行了稳健性和异质性检验。结果发现：①区域贸易协定深化对亚太价值链合作具有显著的促进作用；②不同类型区域贸易协定条款深化对亚太价值链合作的影响不同，相比"WTO+"条款，"WTO-X"条款深化对亚太价值链合作的促进作用更强，与关税条款相比，非关税条款深化的促进作用更强；③区域贸易协定深化对亚太价值链合作的影响存在经济体对异质性，其中，区域贸易协定深化对发达经济体间价值链合作的促进作用最强，对发展中与发达经济体间价值链合作的促进作用最弱。

　　基于以上结论，本章提出以下政策建议：积极参与区域贸易协定谈判，尤其要重视区域贸易协定中"WTO-X"条款的谈判。目前，我国与亚太地区发展中经济体签署的区域贸易协定条款深度远不及与发达经济体签署的条款深度，推动与亚太地区发展中经济体签署囊括更多深度条款的区域贸易协定是中国未来构建面向全球的高标准自由贸易区网络的关键。积极推进 RCEP 的优化升级谈判工作，使其成为中国制定并参与国际高标准贸易规则的重要依托。如此，借助于高标准

区域贸易协定的签署可推动中国更深入地参与亚太价值链合作，进而提升中国在亚太价值链中的话语权和地位。

参 考 文 献

陈媛媛，李坤望，王海宁. 2010. 自由贸易区下进、出口贸易效应的影响因素——基于引力模型的跨国数据分析. 世界经济研究，（6）：39-45.

杜声浩. 2021. 区域贸易协定深度对全球价值链嵌入模式的影响. 国际经贸探索，37（8）：20-37.

李艳秀. 2018. 区域贸易协定规则特点、深度与价值链贸易关系研究. 经济学家，（7）：71-78.

李艳秀，毛艳华. 2018. 区域贸易协定深度与价值链贸易关系研究. 世界经济研究，（12）：25-36.

刘洪愧. 2016. 区域贸易协定对增加值贸易关联的影响——基于服务贸易的实证研究. 财贸经济，（8）：127-143.

马淑琴，李敏，邱询旻. 2020. 双边自由贸易协定深度异质性及区内全球价值链效应——基于GVC 修正引力模型实证研究. 经济理论与经济管理，（5）：62-74.

彭冬冬，林珏. 2021. "一带一路"沿线自由贸易协定深度提升是否促进了区域价值链合作？财经研究，47（2）：109-123.

盛斌，廖明中. 2004. 中国的贸易流量与出口潜力：引力模型的研究. 世界经济，（2）：3-12.

许亚云，岳文，韩剑. 2020. 高水平区域贸易协定对价值链贸易的影响——基于规则文本深度的研究. 国际贸易问题，（12）：81-99.

杨继军，艾玮炜，张雨. 2020. 区域贸易协定的条款深度对增加值贸易关联的影响. 国际经贸探索，36（7）：4-15.

张志明，熊豪，陈茜茜. 2019. 全球价值链合作模式演进及其影响因素研究——基于中国与金砖国家的经验证据. 产业经济研究，（3）：77-87.

张中元. 2019. 区域贸易协定的水平深度对参与全球价值链的影响. 国际贸易问题，（8）：95-108

Antràs P，Helpman E. 2006. Contractual frictions and global sourcing. NBER Working Paper 12747.

Antràs P，Staiger R W. 2012. Offshoring and the role of trade agreements. American Economic Review，102（7）：3140-3183.

Athukorala P，Yamashita N. 2006. Production fragmentation and trade integration：East Asia in a global context. The North American Journal of Economics and Finance，17（3）：233-256.

Baier S L，Bergstrand J H. 2007. Do free trade agreements actually increase members' international trade? Journal of International Economics，71（1）：72-95.

Baldwin R，Taglioni D. 2011. Gravity chains：estimating bilateral trade flows when trade in components and parts is important. Social Science Electronic Publishing，8（3）：435-470.

Damuri Y R. 2012. How preferential are preferential trade agreements? Graduate Institute of International and Development Studies.

Dür A，Baccini L，Elsig M. 2014. The design of international trade agreements：introducing a new dataset. The Review of International Organizations，（9）：353-375.

Hofmann C，Osnago A，Ruta M. 2017. Horizontal depth：a new database on the content of preferential trade agreements. http://hdl.handle.net/10986/26148.

Horn H，Mavroidis P C，Sapir A. 2010. Beyond the WTO? An anatomy of EU and US preferential trade agreements. World Economy，33（11）：1565-1588.

Hummels D，Ishii J，Yi K M. 2001. The nature and growth of vertical specialization in world trade. Journal of International Economics，54（1）：75-96.

Imbs J. 2004. Trade，finance，specialization，and synchronization. The Review of Economics and Statistics，86（3）：723-734.

Johnson R C，Noguera G. 2012. Accounting for intermediates：production sharing and trade in value added. Journal of International Economics，86（2）：224-236.

Koopman R，Wang Z，Wei S J. 2014. Tracing value-added and double counting in gross exports. American Economic Review，104（2）：459-494.

Silva J M C S，Tenreyro S. 2006. The log of gravity. The Review of Economics and Statistics，88（4）：641-658.

Wang Z，Wei S J，Zhu K F. 2013. Quantifying international production sharing at the bilateral and sector levels. NBER Working Paper 19677.

第 5 章 区域贸易协定深化与亚太价值链合作模式重塑: 基于空间联系维度

5.1 引 言

亚太价值链已成为推动亚太地区经贸合作与经济增长的重要驱动力。然而,贸易保护主义抬头使得亚太价值链的"断链""脱链"问题日益严峻。为维护亚太价值链的安全稳定,各主要经济体采取多种举措来推动亚太价值链合作模式重塑,即促进亚太价值链合作模式由间接价值链合作向直接价值链合作转变[1],并构建以直接价值链合作为主导的亚太价值链合作新模式。那么,如何有效地推进亚太价值链合作模式重塑就成为理论与实践部门高度关注的热点话题。长期以来,森严的关税与非关税壁垒是阻碍亚太经济体间开展直接价值链合作(即中间品贸易)的重要障碍。为有效破除关税与非关税壁垒,亚太地区大力推进 FTA 的谈判与签署工作,FTA 不仅在数量上增长迅猛,深度也得到大幅提升(韩剑和许亚云,2021)。截至 2015 年,亚太地区 20 个经济体已生效实施的双边及多边 FTA 多达 95 个[2],是全球 FTA 数量最多、密度最高的地区。为此,我们不禁想问,亚太地区区域贸易协定深化是否助推了亚太价值链合作模式重塑?该重塑效应是否存在深度条款异质性、区域异质性、经济体对异质性与贸易方式异质性?内在的影响机制如何?这些问题的回答对于推进亚太经济体一体化进程、维护亚太价值链安全稳定具有重要的理论与现实意义。

---

① 直接价值链合作是指两个经济体通过中间品贸易直接展开的价值链合作方式,间接价值链合作是指 i 经济体先向其他经济体出口中间品并经其他经济体加工后再出口到 j 经济体(也就是间接中间品贸易)的价值链合作方式。

② 资料来源:WTO 网站的区域贸易协定数据库。

为此，本章利用 1995~2015 年 20 个 APEC 成员的配对数据实证考察区域贸易协定深化对亚太价值链合作模式重塑的影响及其作用机制。

5.2　模型设定、指标测度与数据说明

5.2.1　模型设定

为了考察区域贸易协定深化对亚太价值链合作模式重塑的影响，本章设定如下计量模型：

$$\mathrm{vccp}_{ijt} = \beta_0 + \beta_1 \mathrm{depi}_{ijt} + \beta_2 Z_{ijt} + \lambda_{it} + \lambda_{jt} + \lambda_{ij} + \mu_{ijt} \tag{5.1}$$

其中，i 和 j 为经济体；t 为年份；被解释变量 vccp_{ijt} 为经济体间的价值链合作模式重塑指数，具体计算公式见式（3.7）；depi_{ijt} 为经济体间的区域贸易协定深度指数，是本章的核心解释变量，具体计算公式见式（2.1），如果 β_1 大于 0，则表明区域贸易协定深化能够促进亚太价值链合作模式重塑；Z_{ijt} 为控制变量集合；λ_{it} 和 λ_{jt} 分别为经济体 i-年份和经济体 j-年份的联合固定效应，用于控制经济体层面各类可观测（GDP 等因素）和不可观测（偏好变动等）的冲击；λ_{ij} 为经济体对联合固定效应，用于控制经济体间地理距离、是否接壤等一系列自然变量和文化距离、共同语言、基因距离等不随时间变动的文化差异变量（Martin et al. 2012）；μ_{ijt} 为随机扰动项。

借鉴现有研究，本章的主要控制变量如下：①全球价值链地位差异（gvcc）。通常而言，如果一经济体的全球价值链地位越高，其价值链获利能力越强，高端要素禀赋优势就越凸显（Wang et al.，2017a）。因此，全球价值链地位差异越大，意味着两个经济体间的要素禀赋优势差异越大，考虑到要素禀赋优势又是经济体间开展直接价值链合作的重要驱动力，进而也就越有利于双方开展直接价值链合作，越不利于双方开展间接价值链合作，预期符号为正。具体的计算公式为 $\mathrm{gvcc}_{ijt} = \left| \mathrm{gvcc}_{it} - \mathrm{gvcc}_{jt} \right|$，其中，$\mathrm{gvcc}_{it}$（$\mathrm{gvcc}_{jt}$）为第 t 年 i（j）经济体的全球价值链地位指数，我们借鉴 Koopman 等（2010）的方法构建全球价值链地位指数：$\mathrm{gvcc}_{it} = \ln\left(\dfrac{\mathrm{idva}_{it}}{\mathrm{ex}_{it}} + 1 \right) - \ln\left(\dfrac{\mathrm{fva}_{it}}{\mathrm{ex}_{it}} + 1 \right)$，其中，$\mathrm{idva}_{it}$ 为第 t 年 i 经济体创造并再出口到第三国的国内增加值，fva_{it} 为第 t 年 i 经济体总出口额中的国外增加值，ex_{it} 为

第 t 年 i 经济体的总出口额。②产业结构相似度（sis）。通常而言，在全球价值链分工体系中，各经济体负责不同的全球价值链生产环节，而不同生产环节隶属于不同的产业部门。因此，产业结构越相似的经济体，彼此间开展直接价值链合作的可能性越小，相反，开展间接价值链合作的可能性就越大。简言之，产业结构相似度越大，越不利于亚太价值链合作模式重塑，预期符号为负。本章参考 Imbs （2004）的做法，其计算公式为 $sis_{ijt} = \dfrac{1}{\sum\limits_{s=1}^{S}\left| r_{ist} - r_{jst} \right|}$ ，其中，r_{ist}（r_{jst}）表示第 t 年 i（j）经济体 s 部门生产总值占 i（j）经济体生产总值的比重。sis_{ijt} 的数值越大，表明两个经济体间的产业结构越相似。③经济规模差异（gdpc），本章利用两个经济体GDP 之差的绝对值来度量。经济规模可在较大程度上反映经济体的经济发展水平、科技实力和劳动力技能水平。经济规模差异越大，会使得两个经济体开展直接价值链合作付出更高的技术传授成本、劳动力技能培训成本及交易成本，进而越不利于双方开展直接价值链合作，但越有利于双方开展间接价值链合作，预期符号为负。④制度质量差异（ig）。制度质量差异越大，意味着两个经济体间的制度性交易成本越高、贸易壁垒越多，进而越不利于双边开展最终品贸易。为规避制度质量差异对最终品贸易的抑制作用，经济体间往往借助于中间品贸易开展直接价值链合作（张志明等，2019），预期符号为正。本章借鉴 Kolstad 和 Wiig （2012）的做法，首先采用世界银行全球治理指数（worldwide governance indicators，WGI）数据库所提供的六个全球治理指标的平均值来度量各经济体的总体制度质量；其次，利用各经济体总体制度质量之差的绝对值来表示双边制度质量差异。其中，经济规模差异、产业结构相似度与制度质量差异采用对数形式。

5.2.2　数据说明

本章测度亚太价值链合作模式重塑指数和全球价值链地位差异的数据均来源于 OECD-TiVA 数据库，该数据库涵盖了 1995~2015 年 20 个 APEC 经济体（巴布内亚新几内亚除外）34 个行业的增加值贸易核算数据。各经济体 GDP 及分部门生产总值数据均来自世界银行世界发展指标（world development indicators，WDI）数据库。FTA 深度数据来自世界银行 2017 年发布的 PTA 数据库，该数据库涵盖了 1958~2015 年 189 个经济体向 WTO 通报的 279 份贸易协定。受数据完整性的限制，本章选择除巴布内亚新几内亚外的 20 个 APEC 经济体作为样本，通过两两配对，理论上可得到 3 990 个观测值①。

5.3　实证结果分析

5.3.1　基准估计结果

表 5.1 报告了区域贸易协定深化对亚太价值链合作模式重塑影响的基准估计结果。其中，列（1）、列（2）是控制不同固定效应后的估计结果，列（3）至列（6）是逐步控制了各控制变量后的估计结果。由估计结果可知，在控制不同固定效应和逐步加入控制变量情形下，区域贸易协定深化均显著促进了亚太价值链合作模式重塑，即区域贸易协定深化有助于亚太经济体间的价值链合作模式由间接价值链合作向直接价值链合作转变，初步说明本章的基准估计结果是稳健的。进一步对比各列核心解释变量的估计系数，发现随着固定效应控制日益严格和控制变量的加入，depi 的估计系数趋于增大，说明遗漏重要控制变量将显著影响核心解释变量估计结果的一致性。就各控制变量的估计结果而言，全球价值链地位差异和制度质量差异对亚太价值链合作模式重塑具有显著的促进作用，而产业结构相似度与经济规模差异却产生了显著的抑制作用，这与预期相符。

表5.1　基准估计结果

变量	价值链合作模式重塑指数					
	（1）	（2）	（3）	（4）	（5）	（6）
depi	5.987***	1.162***	1.340***	1.406***	1.436***	1.458***
	（15.17）	（3.87）	（4.90）	（5.15）	（5.25）	（5.34）
gvcc			1.016***	0.925**	0.950***	1.034***
			（2.77）	（2.52）	（2.59）	（2.82）
lnsis				−1.009***	−1.019***	−0.943***
				（−4.48）	（−4.52）	（−4.17）
lngdpc					−0.121*	−0.109*
					（−1.68）	（−1.65）
lnig						0.917***
						（3.30）

① 因为在某些年份部分变量的数据出现缺失，所以实际观测值为 3 948。

续表

变量	价值链合作模式重塑指数					
	（1）	（2）	（3）	（4）	（5）	（6）
_cons	2.362***	2.981***	2.574***	4.299***	5.768***	5.230***
	（26.70）	（56.29）	（16.45）	（10.34）	（5.94）	（5.32）
I-J FE		是	是	是	是	是
Year FE	是					
I-Year FE	是	是	是	是	是	是
J-Year FE	是	是	是	是	是	是
N	3 948	3 948	3 948	3 948	3 948	3 948
R^2	0.214	0.813	0.814	0.816	0.816	0.816

*、**、***分别表示在10%、5%、1%的水平上显著

注：括号内的值为采用稳健标准误的 t 统计量；*I-J* FE、Year FE、*I*-Year FE 和 *J*-Year FE 分别代表经济体对联合固定效应、年份固定效应、经济体 i -年份联合固定效应和经济体 j -年份联合固定效应

5.3.2 稳健性检验

1. 替换核心变量

我们首先采用经济体间中间品增加值贸易额占双边中间品与间接中间品增加值贸易额总和之比来重新度量亚太价值链合作模式重塑指数并进行再估计，由表 5.2 列（1）的估计结果可知，depi 的估计系数在 1% 的水平上显著为正值。其次，分别采用既有文献惯常使用的两个经济体间 FTA 所包含的所有条款深度加总（tdep）、核心条款深度指数（cdepi）及是否签订 FTA 虚拟变量（DummyFTA）[1]来重新度量区域贸易协定深度水平，以检验不同区域贸易协定深度度量方法是否对估计结果产生实质性影响。depi 和 cdepi 具体度量方式分别见式（2.2）和式（2.3）。

表5.2 稳健型检验（一）

变量	价值链合作模式重塑指数							
	（1）	（2）	（3）	（4）	（5）	（6）	（7）	（8）
depi	0.251***				1.353***	1.739***	1.602***	0.453**
	（18.85）				（4.57）	（3.23）	（5.18）	（2.28）
tdep		0.033***						
		（5.38）						

---

[1] 若第 t 年 i 经济体与 j 经济体之间已签署 FTA 且处于生效期内，则 DummyFTA 取值为 1，反之取 0。

续表

变量	价值链合作模式重塑指数							
	（1）	（2）	（3）	（4）	（5）	（6）	（7）	（8）
cdepi			1.360***					
			（5.40）					
DummyFTA				0.532***				
				（2.87）				
_cons	0.631***	5.223***	5.589***	5.051***	5.190***	4.695**	5.065***	4.922***
	（16.22）	（5.32）	（5.75）	（5.13）	（5.28）	（2.42）	（4.59）	（6.89）
控制变量	是	是	是	是	是	是	是	是
I-J FE	是	是	是	是	是	是	是	是
I-Year FE	是	是	是	是	是	是	是	是
J-Year FE	是	是	是	是	是	是	是	是
N	3 948	3 948	3 948	3 948	3 948	1 128	3 384	3 948
R^2	0.559	0.816	0.816	0.815	0.816	0.815	0.823	0.856

、*分别表示在 5%、1%的水平上显著

注：括号内的值为采用稳健标准误的 t 统计量

由表 5.2 列（2）至列（4）的估计结果可知，tdep、cdepi 和 DummyFTA 的估计系数在 1%的水平上均显著为正值。列（5）使用 WTO 提供的 PTA（简称 WTO-PTA）数据库重新度量区域贸易协定深度水平（depi）。由于我们采用的世界银行开发的 PTA 数据库并未考虑发展中国家全球贸易优惠制度（global system of trade preferences among developing countries，GSTP）、亚太贸易协定（Asia Pacific Trade Agreement，APTA）等部分范围协议类条款，且该数据库仅更新到 2015 年，并未包含 2015 年生效的智利-泰国和中国-韩国等 FTA。故我们利用同时覆盖以上 FTA 条款的 WTO-PTA 数据库重新度量区域贸易协定深度水平（depi），由表 5.2 列（5）的估计结果可知，depi 的估计系数依然显著为正值。

综合以上分析不难发现，改变解释变量与被解释变量的度量方法并未对基准估计结果产生实质性影响，区域贸易协定深化对亚太价值链合作模式重塑依然存在显著的促进作用。

2. 改变样本数据

其一，改变样本期间划分方法。考虑到区域贸易协定深度条款对亚太价值链合作模式重塑的影响存在一定的时滞性，故借鉴 Anderson 和 Yotov（2016）的做法，以 4 年为界，将 1995~2015 年样本期间等分为 5 个时间段进行估计。表 5.2 列（6）的估计系数显著为正值，表明前文的基准估计结果是稳健的，区域贸易协定深化对亚太价值链合作模式重塑的影响效应基本不会受到样本期间划分方法的影响。

其二，剔除异常值。考虑到全球金融危机对亚太价值链合作产生了严重冲击，为避免全球金融危机期间样本数据突变对估计结果造成扰动，本章从总样本数据中剔除了 2008~2010 年样本数据进行再估计，由表 5.2 列（7）的估计结果可知，在剔除可能存在扰动的样本数据后，区域贸易协定深度指数的估计系数依然显著为正值。这与前文的基本结论是一致的，表明本章的实证结果不受极端值的影响。综合以上分析可知，改变样本数据并未对基准估计结果产生实质性影响。

其三，样本缩尾处理。鉴于本章样本的亚太价值链合作模式重塑指数分布可能有偏，为避免极端值对估计结果造成扰动，本章对亚太价值链合作模式重塑指数进行了 5%的缩尾处理并进行再估计，由表 5.2 列（8）的估计结果可知，在样本缩尾处理后，区域贸易协定深度指数的估计系数仍保持显著为正值。

其四，剔除未签署 FTA 样本。前文将签署 FTA 与未签署 FTA 的样本混合起来进行回归分析，这可能会低估区域贸易协定深化对亚太价值链合作模式重塑的影响效应，故我们将未签署 FTA 的样本从总样本中剔除，仅考察签署 FTA 的经济体间贸易协定深化对双边价值链合作模式重塑的影响效应。由表 5.3 列（1）的估计结果可知，depi 的估计系数在 1%的水平上显著为正值，且系数值大于基准估计结果，这说明在剔除未签署 FTA 的样本后基准估计结果依然稳健。

表5.3　稳健型检验（二）

变量	价值链合作模式重塑指数			
	（1）	（2）	（3）	（4）
depi	3.806***	0.242***	1.252***	1.473***
	（7.42）	（5.61）	（4.09）	（4.09）
_cons	5.248**	1.925***	5.390***	
	（2.30）	（13.05）	（5.43）	
控制变量	是	是	是	是
I-J FE	是	是	是	是
I-Year FE	是	是	是	是
J-Year FE	是	是	是	是
Anderson LM 统计量				2 537.280 [0]
C-D Wald F 统计量				1 984.545 {13.91}
Sargan 统计量				0.402 {0.817 8}
N	1 932	3 948	3 760	3 760
R^2	0.834		0.820	0.019

续表

变量	价值链合作模式重塑指数			
	（1）	（2）	（3）	（4）
Pseudo R^2		0.519		

、*分别表示在 5%、1%的水平上显著

注：括号内的值为采用稳健标准误的 t 统计量

3. 变换估计方法

鉴于亚太价值链合作模式重塑指数存在零值和可能的异方差问题，故我们借鉴 Silva 和 Tenreyro（2006）的做法，使用 PPML 技术进行再估计。由表 5.3 列（2）的估计结果可知，depi 的系数仍显著为正值。这说明变换估计方法并未对本章的基准估计结果产生实质性影响。

4. 处理内生性问题

为克服内生性问题引致的估计偏误，本章首先采用滞后一期的区域贸易协定深度指数来替代当期的区域贸易协定深度指数并进行再估计，由表 5.3 列（3）的估计结果可知，核心解释变量的估计系数在 1%的水平上显著为正值，说明区域贸易协定深化显著促进了亚太价值链合作模式重塑，验证了基准估计结果的正确性。考虑到滞后回归并不能完全解决模型的内生性问题，本章进一步采用工具变量法进行回归分析。根据有效且合理的工具变量需要满足相关性与外生性两个关键条件，本章选取三个工具变量。

（1）签署 FTA 数量之差与之和。利用 i 经济体与非 j 经济体签署的 FTA 数量减去 j 经济体与非 i 经济体签署的 FTA 数量之差的绝对值（$SFTA_{ij}$）来度量签署 FTA 数量之差，相应地，利用 i 经济体与非 j 经济体签署的 FTA 数量加上 j 经济体与非 i 经济体签署的 FTA 数量之和（$DFTA_{ij}$）来度量签署 FTA 数量之和。选取该工具变量的理由为：两个经济体签署 FTA 数量差异越大，意味着双方签署 FTA 的经验差距越大，在谈判 FTA 成本方面的差异也就越大，趋于弱势的一方会将自身的高交易成本尝试转嫁，从而拉高双方的 FTA 谈判成本，影响区域贸易协定深度条款的签署（Baier et al.，2014；铁瑛等，2021）。同时，两个经济体同其他经济体所签署的 FTA 越多，意味着二者具有丰富的 FTA 签署经验，签署 FTA 的先天倾向更为明显。然而，两个经济体签署 FTA 数量之差与之和并不会对双边价值链合作模式产生直接影响。

（2）根据学界的惯常做法，我们还将区域贸易协定深度指数的滞后一期项作为工具变量。由表 5.3 列（4）的估计结果可知，Anderson LM 统计量、C-D Wald F 统计量和 Sargan 统计量的检验结果显示模型不存在识别不足、弱工具变量及过

度识别的问题，说明工具变量的选取是合理的。最为关键的是，depi 的估计系数显著为正值，表明控制内生性问题后，前文的结论依然稳健。

5.3.3　异质性分析

1. 条款异质性分析

（1）"WTO+"和"WTO-X"条款深度。前文仅考察了区域贸易协定深化对亚太价值链合作模式重塑的平均影响效应。事实上，区域贸易协定深度条款存在显著的异质性，最典型的异质性就是 Horn 等（2010）将已有的区域贸易协定深度条款划分为"WTO+"和"WTO-X"两类。其中，"WTO+"条款是已存在于 WTO 框架之下的"第一代"贸易政策，协议双方承担的双边或多边承诺属于 WTO 的现行任务范围，共包含 14 项子指标；"WTO-X"条款是尚未包含在 WTO 框架和规则之下的"第二代"贸易政策，协议双方承担的双边或多边承诺超出了 WTO 谈判授权或管辖范围，共包含 38 项子指标。我们依据区域贸易协定深度指数（depi）的计算方法，构建了"WTO+"和"WTO-X"条款深度指数，分别表示为 plusdepi 和 Xdepi，并重点考察两类条款深度指数对亚太价值链合作模式重塑的影响效应。

由表 5.4 列（1）、列（2）的估计结果可知，"WTO+"和"WTO-X"条款深度指数对亚太价值链合作模式重塑均具有显著的促进作用，其中"WTO-X"条款深度指数的促进作用更为强劲，大约是"WTO+"条款深度指数的 2 倍。这说明囊括"WTO-X"条款越多的区域贸易协定签署，对协议双方价值链合作模式的重塑效应就越大。可能的原因是，与涵盖边境措施的"WTO+"条款相比，涵盖资本流动、政治对话、竞争政策、知识产权、技术与科研等边境后措施的"WTO-X"条款深度更深，给成员间的经贸合作提供了强有力的制度保障，赋予了双边中间品贸易更加完善的争端解决机制和更加透明的政策监管（韩剑和王灿，2019），能更有效地降低成员间的协调成本，解决承诺问题、消除不确定性风险，推动双边中间品贸易更强劲地发展，而对双边间接中间品贸易产生更大的负面影响，最终将更强有力地推进双边价值链合作模式重塑。

表5.4　异质性检验（一）

变量	价值链合作模式重塑指数								
	（1）	（2）	（3）	（4）	（5）	（6）	（7）	（8）	（9）
plusdepi	1.176*** （4.76）								

续表

变量	价值链合作模式重塑指数								
	（1）	（2）	（3）	（4）	（5）	（6）	（7）	（8）	（9）
Xdepi		2.308***							
		（6.33）							
Tardepi			1.129***						
			（5.31）						
nonTardepi				0.047***					
				（5.28）					
trade_depi					0.985***				
					（3.97）				
economic_depi						1.190***			
						（2.67）			
RD_depi							1.831***		
							（5.89）		
factor_depi								1.348***	
								（4.38）	
political_depi									0.828
									（1.45）
_cons	5.186***	5.282***	5.164***	5.242***	5.111***	5.149***	5.301***	5.214***	4.958***
	（5.27）	（5.39）	（5.26）	（5.33）	（5.19）	（5.22）	（5.40）	（5.30）	（5.03）
控制变量	是	是	是	是	是	是	是	是	是
I-J FE	是	是	是	是	是	是	是	是	是
I-Year FE	是	是	是	是	是	是	是	是	是
J-Year FE	是	是	是	是	是	是	是	是	是
N	3 948	3 948	3 948	3 948	3 948	3 948	3 948	3 948	3 948
R^2	0.816	0.817	0.816	0.816	0.816	0.815	0.817	0.816	0.815

***表示在 1%的水平上显著

注：括号内的值为采用稳健标准误的 t 统计量

（2）关税与非关税条款深度。按照区域贸易协定深度条款是否涉及关税减让贸易议题，Damuri（2012）将深度条款划分为关税与非关税条款，其中，关税条款包括工业品关税减让、农业品关税减让、反倾销、反补贴、与贸易有关的投资措施协议、与贸易有关的知识产权协定 6 项子指标，其余 46 项子指标则为非关税条款。为考察关税与非关税条款深度水平对亚太价值链合作模式重塑的影响是否有所差异，我们依据区域贸易协定深度指数（depi）的计算方法，构建了关税与非关税条款深度指数，分别表示为 Tardepi 和 nonTardepi，并分别利用 Tardepi 和 nonTardepi 替代 depi 进行再估计。由表 5.4 列（3）、列（4）的估计结果可知，Tardepi 和 nonTardepi 的估计系数均显著为正值，且 Tardepi 的估计系数更大，是 nonTardepi 的 24 倍多。这说明，与仅涉及非关税条款的区域贸易协定相比，签署仅涉及关税条款的区域贸易协定对协议双方价值链合作模式的重塑效应更为强劲。这是因为，与极具隐蔽性的非关税条款相比，关税条款相对透明，且更容易实施，对双边直接中间品贸易的促进作用和间接中间品贸易的抑制作用就更强（许亚云等，2020），进而更有助于亚太价值链合作模式重塑。

（3）不同领域条款深度。借鉴铁瑛等（2021）的做法，本章进一步根据 WTO 所公布的"WTO-X"和"WTO+"条款的具体内容差异，将区域贸易协定深度条款分为五类，即贸易自由化条款、边境后的经济性条款、研发合作条款、要素跨国流动条款及政治性条款，具体分类方法如表 5.5 所示。

表5.5　条款分类方法

区域贸易协定条款类型	覆盖条款
贸易自由化条款	"WTO+"：工业品关税减让、农业品关税减让、海关程序、出口税、动植物卫生检疫、技术性贸易壁垒、国有企业、反倾销、反补贴
边境后的经济性条款	"WTO-X"：竞争政策、农业、经济政策对话、产业合作、区域合作、中小企业
研发合作条款	"WTO+"：与贸易有关的知识产权协定 "WTO-X"：与贸易有关的知识产权协定中未提及的国际条约、创新政策、教育与培训、技术与科研
要素跨国流动条款	"WTO-X"：劳工市场规范、资本流动、签证与政治庇护、非法移民
政治性条款	"WTO-X"：核安全、人权问题、反毒品、公共管理、政治对话、公民保护、立法协调、恐怖主义

在此基础上，我们考察五类条款深度指数对亚太价值链合作模式重塑的影响效应[①]。表 5.4 列（5）至列（9）分别给出贸易自由化条款深度指数（trade_depi）、边境后的经济性条款深度指数（economic_depi）、研发合作条款深度指数（RD_depi）、要素跨国流动条款深度指数（factor_depi）及政治性条款深度指数（political_depi）的估计结果。对比各列可知，研发合作条款和要素跨

---

① 五类条款深度指数的计算思路与区域贸易协定深度指数（depi）相似。

国流动条款深化对亚太价值链合作模式的重塑效应更为强劲，而政治性条款深化的重塑效应相对较弱。可能的解释是，随着科学技术在各经济体经济发展中的作用日益凸显，研发合作逐步成为亚太价值链合作的重要内容，推动亚太价值链研发合作就成为各经济体开展亚太经贸合作的重要目标，因此，研发合作条款深化势必对双边中间品贸易产生较强的促进作用。同时，要素禀赋差异是亚太价值链形成与发展的重要决定因素（倪月菊，2021），亚太价值链合作的本质是亚太经济体间的要素合作，确保亚太地区要素自由流动是推动亚太价值链合作的重要保障，因此，要素跨国流动条款深化将强力推进双边中间品贸易。与以上条款不同，涵盖人权问题、核安全、恐怖主义及政治对话等议题的政治性条款既不是亚太价值链合作的内容构成，也不会对亚太双边中间品贸易产生直接影响，因此，该类条款深化难以对亚太价值链合作模式重塑产生明显影响。

2. 区域异质性

相对于世界其他地区，东亚地区的价值链分工程度更深、分工网络更密集、分工复杂度更高，价值链合作已成为该地区国家（地区）间最为重要的贸易模式（Hummels et al.，2001）。那么，我们不禁想问，相比亚太其他地区，区域贸易协定深化对东亚地区价值链合作模式重塑的影响是否有所不同？为回答该问题，我们将地区虚拟变量（Dummy_EA）与区域贸易协定深度指数的交互项（depi×Dummy_EA）代入式（5.1）并进行回归分析，其中，Dummy_EA = 1 表示东亚地区的经济体对[①]，Dummy_EA = 0 则为除东亚地区经济体对以外的其他亚太经济体对。由表 5.6 列（1）的估计结果可知，交互项的估计系数显著为负值，说明区域贸易协定深化对东亚地区价值链合作模式的重塑效应相对较弱。可能的原因是，20 世纪 60 年代以来，东亚地区价值链分工模式经历了由"雁阵模式"向"区域生产网络"的转型，并最终形成了分工协作密切、参与程度和专业化程度越来越高的东亚地区价值链分工新格局（刘洪钟，2020）。根据测算数据可知[②]，样本期间东亚地区的平均直接价值链合作度高达 54.1%，显著高于亚太地区的平均水平44.6%。与亚太其他地区相比，东亚地区已经形成分工程度较深、合作水平和参与程度较高的区域价值链分工体系，故区域贸易协定深化对东亚地区价值链合作模式的影响相对较弱。

---

① 东亚经济体包括中国、中国台北、中国香港、日本、韩国、印度尼西亚、马来西亚、越南、泰国、新加坡、菲律宾及文莱。

② 笔者根据样本数据测算所得。

表5.6 异质性检验（二）

变量	价值链合作模式重塑指数			
	（1）	（2）	（3）	（4）
depi	2.129***	1.586***	3.018***	0.807***
	（6.93）	（5.18）	（4.63）	（3.93）
depi×Dummy_EA	−2.547***			
	（3.24）			
depi×Dummy_SS		−4.173***		
		（−4.00）		
depi×Dummy_SN			−2.531***	
			（−3.19）	
depi×Dummy_P				−1.320***
				（−3.09）
_cons	5.262***	5.309***	4.585***	5.143***
	（5.37）	（5.41）	（3.29）	（5.23）
控制变量	是	是	是	是
I-J FE	是	是	是	是
I-Year FE	是	是	是	是
J-Year FE	是	是	是	是
N	3 948	3 948	2 414	3 948
R^2	0.818	0.817	0.854	0.816

***表示在1%的水平上显著

注：括号内的值为采用稳健标准误的 t 统计量

3. 经济体对异质性

参考相关文献的惯常做法，本章将 OECD 经济体定义为发达经济体，将非 OECD 经济体定义为发展中经济体，相应地，将样本经济体对划分为"发展−发展"（Dummy_SS=1）、"发展−发达"（Dummy_SN=1）和"发达−发达"（Dummy_NN=1）三类，并考察核心解释变量在不同经济体对之间的影响差异。表5.6列（2）报告了以"发达−发达"和"发展−发达"经济体对为基准的估计结果，为进一步凸显"发展−发达"经济体对相较于"发达−发达"经济体对的差异性，在删除了"发展−发展"经济体样本对后，列（3）报告了以"发达−发达"经济体对为基准的估计结果。由列（2）可知，相对于"发展−发展"经济体对，核心解释变量的亚太价值链合作模式的重塑效应在"发达−发达"和"发展−发达"经济体对中更为强劲，即区域贸易协定深化对"发达−发达"和"发展−发达"经济体对价值链合作模式重塑的促进作用更强。进一步由列（3）可知，相比于"发展−发达"经济体对，区域贸易协定深化的亚太价值链合作模式的重塑效应在"发达−发达"经济体对之间更为强劲。综合而言，区域贸易协定深化的亚太价值链合作模式的重塑效应在"发达-发达"经济体对最为强劲，"发展-发达"经济体对次之，"发展-发展"经济体对最弱。可能的原因是，美国、日本、韩国等发达经济体既是亚太价值链的组织者和发起者，也是亚太价值链的主要市场提供者，雄厚的资本积累、先进的技术水平、巨大的市场规模及相似的制度环境使得亚太发达经济体间潜藏着巨大的价值链合作潜力。然而，各种关税与非关税壁垒的制约，使得发达经济体间的部分价值链合作潜力难以有效释放，或者只能通过间接价值链合作模式来释放。深度区域贸易协定签署通过消除各种关税与非关税壁垒可最大限度地释放彼此间的价值链合作潜力，尤其会极大地促进彼此的直接价值链合作，削弱间接价值链合作，最终推动价值链合作模式发生深刻重塑。相反，发展中经济体作为亚太价值链的参与者，技术水平相对落后、要素禀赋相似、制度环境相对较差及市场规模相对较小等因素使得彼此价值链合作潜力相对较小。此外，区域贸易协定深度条款的覆盖率较低且实施难度较大进一步削弱了区域贸易协调深化对亚太地区发展中经济体价值链合作模式的重塑效应。

4. 贸易方式异质性

加工贸易作为发展中经济体参与全球价值链分工的重要手段，在其对外经贸发展中扮演着举足轻重的角色。通常而言，在加工贸易契约约束和利益制衡下，以加工贸易为纽带的全球价值链合作模式相对稳定，受区域贸易协定深化的影响相对较小。中国和墨西哥作为亚太地区最大的两个加工贸易经济体，区域贸易协定深化对中国和墨西哥，以及中国、墨西哥与其他经济体价值链合作模式的重塑效应，可能有别于其他经济体。为检验该猜想，我们将加工贸易虚拟变量（Dummy_P）与depi的交互项代入式（5.1）进行回归分析，其中，Dummy_P = 1代表分别与中国和墨西哥配对的经济体对，Dummy_P = 0为不与中国和墨西哥配对的经济体对。由表5.6列（4）的估计结果可知，交互项的估计系数显著为负值，说明与其他经济体对相比，区域贸易协定深化对中国（墨西哥）与其他亚太经济体价值链合作模式的重塑效应相对较弱，意味着主要借助于加工贸易同其他经济体开展产品内分工活动的价值链合作模式确实相对稳固，受区域贸易协定深化的影响也相对较弱。

5.4　动态效应分析

区域贸易协定签署对亚太价值链合作模式重塑的影响效应可能存在一定的动

态"时滞效应"。为考察区域贸易协定深化对亚太价值链合作模式重塑的动态影响效应是否存在，本章分别利用区域贸易协定深度指数的提前一期、滞后一期、滞后两期、滞后三期和滞后四期项作为核心解释变量进行再估计。由表 5.7 的估计结果可知，区域贸易协定深度指数提前一期的系数显著为正值，说明区域贸易协定深度条款签署对亚太价值链合作模式的重塑效应存在明显的预期效应。区域贸易协定深度指数滞后一期、滞后两期、滞后三期和滞后四期的系数均显著为正值，表明区域贸易协定深化对亚太价值链合作模式重塑存在动态时滞效应。此外，随着滞后时期延长，系数值不断增大，说明随着时间推移，区域贸易协定深化对亚太价值链合作模式的重塑效应不断增强。动态效应分析不仅再次佐证了基准估计结果的稳健性，也说明区域贸易协定深度对亚太价值链合作模式的重塑效应是一个长期的动态强化过程。

表5.7　动态效应分析

变量	价值链合作模式重塑指数				
	（1）	（2）	（3）	（4）	（5）
提前一期	1.243***				
	（4.06）				
滞后一期		1.252***			
		（4.09）			
滞后二期			1.319***		
			（4.17）		
滞后三期				1.355***	
				（4.15）	
滞后四期					1.365***
					（3.86）
_cons	5.223***	5.390***	5.335***	5.381***	5.339***
	（5.04）	（5.43）	（5.27）	（5.34）	（5.23）
控制变量	是	是	是	是	是
I-J FE	是	是	是	是	是
I-Year FE	是	是	是	是	是
J-Year FE	是	是	是	是	是
N	3 948	3 948	2 414	3 948	3 948
R^2	0.820	0.820	0.822	0.827	0.832

***表示在1%的水平上显著

注：括号内的值为采用稳健标准误的 t 统计量

5.5　影响机制检验

通常而言，双边贸易成本是决定经济体间价值链合作模式选择的重要因素。双边贸易成本越低，经济体间的中间品贸易规模就越大，直接价值链合作度也就越高。相反，低廉的贸易成本会促使 i 经济体降低借助于第三方经济体间接向 j 经济体出口中间品的规模，进而降低 i 经济体与 j 经济体之间的间接价值链合作度。因此，贸易成本降低会促使双边价值链合作模式由间接价值链合作向直接价值链合作转变，反之亦然。为此，本章首先检验区域贸易协定深化究竟如何影响双边贸易成本。具体地，双边贸易成本采用 ESCAP[①]-世界银行贸易成本数据库提供的双边贸易成本数据的自然对数值衡量[②]。由表 5.8 列（1）、列（3）可知，无论是 depi 还是 cdepi，其估计系数均显著为负值，说明区域贸易协定深化显著降低了亚太经济体间的贸易成本。可能的解释是，区域贸易协定涵盖的关税减让条款可直接降低双边贸易成本，此外，竞争政策、反倾销、知识产权等深度条款有助于削减非关税贸易壁垒，进而间接降低双边贸易成本（Baier et al., 2019）。

表5.8　机制检验

变量	（1） lntij	（2） lnfdi	（3） lntij	（4） lnfdi
depi	−0.052***	0.648***		
	（−2.63）	（3.08）		
cdepi			−0.040**	0.643***
			（−2.29）	（3.48）
_cons	4.771***	1.884***	4.769***	1.877***
	（1 228.88）	（48.21）	（1 256.62）	（49.00）
I-J FE	是	是	是	是
I-Year FE	是	是	是	是
J-Year FE	是	是	是	是
N	3 000	3 948	3 000	3 948
R²	0.954	0.751	0.954	0.752

、*分别表示在 5%、1%的水平上显著

注：括号内的值为采用稳健标准误的 t 统计量

---

① ESCAP：U.N. Economic and Social Commission for Asia and the Pacific，联合国亚洲及太平洋经济社会委员会。

② ESCAP-世界银行贸易成本数据库提供了 180 个经济体 1995~2019 年的双边贸易成本数据。

　　此外，通常而言，当东道国的营商环境较好、要素成本较低时，发达国家 FDI 就会促进母国公司与东道国海外分公司之间的中间品贸易（Hanson et al.，2005）。为此，李宏和刘坤（2016）基于 1998~2013 年 33 个国家或地区的面板数据进行了实证考察，结果发现，FDI 显著促进了中国的中间品进口，尤其对原材料和零部件进口的促进作用更为强劲。杨继军等（2020）基于 2000~2014 年 42 个经济体面板数据的实证结论进一步佐证了李宏和刘坤（2016）的结论。无论从理论还是实证研究结论均不难看出，FDI 可扩大各经济体间的中间品贸易规模，促进相互之间的直接价值链合作，弱化彼此间的间接价值链合作，进而促进价值链合作模式发生重塑。为此，本章进一步考察区域贸易协定深化对双边 FDI 的影响效应。其中，双边 FDI 采用 UNCTAD 数据库提供的双边 FDI 流量数据进行度量。从表 5.8 列（2）、列（4）可知，无论是 depi 还是 cdepi 的估计系数均显著为正值，说明区域贸易协定深化对亚太经济体间的 FDI 具有显著的促进作用。可能的原因是，一方面，深度区域贸易协定条款在全面的市场准入、严格的原产地规则及高标准的投资规则等方面进行了突破，有助于构建稳定、透明、公平的投资环境和强有力的投资保护体系，降低企业投资风险和交易成本，从而扩大双边投资规模（许培源和刘雅芳，2019）。另一方面，区域贸易协定涉及的投资准入和待遇、投资保护等深度条款可直接提高经济体的资本市场开放度，同时，涵盖的"准入前国民待遇 + 负面清单"的外资准入模式、投资者-国家争端解决机制、征收及补偿标准等深度条款，可进一步提高其投资开放和投资保护力度，如此可吸引更多的外资进入其资本市场。

5.6　本章小结

　　本章利用 OECD-TiVA 数据库中 1995~2015 年 20 个亚太经济体的增加值贸易数据和世界银行开发的 PTA 数据库中的区域贸易协定相关数据，实证考察了区域贸易协定深化对亚太价值链合作模式重塑的影响效应。结果发现，区域贸易协定深化对亚太价值链合作模式重塑具有显著的促进作用，在替换核心变量、改变样本数据、变换估计方法及处理内生性问题后该结论依然稳健。同时，随着时间推移，该促进作用呈现出逐步强化的趋势。需特别说明的是，"WTO-X"条款、关税条款、研发合作条款和要素跨国流动条款深化的促进作用更为强劲，该促进作用在东亚地区及中国、墨西哥与其他经济体对相对较弱，但在"发达-发达"经济体对相对较强。进一步的机制检验发现，区域贸易协定深化主要通过降低贸易成本和促进 FDI 来推动亚太价值链合作模式重塑。

　　本章研究结论对中国具有重要的现实和政策意义。作为亚太价值链的深度参与者，中国在亚太价值链中扮演着"中转站"角色，并与其他亚太经济体开展了深入复杂的价值链合作（张志明等，2019）。然而，在新冠疫情与中美贸易摩擦的叠加冲击下，中国参与亚太价值链分工面临着日益严峻的"断链""缩链"风险。区域贸易协定深化有助于亚太价值链合作模式由间接价值链合作向直接价值链合作转变，进而有利于亚太价值链的安全稳定运行，为此，一方面中国应积极构建亚太高标准自由贸易区网络，为安全稳定地参与亚太价值链合作提供制度保障。对于未同中国签署 FTA 的经济体，应同其加快 FTA 的签署步伐，对于已签署 FTA 的经济体，要积极推进 FTA 的优化升级工作。无论是新签还是优化升级，在确保国家经济安全与经济利益不受损害的基础上，中国要尽可能推动 FTA 覆盖的条款向"WTO+"和"WTO-X"条款扩展，条款内容从边境措施向边境后措施延伸，尤其要积极争取 FTA 能够覆盖研发合作条款和要素跨国流动条款。最终以推进 FTA 深度一体化为依托，加快构建亚太高标准自由贸易区网络。另一方面，大力推进亚太高标准区域经济一体化建设，维护亚太价值链合作安全稳定。当前，东亚地区已经形成相对安全稳定的价值链合作格局，且 RCEP 的签署和实施进一步整合、优化了东亚地区贸易规则，为东亚价值链合作的安全稳定运行提供了更为坚实的制度保障。然而，东亚经济体与其他亚太经济体之间价值链合作的稳定性和抗风险能力相对较弱，如何增强东亚经济体与其他亚太经济体之间价值链合作的稳定性和抗风险能力就成为维护亚太价值链合作安全稳定的关键所在。为此，中国应积极推动 RCEP 与 CPTPP 在规则上不断融合，甚至主导构建将 RCEP 与 CPTPP 纳入统一的多边自由贸易框架的亚太自由贸易区，以便最大限度地整合亚太地区碎片化的贸易投资规则，为促进东亚经济体与其他亚太经济体开展紧密、稳固的价值链合作提供制度保障。

参 考 文 献

杜声浩. 2021. 区域贸易协定深度对全球价值链嵌入模式的影响. 国际经贸探索，37（8）：20-37.

高疆，盛斌. 2018. 贸易协定质量会影响全球生产网络吗？世界经济研究，（8）：3-16.

韩剑，王灿. 2019. 自由贸易协定与全球价值链嵌入：对 FTA 深度作用的考察. 国际贸易问题，（2）：54-67.

韩剑，许亚云. 2021. RCEP 及亚太区域贸易协定整合——基于协定文本的量化研究. 中国工业经济，（7）：81-99.

李宏, 刘珅. 2016. FDI 影响中间品贸易机制的理论与实证分析. 南开经济研究, (2): 116-128.

李艳秀, 毛艳华. 2018. 区域贸易协定深度与价值链贸易关系研究. 世界经济研究, (12): 25-36.

刘洪愧. 2016. 区域贸易协定对增加值贸易关联的影响——基于服务贸易的实证研究. 财贸经济, (8): 127-143.

刘洪钟. 2020. 超越区域生产网络: 论东亚区域分工体系的第三次重构. 当代亚太, (5): 137-158.

倪月菊. 2021. RCEP 对亚太地区生产网络的影响——一个全球价值链视角的分析. 东北师大学报 (哲学社会科学版), (3): 52-62.

彭冬冬, 林珏. 2021. "一带一路" 沿线自由贸易协定深度提升是否促进了区域价值链合作? 财经研究, 47 (2): 109-123.

铁瑛, 黄建忠, 徐美娜. 2021. 第三方效应、区域贸易协定深化与中国策略: 基于协定条款异质性的量化研究. 经济研究, 56 (1): 155-171.

许培源, 刘雅芳. 2019. 国际贸易投资新规则对国际生产投资布局的影响. 经济学动态, (8): 56-69.

许亚云, 岳文, 韩剑. 2020. 高水平区域贸易协定对价值链贸易的影响——基于规则文本深度的研究. 国际贸易问题, (12): 81-99.

杨继军, 艾玮炜. 2021. 区域贸易协定服务贸易条款深度对增加值贸易关联的影响. 国际贸易问题, (2): 143-158.

杨继军, 艾玮炜, 张雨. 2020. 区域贸易协定的条款深度对增加值贸易关联的影响. 国际经贸探索, 36 (7): 4-15.

张志明, 李健敏. 2020. 中国嵌入亚太价值链的模式升级及影响因素研究: 基于双重嵌入视角. 世界经济研究, (6): 57-72.

张志明, 李思敏. 2019. 中国嵌入亚太价值链的就业效应: 基于技能异质性视角. 世界经济研究, (7): 104-117.

张志明, 熊豪, 祝慧敏. 2019. 中美价值链合作模式演进及其影响因素研究. 国际经贸探索, 35 (8): 16-33.

周彦霞, 张志明, 陈嘉铭. 2021. 亚太价值链重构与中国的角色变迁. 世界经济研究, (4): 28-42.

Anderson J E, Yotov Y V. 2016. Terms of trade and global efficiency effects of free trade agreements, 1990–2002. Journal of International Economics, 99: 279-298.

Antràs P, Chor D. 2018. On the measurement of upstreamness and downstreamness in global value chains. NBER Working Paper 24185.

Antràs P, Chor D, Fall Y T, et al. 2012. Measuring the upstreamness of production and trade flows. NBER Working Paper 17819.

Antràs P, Staiger R W. 2012. Offshoring and the role of trade agreements. The American Economic Review, 102 (7): 3140-3183.

Baier S, Bergstrand J H, Mariuto R. 2014. Economic determinants of free trade agreements revisited: distinguishing sources of interdependence. Review of International Economics, 22 (1): 31-58.

Baier S, Yotov T, Zylkin T. 2019. On the widely differing effects of free trade agreements: lessons from twenty years of trade integration. Journal of International Economics, (116): 206-226.

Baier S L, Bergstrand J H. 2007. Do free trade agreements actually increase members' international trade? Journal of International Economics，71（1）：72-95.

Boffa M，Jansen M，Solleder O. 2019. Do we need deeper trade agreements for GVCs or just a BIT? The World Economy，42（6）：1713-1739.

Damuri Y R. 2012. How preferential are preferential trade agreements? Graduate Institute of International and Development Studies.

Dür A，Baccini L，Elsig M. 2014. The design of international trade agreements：introducing a new dataset. The Review of International Organizations，9（3）：353-375.

Egger P，Larch M，Staub K E，et al. 2011. The trade effects of endogenous preferential trade agreements. American Economic Journal：Economic Policy，3（3）：113-143.

Falvey R，Foster-McGregor N. 2021. The breadth of preferential trade agreements and the margins of exports. Review of World Economics，（1）：1-71.

Hanson G H，Mataloni R J，Slaughter M J. 2005. Vertical production networks in multinational firms. Review of Economics & Statistics，87（4）：664-678.

Hofmann C，Osnago A，Ruta M. 2017. Horizontal depth：a new database on the content of preferential trade agreements. http://hdl.handle.net/10986/26148.

Horn H，Mavroidis P C，Sapir A. 2010. Beyond the WTO? An anatomy of EU and US preferential trade agreements. The World Economy，33（11）：1565-1588.

Hummels D，Ishii J，Yi K M. 2001. The nature and growth of vertical specialization in world trade. Journal of International Economics，54（1）：75-96.

Imbs J. 2004. Trade，finance，specialization，and synchronization. Review of economics and statistics，86（3）：23-734.

Johnson R C，Noguera G. 2012. Accounting for intermediates：production sharing and trade in value added. Journal of International Economics，86（2）：224-236.

Kolstad I，Wiig A. 2012. What determines Chinese outward FDI? Journal of World Business，47（1）：26-34.

Koopman R，Powers W，Wang Z，et al. 2010. Give credit where credit is due：tracing value added in global production chains. NBER Working paper 16426.

Koopman R，Wang Z，Wei S J. 2014. Tracing value-added and double counting in gross exports. American Economic Review，104（2）：459-494.

Laget E，Osnago A，Rocha N，et al. 2020. Deep trade agreements and global value chains. Review of Industrial Organization，57（6）：379-410.

Martin P，Mayer T，Thoenig M. 2012. The geography of conflicts and regional trade agreements. American Economic Journal：Macroeconomics，4（4）：1-35.

Mattoo A，Mulabdic A，Ruta M. 2017. Trade creation and trade diversion in deep agreements. https://doi.org/10.1111/caje.12611.

Orefice R，Rocha N. 2014. Deep integration and production networks：an empirical analysis. The World Economy，37（1）：106-136.

Silva J S，Tenreyro S. 2006. The log of gravity. The Review of Economics and Statistics，88（4）：641-658.

Wang Z, Wei S J, Yu X D, et al. 2013. Quantifying international production sharing at the bilateral and sector levels. NBER Working Paper 19677.

Wang Z, Wei S J, Yu X, et al. 2017a. Characterizing global value chains: production length and upstreamness. NBER Working Papers 23261.

Wang Z, Wei S J, Yu X, et al. 2017b. Measures of participation in global value chains and global business cycles. NBER Working Papers 23222.

第6章 区域贸易协定深化与亚太价值链合作模式重塑：基于分工复杂度维度

6.1 引　　言

当今世界正经历百年未有之大变局。新工业革命初期技术扩散动力不足、全球金融危机后贸易保护主义抬头、新冠疫情全球大流行及俄乌冲突的冲击，全球化进程遭遇挫折，世界范围内技术条件和政策环境变化对国际分工产生了重要影响，全球价值链呈现出区域化、短链化、数字化与本土化的变化态势。在此大背景下，亚太价值链合作模式也发生了深刻重塑，各亚太经济体的价值链合作开始由复杂化、长链化的深度价值链合作向简单化、短链化的浅度价值链合作转变。那么，我们不禁想问，区域贸易协定深化在亚太价值链合作模式重塑过程中发挥了怎样的作用？该问题的回答，不仅有助于我们更深刻地理解区域贸易协定深化与亚太价值链合作模式重塑之间的关系，而且对于中国更有效地构建面向亚太地区的高标准自由贸易区网络和提升亚太价值链地位具有重要的现实意义。

为此，本章利用世界银行开发的 PTA 数据库和 OECD-TiVA 数据库的基础数据，实证考察区域贸易协定深化对亚太价值链合作模式重塑的影响及其作用机制。相较于已有研究，本章可能存在以下边际贡献：一是创新性地将区域贸易协定深化与基于分工复杂度视角下亚太价值链合作模式重塑纳入统一分析框架，深入考察二者之间的关系。值得注意的是，目前有部分文献研究区域贸易协定深化对全球价值链的影响效应，而关于区域贸易协定深化对亚太价值链合作模式重塑作用的研究相对较少。二是从规则内容、规则功能和缔约对象多个维度全面考察区域贸易协定深化对亚太价值链合作模式重塑的异质性影响，并深入分析了贸易壁垒和贸易成本的调节效应。

6.2 计量模型、变量测度与数据说明

6.2.1 计量模型

为实证考察区域贸易协定深化对亚太价值链合作模式重塑的影响效应，本章设定如下计量模型：

$$\text{dsc}_{ijt} = \beta_0 + \beta_1 \text{depi}_{ijt} + \beta_2 Z_{ijt} + \lambda_{it} + \lambda_{jt} + \lambda_{ij} + \mu_{ijt} \qquad (6.1)$$

其中，被解释变量 dsc 表示第 t 年 i 经济体与 j 经济体的价值链合作模式重塑指数；解释变量 depi 为区域贸易协定深度指数；Z 表示一系列控制变量；i 和 j 表示经济体；t 表示年份；λ_{it} 和 λ_{jt} 分别为经济体 i-年份和经济体 j-年份的联合固定效应，用于进一步控制宏观经济波动和无法观测到的经济体差异；λ_{ij} 为经济体对联合固定效应，用于控制经济体间地理距离、是否接壤等一系列自然变量和文化距离、共同语言、基因距离等不随时间变动的文化差异变量（Martin et al.，2012）；μ_{ijt} 为随机扰动项。

6.2.2 变量测度与数据说明

1. 被解释变量

我们利用双边深度价值链贸易额与总体价值链贸易额之比来度量双边价值链合作模式重塑情况。具体计算公式如式（3.8）所示。

2. 解释变量

本章实证模型的解释变量为区域贸易协定深度指数（depi_{ijt}），具体计算公式见式（2.1）。

3. 控制变量

（1）全球价值链地位差异（gvcc）。本章利用两个经济体间全球价值链地位

之差的绝对值来表示。具体的计算公式为 $gvcc_{ijt} = \left| gvcc_{it} - gvcc_{jt} \right|$，其中，$gvcc_{it}$ 为第 t 年 i 经济体的全球价值链地位指数，我们借鉴 Koopman 等（2014）的方法构建全球价值链地位指数：

$$gvcc_{it} = \ln\left(\frac{idva_{it}}{ex_{it}} + 1 \right) - \ln\left(\frac{fva_{it}}{ex_{it}} + 1 \right)$$

其中，ex_{it} 为第 t 年 i 经济体的总出口额；$idva_{it}$ 为第 t 年 i 经济体创造并再出口到第三国的国内增加值；fva_{it} 为第 t 年 i 经济体总出口额中的国外增加值。ex_{it}、$idva_{it}$ 和 fva_{it} 的数据均来源于 OECD-TiVA 数据库。

（2）要素禀赋差异。要素禀赋差异变化是引致亚太价值链合作模式重塑的重要驱动因素，本章在实证模型中主要考察了技术和人力资本禀赋差异。技术和人力资本禀赋差异分别以各亚太经济体间的专利申请量之差（patent）和高等教育入学率之差（edu）的绝对值表示。其中，专利申请量和高等教育入学率数据均来源于世界银行开放数据（World Bank Open Data）。

（3）经济自由度差异（efd）。本章使用两个经济体间的世界经济自由度指数之差的绝对值来表示，世界经济自由度指数数据来源于国务院发展研究中心信息网数据库。最后将 patent、edu 和 efd 取自然对数。

受数据完整性的限制，本章选择除巴布内亚新几内亚外的 20 个 APEC 经济体作为样本，时间区间为 1995~2018 年，通过两两配对，理论上可得到 4 560 个观测值。

6.3　实证结果分析

6.3.1　基准估计结果分析

本章利用 1995~2018 年经济体对的宏观数据进行实证检验，鉴于亚太价值链合作模式重塑指数存在零值和可能的异方差问题，我们借鉴 Silva 和 Tenreyro（2006）的做法，使用 PPML 技术对区域贸易协定深化的亚太价值链合作模式的重塑效应进行实证检验。所有估计方程均控制了经济体对联合固定效应和经济体-年份联合固定效应，估计结果如表 6.1 所示。作为比较，列（1）只加入了核心解释变量。实证结果发现核心解释变量的估计系数在 1% 的显著性水平上显著为负值，说明区域贸易协定深化促进了亚太价值链合作模式重塑，即区域贸易协定深化有助于亚太价值链合作模式由深度价值链合作向浅度价值链合作转变，这意味着区域贸易协定深化促使亚太经济体间开展链条相对较短的简单价值链合作，进而促进亚太价值链短链化。可能的原因在于，区域贸易协定深化有助于降低双边贸易成本、削减非关税贸易壁垒、提高知识产权保护力度，进而有助于双边开展更为深入密切的价值链合作，但不利于其他经济体参与双边价值链合作。也就是说，区域贸易协定深化对缔约双方价值链合作产生创造效应，而对缔约双方与其他亚太经济体的价值链合作产生挤出效应。

表6.1　基准检验

变量	价值链合作模式重塑指数				
	（1）	（2）	（3）	（4）	（5）
depi	−0.010***	−0.009**	−0.014***	−0.015***	−0.015***
	（−2.62）	（−2.27）	（−3.67）	（−3.98）	（−4.04）
lnpatent		0.060***	0.042***	0.044***	0.045***
		（3.64）	（2.91）	（3.07）	（3.08）
gvcc			0.019***	0.018***	0.018***
			（16.31）	（16.26）	（16.28）
lnedu				−0.004***	−0.004***
				（−4.92）	（−4.93）
lnefd					−0.002*
					（−1.89）
_cons	1.459***	0.772***	0.958***	0.945***	0.939***
	（1 880.01）	（4.09）	（5.74）	（5.67）	（5.58）
I-J FE	是	是	是	是	是
I-Year FE	是	是	是	是	是
J-Year FE	是	是	是	是	是
N	4 456	4 456	4 456	4 456	4 438
Pseudo R^2	0.022	0.022	0.022	0.022	0.022

*、**、***分别表示在10%、5%、1%的水平上显著
注：括号内的值为采用稳健标准误的 t 统计量

为了减缓遗漏变量的影响，本章逐步控制了技术禀赋差异、全球价值链地位差异、人力资本禀赋差异和经济自由度差异四个关键因素，得到表6.1列（2）至列（5）的估计结果。结果显示，技术禀赋差异和全球价值链地位差异的估计系数在 1%的显著性水平上显著为正值，说明技术禀赋差异和全球价值链地位差异

越大，越不利于亚太价值链合作模式重塑，相反，人力资本禀赋差异和经济自由度差异的估计系数分别在 1% 和 10% 的显著性水平上显著为负值，说明人力资本禀赋差异和经济自由度差异越大，越有助于亚太价值链合作模式重塑。

6.3.2　稳健性检验

1. 改变核心变量度量方法

首先，我们分别采用两个经济体间区域贸易协定所包含的所有条款深度加总指数（dep）和核心条款深度指数（cdepi）来重新度量区域贸易协定深度水平，以检验不同区域贸易协定深度度量方法是否对估计结果产生实质性影响，dep 和 cdepi 具体度量方式分别见式（2.2）和式（2.3）。由表 6.2 列（1）、列（2）的估计结果可知，dep 和 cdepi 的估计系数在 1% 的水平上均显著为负值。其次，我们采用经济体间深度价值链贸易额与浅度价值链贸易额之比来重新度量亚太价值链合作模式重塑指数并进行再估计，其中，浅度价值链贸易额为总体价值链贸易额与深度价值链贸易额之差。由表 6.2 列（3）的估计结果可知，depi 的估计系数在 1% 的水平上仍然显著为负值。由此可见，改变核心变量度量方法并未对基准估计结果产生实质性影响。

表6.2　稳健性检验（一）

变量	价值链合作模式重塑指数							
	（1）	（2）	（3）	（4）	（5）	（6）	（7）	（8）
depi			-0.012^{***}	-0.014^{***}	-0.022^{***}	-0.024^{***}	-0.014^{***}	-0.014^{***}
			（−4.83）	（−2.58）	（−3.82）	（−5.44）	（−3.46）	（−4.39）
cdepi	-0.011^{***}							
	（−3.17）							
dep		-0.001^{***}						
		（−4.04）						
lnpatent	0.046^{***}	0.045^{***}	0.030^{***}	0.049^{**}	0.041^{*}	0.076^{***}	0.042^{***}	0.045^{***}
	（3.13）	（3.08）	（2.78）	（2.38）	（1.66）	（3.97）	（2.77）	（3.40）
gvcc	0.018^{***}	0.018^{***}	0.013^{***}	0.018^{***}	0.019^{***}	0.016^{***}	0.019^{***}	0.017^{***}
	（16.23）	（16.28）	（15.46）	（11.94）	（10.30）	（12.85）	（15.16）	（16.34）
lnedu	-0.004^{***}	-0.004^{***}	-0.003^{***}	-0.004^{***}	-0.005^{***}	-0.003^{***}	-0.004^{***}	-0.002^{***}
	（−4.90）	（−4.93）	（−4.37）	（−3.65）	（−3.47）	（−2.78）	（−4.54）	（−3.36）

续表

变量	价值链合作模式重塑指数							
	（1）	（2）	（3）	（4）	（5）	（6）	（7）	（8）
lnefd	−0.002*	−0.002*	−0.002***	−0.003	−0.001	−0.002	−0.002**	−0
	（−1.92）	（−1.89）	（−2.58）	（−1.62）	（−0.69）	（−1.26）	（−1.97）	（−0.12）
_cons	0.930***	0.939***	0.966***	0.887***	0.990***	0.584***	0.972***	0.931***
	（5.54）	（5.58）	（7.80）	（3.71）	（3.51）	（2.65）	（5.60）	（6.10）
I-J FE	是	是	是	是	是	是	是	
I-Year FE	是	是	是	是	是	是	是	
J-Year FE	是	是	是	是	是	是	是	
N	4 438	4 438	4 438	2 405	1 658	2 832	3 884	4 438
Pseudo R^2	0.022	0.022	0.001	0.022	0.022	0.022	0.023	0.019

*、**、***分别表示在10%、5%、1%的水平上显著

注：括号内的值为采用稳健标准误的 t 统计量

2. 改变样本数据

其一，改变样本期间划分方法。考虑到区域贸易协定深度条款对亚太价值链合作模式重塑的影响存在一定的时滞性，故借鉴 Anderson 和 Yotov（2016）的做法，分别以 2 年和 3 年为界，将 1995~2018 年样本期间分别等分为 12 个和 8 个时间段进行估计，表 6.2 列（4）、列（5）中 depi 的估计系数显著为负值，表明前文的基准估计结果基本不会受到样本期间划分方法的影响。

其二，剔除未签署区域贸易协定样本。前文将签署区域贸易协定样本与未签署区域贸易协定样本混合起来进行估计分析，这可能会低估 depi 的估计系数，故我们将未签署区域贸易协定样本从总样本中剔除，仅以签署区域贸易协定经济体对为样本进行实证分析。由表 6.2 列（6）的估计结果可知，depi 的估计系数在 1%的水平上显著为负值，说明在剔除未签署区域贸易协定样本后基准估计结果依然稳健。

其三，样本截尾处理。为避免极端值对估计结果造成扰动，本章对亚太价值链合作模式重塑指数进行了 5%的截尾处理并进行再估计，由表 6.2 列（7）的估计结果可知，depi 的估计系数仍保持显著为负值。

其四，剔除异常值。为避免全球金融危机期间样本数据突变对估计结果造成扰动，本章从总样本数据中剔除了 2008~2010 年样本数据进行再估计，由表 6.2 列（8）的估计结果可知，depi 的估计系数依然显著为负值，表明本章的基准估计结果不受极端值的影响。

3. 变换估计方法

为确保估计结果因估计方法的不同而出现实质性改变，我们使用 OLS 估计方法对式（6.1）进行再估计。由表 6.3 列（1）的估计结果可知，depi 的系数仍显著为负值。这说明变换估计方法并未对本章的基准估计结果产生实质性影响。

表6.3　稳健性检验（二）

变量	价值链合作模式重塑指数				
	（1）	（2）	（3）	（4）	（5）
depi	−0.059***	−0.054**	−0.014**		−0.016***
	（−3.30）	（−2.54）	（−2.29）		（−3.61）
idepi			−0.001		
			（−0.19）		
lidepi				−0.014***	
				（−3.62）	
bit					0.001
					（0.46）
lnpatent	0.184***	0.185***	0.047***	0.046***	0.045***
	（3.93）	（3.95）	（3.18）	（3.12）	（3.06）
gvcc	0.071***	0.071***	0.019***	0.018***	0.018***
	（17.19）	（17.16）	（15.84）	（16.27）	（16.24）
lnedu	−0.016***	−0.016***	−0.004***	−0.004***	−0.004***
	（−4.15）	（−4.12）	（−4.82）	（−4.86）	（−4.93）
lnefd	−0.008	−0.008	−0.002*	−0.002**	−0.002*
	（−1.53）	（−1.52）	（−1.92）	（−1.99）	（−1.88）
_cons	2.132***		0.915***	0.931***	0.933***
	（3.94）		（5.38）	（5.54）	（5.45）
I-J FE	是	是	是	是	是
I-Year FE	是	是	是	是	是
J-Year FE	是	是	是	是	是
Anderson LM 统计量		2 459.038 [0]			
C-D Wald *F* 统计量		{2 129.178} [19.93]			
Sargan 统计量		1.402 {0.124 6}			
N	4 438	4 438	4 253	4 438	4 438
Pseudo R^2		0.093	0.022	0.022	0.022
R^2	0.945				

*、**、***分别表示在 10%、5%、1%的水平上显著

注：括号内的值为采用稳健标准误的 t 统计量

4. 内生性问题的讨论与处理

首先，内生性偏误的一个重要来源是反向因果关系。我们从三个方面检验反向因果关系是否会对估计结果产生实质性影响。第一，借鉴第 5 章的方法，将两个经济体签订 FTA 数量之差与之和及区域贸易协定深度指数的滞后一期项作为核心解释变量的工具变量，采用工具变量法进行估计分析，由表 6.3 列（2）的估计结果可知，Anderson LM 统计量、C-D Wald F 统计量和 Sargan 统计量的检验结果显示模型不存在识别不足、弱工具变量及过度识别的问题，说明工具变量的选取是合理的。depi 的估计系数显著为负值，说明控制内生性问题后，前文的结论依然稳健。第二，借鉴 Baier 等（2014）的做法，在式（6.1）中加入前置一期的 depi 变量（idepi）。如果 idepi 严格外生于亚太价值链合作模式重塑指数的变化，则 idepi 应与当期亚太价值链合作模式重塑指数无关。表 6.3 列（3）的估计结果显示，depi 的估计系数显著为负值，而 idepi 的估计系数不显著。第三，采用滞后一期的区域贸易协定深度指数（lidepi）来替代当期的区域贸易协定深度指数并进行再估计，由表 6.3 列（4）的结果可知，核心解释变量的估计系数仍未发生实质性改变。

其次，在前文的实证分析中，我们采用了面板数据，同时加入了经济体对联合固定效应、经济体−年份联合固定效应，用以控制所有事件的经济体层面的异质性，以及所有恒定的双边价值链合作的影响因素，以最大限度地降低遗漏变量可能导致的内生性问题。下面我们进一步考虑可能出现遗漏变量的另外一种情况：我们在式（6.1）中进一步引入双边投资协定变量（bit）。与表 6.1 相比，表 6.3 列（5）中的 depi 的估计结果没有明显变化。

6.3.3　异质性分析

1. 条款异质性分析

（1）关税与非关税条款。按照区域贸易协定深度条款是否涉及关税减让贸易议题，我们借鉴 Damuri（2012）的做法，将深度条款划分为关税与非关税条款，并依据区域贸易协定深度指数（depi）的计算方法，构建关税与非关税条款深度指数，分别表示为 Tardepi 和 nonTardepi，并利用 Tardepi 和 nonTardepi 分别替代 depi 进行再估计。由表 6.4 列（1）、列（2）的估计结果可知，Tardepi 和 nonTardepi 的估计系数均显著为负值，且 nonTardepi 的估计系数更大，是 nonTardepi 的 2 倍多。这说明非关税条款深化对缔约双方价值链合作模式的重塑效应更为强劲。可能的解释是，与相对透明且更容易实施的关税条款相比，极具隐蔽性的非关税条款对双边中间品贸易的促进作用更强，也更有助于双边开展深入而密切的浅度价值链合作

（许亚云等，2020），进而更有助于亚太价值链合作模式重塑。

表6.4　异质性检验（一）

变量	价值链合作模式重塑指数						
	（1）	（2）	（3）	（4）	（5）	（6）	（7）
lnpatent	0.046***	0.044***	0.046***	0.042***	0.044***	0.047***	0.047***
	（3.16）	（3.04）	（3.14）	（2.88）	（3.04）	（3.20）	（3.21）
gvcc	0.018***	0.018***	0.018***	0.018***	0.018***	0.018***	0.018***
	（16.22）	（16.31）	（16.20）	（16.42）	（16.40）	（16.18）	（16.16）
lnedu	−0.004***	−0.004***	−0.004***	−0.004***	−0.004***	−0.004***	−0.004***
	（−4.87）	（−4.94）	（−4.90）	（−4.96）	（−4.81）	（−4.89）	（−4.74）
lnefd	−0.002*	−0.002*	−0.002*	−0.002*	−0.002*	−0.002**	−0.002*
	（−1.90）	（−1.89）	（−1.93）	（−1.69）	（−1.79）	（−1.98）	（−1.82）
Tardepi	−0.008***						
	（−2.91）						
nonTardepi		−0.018***					
		（−4.44）					
trade_depi			−0.010***				
			（−3.18）				
economic_depi				−0.031***			
				（−6.50）			
RD_depi					−0.018***		
					（−5.25）		
factor_depi						−0.012***	
						（−2.97）	
political_depi							−0.013**
							（−1.98）
_cons	0.923***	0.945***	0.928***	0.968***	0.943***	0.919***	0.909***
	（5.46）	（5.63）	（5.52）	（5.69）	（5.59）	（5.49）	（5.36）
I-J FE	是	是	是	是	是	是	是
I-Year FE	是	是	是	是	是	是	是
J-Year FE	是	是	是	是	是	是	是
N	4 438	4 438	4 438	4 438	4 438	4 438	4 438
Pseudo R^2	0.22	0.22	0.22	0.22	0.22	0.22	0.22

*、**、***分别表示在10%、5%、1%的水平上显著

注：括号内的值为采用稳健标准误的 t 统计量

（2）不同领域条款。借鉴铁瑛等（2021）的做法，本章根据条款内容性质将

区域贸易协定深度条款分为五类，即贸易自由化条款、边境后的经济性条款、研发合作条款、要素跨国流动条款及政治性条款，并根据区域贸易协定深度指数的构建方法分别构建五类条款深度指数，在此基础上考察五类条款深化对亚太价值链合作模式重塑的影响效应。

表6.4列（3）至列（7）分别给出了贸易自由化条款深度指数（trade_depi）、边境后的经济性条款深度指数（economic_depi）、研发合作条款深度指数（RD_depi）、要素跨国流动条款深度指数（factor_depi）及政治性条款深度指数（political_depi）的估计结果。对比各列可知，边境后的经济性条款和研发合作条款深化对亚太价值链合作模式的重塑效应更为强劲，而贸易自由化条款深化的重塑效应相对较弱。可能的解释是，随着科学技术的突飞猛进，其在各经济体经济发展中的作用日益凸显，研发合作逐步成为亚太价值链合作的重要内容，推动亚太价值链研发合作成为各经济体开展亚太经贸合作的重要目标，因此，研发合作条款深化有助于双边打造深入而紧密的价值链合作联盟，进而逐步降低对其他亚太经济体的价值链依赖。同时，边境后的经济性条款是决定各经济体国内营商环境质量的重要因素，边境后的经济性条款深化更有助于各经济体间价值链合作更顺畅地开展，也更有助于价值链合作生产的产品在各自市场自由地销售，进而推动双边开展更浅度和更短链条的价值链合作。

（3）"WTO+"和"WTO-X"条款。借鉴 Horn 等（2010）的做法，我们将区域贸易协定条款划分为"WTO+"和"WTO-X"条款两类，并依据区域贸易协定深度指数（depi）的计算方法分别测算"WTO+"和"WTO-X"条款深度指数，分别表示为 plusdepi 和 Xdepi。在此基础上，我们进一步实证考察"WTO+"和"WTO-X"条款深化对亚太价值链合作模式重塑的影响效应。

由表6.5列（1）和列（2）可以看到，与"WTO+"条款相比，"WTO-X"条款深化对亚太价值链合作模式重塑的促进作用更强。可能的原因是，"WTO-X"条款均是超出 WTO 谈判授权或管辖范围的条款，其深度一体化程度更高，对双边贸易壁垒削减、交易成本与贸易不确定性降低均具有更强的推动作用，因而"WTO-X"条款深化更有助于双边开展更深入、密切和短链化的价值链合作，形成价值链合作内部循环体系，弱化对外部其他经济体的价值链依赖。

表6.5　异质性检验（二）

变量	价值链合作模式重塑指数				
	（1）	（2）	（3）	（4）	（5）
depi				-0.010^{***}	-0.008^{**}
				（−4.03）	（−2.07）

续表

变量	价值链合作模式重塑指数				
	（1）	（2）	（3）	（4）	（5）
plusdepi	-0.011^{***}				
	（-3.20）				
Xdepi		-0.028^{***}			
		（-5.59）			
depi×BS			-0.006		
			（-1.50）		
depi×PS			-0.032^{***}		
			（-6.60）		
depi×rn				-0.006^{**}	
				（-2.35）	
depi×EA					-0.024^{***}
					（-2.87）
lnpatent	0.046^{***}	0.044^{***}	0.037^{**}	0.029^{***}	0.041^{***}
	（3.13）	（2.98）	（2.53）	（2.72）	（2.79）
gvcc	0.018^{***}	0.019^{***}	0.018^{***}	0.013^{***}	0.018^{***}
	（16.22）	（16.43）	（15.98）	（15.38）	（16.21）
lnedu	-0.004^{***}	-0.004^{***}	-0.004^{***}	-0.003^{***}	-0.004^{***}
	（-4.90）	（-4.93）	（-5.04）	（-4.37）	（-4.95）
lnefd	-0.002^{*}	-0.002^{*}	-0.002^{*}	-0.002^{**}	-0.002^{*}
	（-1.92）	（-1.80）	（-1.75）	（-2.53）	（-1.80）
_cons	0.930^{***}	0.951^{***}	1.028^{***}	0.973^{***}	0.984^{***}
	（5.54）	（5.62）	（6.06）	（7.83）	（5.82）
I-J FE	是	是	是	是	是
I-Year FE	是	是	是	是	是
J-Year FE	是	是	是	是	是
N	4 438	4 438	4 438	4 438	4 438
Pseudo R^2	0.22	0.22	0.22	0.01	0.22

*、**、***分别表示在 10%、5%、1%的水平上显著

注：括号内的值为采用稳健标准误的 t 统计量

2. 区域贸易协定异质性分析

本章根据区域贸易协定中缔约成员的数量多少将区域贸易协定划分为双边区域贸易协定（只包含两个成员）和诸边区域贸易协定（包含两个以上成员），并实证考察双边与诸边区域贸易协定深化对亚太价值链合作模式重塑的影响效应。

BS 定义如下：i 经济体与 j 经济体签署的区域贸易协定是否为双边区域贸易协定，如果是双边区域贸易协定，则 BS 赋值为 1，否则 BS 为 0；PS 定义如下：i 经济体与 j 经济体签署的区域贸易协定是否为诸边区域贸易协定，如果是诸边区域贸易协定，则 PS 赋值为 1，否则 PS 为 0。由表 6.5 列（3）可以看出，诸边区域贸易协定深化显著促进了亚太价值链合作模式重塑，而双边区域贸易协定深化的影响不显著，也就是说区域贸易协定深化对亚太价值链合作模式的重塑效应主要通过诸边区域贸易协定深化来实现。可能的原因是，诸边区域贸易协定可以为每个缔约成员提供较双边区域贸易协定更大的消费市场、要素市场和价值链聚集市场，这有助于亚太价值链环节在缔约成员双边集聚，进而推进双边价值链合作模式向浅度化、短链化演变。

当前，全球及亚太价值链重塑的一个显著特征就是全球及亚太价值链区域化程度不断提高，因此，我们有必要深入考察区域贸易协定深化的亚太价值链合作模式的重塑效应是否存在地理区域的异质性。首先，我们考察区域内经济体间和跨区域经济体间签署的区域贸易协定深化对亚太价值链合作模式重塑的影响差异。根据各经济体是否处于同一区域，我们将全样本划分为区域内经济体对和跨区域经济体对，rn 定义如下：i 经济体与 j 经济体是否处于同一区域，如果处于同一区域，则 rn 赋值为 1，否则 rn 为 0。其中，根据地理位置情况我们将亚太地区划分为三大区域，即亚洲区域、大洋洲区域和美洲区域。由估计结果可知，表 6.5 列（4）中 depi 的估计系数显著为负值，交互项 depi×rn 的估计系数也显著为负值。这意味着与跨区域经济体之间签署区域贸易协定相比，区域内经济体之间签署的区域贸易协定深化更有助于亚太价值链合作模式重塑。这是因为处于相同区域的经济体之间地理、文化及制度距离较为相近，彼此之间更容易开展价值链合作，故区域贸易协定深化更有助于双边价值链合作模式重塑。其次，我们进一步考察东亚地区与亚太其他地区区域贸易协定深化对亚太价值链合作模式重塑的影响差异。根据各经济体是否处于东亚地区内，我们将全样本划分为东亚地区经济体对和其他地区经济体对，EA 定义如下：i 经济体与 j 经济体是否处于东亚地区，如果处于东亚地区，则 EA 赋值为 1，否则 EA 为 0。由估计结果可知，表 6.5 列（5）中 depi 的估计系数显著为负值，交互项 depi×EA 的估计系数也显著为负值。这说明，与其他地区相比，东亚地区的区域贸易协定深化更有助于双边价值链合作模式重塑。可能的原因是，东亚地区各经济体间的价值链分工协作密切，经贸往来频繁，要素禀赋优势和产业结构存在较大差异，价值链合作基础扎实，因此，区域贸易协定深化可更大程度地挖掘双边价值链合作潜力。

6.4　研　究　扩　展

6.4.1　动态效应分析

通常而言，区域贸易协定签署对双边贸易的影响是一个长期变化的过程。为考察区域贸易协定深化对亚太价值链合作模式重塑影响的动态效应，我们分别使用 depi 的滞后一期、滞后二期、滞后三期、滞后四期、滞后五期、滞后六期项替换 depi 并进行再估计。从表 6.6 的估计结果可以发现，depi 滞后一至六期项的估计系数均显著为负值，说明区域贸易协定深化的实施是一个缓慢实现的长期过程，其对亚太价值链合作模式重塑的影响也是一个长期动态过程。进一步地，我们发现，随着区域贸易协定实施时间的推进，区域贸易协定深化对缔约双边价值链合作模式的重塑效应呈现出先逐步增大，再逐步递减的倒 "U" 形演变趋势。可能的原因是，在区域贸易协定开始执行的前几年，区域贸易协定深度条款被逐步落实并付诸实施，企业对深度贸易条款和缔约成员经营环境、市场环境及制度环境日益熟练，缔约成员贸易壁垒逐步削减和双边贸易开发水平不断提升，缔约双方产品市场的开放使得缔约成员之间的要素流动和中间品流动不断加快，浅度价值链合作对深度价值链合作的替代效应不断增强。但随着区域贸易协定深度条款的逐步落实并最终完成，缔约成员之间中间品出口的增速会逐渐下降并最终回归到均衡水平。

表6.6　动态效应估计结果

变量	价值链合作模式重塑指数					
	（1）	（2）	（3）	（4）	（5）	（6）
滞后一期	-0.014*** （-3.62）					
滞后二期		-0.017*** （-4.84）				
滞后三期			-0.016*** （-4.61）			
滞后四期				-0.014*** （-3.89）		
滞后五期					-0.011*** （-3.26）	

续表

变量	价值链合作模式重塑指数					
	（1）	（2）	（3）	（4）	（5）	（6）
滞后六期						−0.010***
						（−2.69）
lnpatent	0.046***	0.046***	0.047***	0.048***	0.076***	0.083***
	（3.12）	（3.16）	（3.25）	（3.29）	（4.05）	（4.14）
gvcc	0.018***	0.018***	0.018***	0.018***	0.017***	0.017***
	（16.27）	（16.26）	（16.19）	（16.04）	（13.77）	（13.82）
lnedu	−0.004***	−0.004***	−0.004***	−0.004***	−0.003***	−0.003***
	（−4.86）	（−4.91）	（−4.87）	（−4.82）	（−4.50）	（−3.94）
lnefd	−0.002**	−0.003**	−0.003**	−0.003**	0.003**	0.003**
	（−1.99）	（−2.12）	（−2.19）	（−2.21）	（2.35）	（2.43）
_cons	0.931***	0.925***	0.910***	0.901***	0.576***	0.501**
	（5.54）	（5.50）	（5.42）	（5.34）	（2.62）	（2.15）
I-J FE	是	是	是	是	是	是
I-Year FE	是	是	是	是	是	是
J-Year FE	是	是	是	是	是	是
N	4 438	4 438	4 438	4 438	3 513	3 328
Pseudo R^2	0.22	0.26	0.22	0.22	0.22	0.20

、*分别表示在 5%、1%的水平上显著

注：括号内的值为采用稳健标准误的 t 统计量

6.4.2　多重调节效应分析

为确保估计结果稳健，我们分别使用深度价值链贸易额与总体价值链贸易额之比、深度价值链贸易额与浅度价值链贸易额之比来表示被解释变量并进行调节效应估计分析。

首先，我们考察区域贸易协定深化的亚太价值链合作模式的重塑效应是否受双边制度质量差异的影响。本章采用世界银行 WGI 数据库所提供的 6 个全球治理指标差值的绝对值之和来度量双边制度质量差异，具体计算公式为 $\mathrm{INS}_{ijt} = \sum_{q=1}^{6} |\mathrm{ins}_{qit} - \mathrm{ins}_{qjt}|$，其中，$\mathrm{INS}_{ijt}$ 为 i 经济体与 j 经济体在第 t 年的制度质量差异，ins_{qit}（ins_{qjt}）为 i（j）经济体在第 t 年第 q 个全球治理指标取值。从表 6.7 列（1）和列（4）估计结果可以看出，depi 与 ins 的交互项估计系数显著为正值，说明双边

制度质量差异显著抑制了区域贸易协定对亚太价值链合作模式的重塑效应，即双边制度质量差异越大，区域贸易协定深化的双边价值链合作模式的重塑效应越弱，这可能是由于制度质量差异越大，双方开展更深入、密切的浅度价值链合作的阻力就越大，为此，双方会更倾向开展合作度相对较低且更多经济体参与双方价值链合作的深度价值链合作模式。

表6.7　调节效应

变量	价值链合作模式重塑指数					
	（1）	（2）	（3）	（4）	（5）	（6）
depi	−0.031***	−0.135**	−0.005	−0.021***	−0.118**	−0.005*
	（−4.53）	（−2.03）	（−1.35）	（−4.95）	（−2.55）	（−1.96）
depi × ins	0.013***			0.008***		
	（3.15）			（2.83）		
depi × rgdp		0.011*			0.010**	
		（1.78）			（2.29）	
depi × gvcc			−0.009***			−0.006***
			（−5.58）			（−5.42）
lnpatent	0.045***	0.052***	0.044***	0.030***	0.031***	0.030***
	（3.05）	（3.40）	（3.10）	（2.77）	（2.80）	（2.80）
gvcc	0.019***	0.017***	0.022***	0.013***	0.012***	0.015***
	（16.31）	（15.60）	（14.15）	（15.45）	（14.69）	（13.44）
lnedu	−0.004***	−0.003***	−0.004***	−0.003***	−0.002***	−0.003***
	（−4.96）	（−3.91）	（−4.88）	（−4.41）	（−3.71）	（−4.33）
lnefd	−0.002*	−0.003**	−0.001	−0.002**	−0.003***	−0.002*
	（−1.83）	（−2.02）	（−1.08）	（−2.53）	（−2.78）	（−1.79）
_cons	0.935***	0.847***	0.942***	0.962***	0.940***	0.969***
	（5.47）	（4.83）	（5.71）	（7.65）	（7.23）	（7.95）
I-J FE	是	是	是	是	是	是
I-Year FE	是	是	是	是	是	是
N	4 437	3 983	4 438	4 437	3 983	4 438
Pseudo R^2	0.022	0.022	0.022	0.022	0.022	0.022

*、**、***分别表示在10%、5%、1%的水平上显著
注：括号内的值为采用稳健标准误的 t 统计量

其次，我们考察缔约双方经济发展水平如何影响区域贸易协定深化的亚太价值链合作模式的重塑效应。其中，双方经济发展水平使用两个经济体人均实际 GDP 的算术平均值（rgdp）来度量。由表 6.7 列（2）和列（5）估计结果可知，depi 与 rgdp 的交互项估计系数显著为正值。这意味着区域贸易协定深化显著抑制

了亚太价值链合作模式的重塑效应，可能的原因是，经济发展水平越高的经济体越重视全球价值链分工效率，也就更倾向开展深度价值链合作，这显然会阻碍区域贸易协定深化重塑双边价值链合作模式。

最后，我们考察经济体间全球价值链地位差异如何影响区域贸易协定深化的亚太价值链合作模式的重塑效应。经济体间全球价值链差异指标的度量方法前文已给出，此处不予赘述。由表 6.7 列（3）和列（6）估计结果可知，depi 与 gvcc 的交互项估计系数显著为负值。这意味着，经济体间全球价值链地位差异越大，区域贸易协定深化的亚太价值链合作模式的重塑效应就越强，即全球价值链地位差异显著增强了区域贸易协定深化的亚太价值链合作模式的重塑效应。

6.5　本 章 小 结

在全球金融危机、贸易保护主义、新冠疫情及俄乌冲突等多重冲击交织叠加下，全球价值链经历了深刻的重塑历程，其中，亚太价值链重塑特征凸显，最为典型的重塑特征就是亚太价值链的短链化和简单化，即由深度价值链合作向浅度价值链合作转变。为此，本章以 1995~2018 年亚太地区 4 560 个经济体对数据为样本，实证考察了区域贸易协定深化对亚太价值链合作模式重塑的影响效应。本章得到的主要研究结论如下。

其一，区域贸易协定深化有助于亚太价值链合作模式重塑，即推动亚太价值链合作模式由深度价值链合作向浅度价值链合作转变。在经过一系列稳健性检验后该结论依然稳健。

其二，非关税条款尤其是边境后的经济性条款和研发合作条款深化对亚太价值链合作模式的重塑效应更为凸显，区域贸易协定深化对区域内经济体对价值链合作模式的重塑效应更强，此外，区域贸易协定深化的亚太价值链合作模式的重塑效应主要通过诸边区域贸易协定深化来实现。

其三，调节效应检验发现，经济体对的经济发展水平越高、双边制度质量差异越大，区域贸易协定深化对亚太价值链合作模式的重塑效应越弱，而全球价值链地位差异越大，区域贸易协定深化对亚太价值链合作模式的重塑效应越强。

在全球经济不确定性日益增大的背景下，如何确保亚太产业链供应链安全稳定，将成为亚太地区各经济体面临的亟待解决的重大课题。为此，本章研究认为，亚太地区要继续推进涵盖更多深度贸易条款的亚太自由贸易区等大型贸易协定的谈判工作，为亚太价值链产业链平稳运行提供制度保障。

参 考 文 献

陈寰琦, 何宇航. 2021.《中欧全面投资协定》数字金融核心规则解析——基于和 RCEP/CETA
　　比较. 长安大学学报（社会科学版）, 23（4）: 67-75.

杜声浩. 2021. 区域贸易协定深度对全球价值链嵌入模式的影响. 国际经贸探索, 37（8）: 20-37.

高疆, 盛斌. 2018. 贸易协定质量会影响全球生产网络吗? 世界经济研究,（8）: 3-16, 135.

葛阳琴, 谢建国. 2019. 需求变化与中国劳动力就业波动——基于全球多区域投入产出模型的实
　　证分析. 经济学（季刊）, 18（4）: 1419-1442.

韩剑, 王灿. 2019. 自由贸易协定与全球价值链嵌入: 对 FTA 深度作用的考察. 国际贸易问题,
　　（2）: 54-67.

韩剑, 许亚云. 2021. RCEP 及亚太区域贸易协定整合——基于协定文本的量化研究. 中国工业
　　经济,（7）: 81-99.

洪俊杰, 陈明. 2021. 巨型自由贸易协定框架下数字贸易规则对中国的挑战及对策. 国际贸易,
　　（5）: 4-11.

李艳秀, 毛艳华. 2019. 异质性 FTA 与对外直接投资关系研究——基于中国经验的分析. 经济问
　　题探索,（6）: 100-110.

刘洪愧, 朱鑫榕, 郝亮. 2016. 全球价值链在多大程度上是全球性的——兼论价值链的形式及演
　　变. 经济问题,（4）: 123-129.

刘洪钟. 2020. 超越区域生产网络: 论东亚区域分工体系的第三次重构. 当代亚太,（5）:
　　137-158, 160.

刘瑛, 夏天佑. 2021. RCEP 原产地特色规则: 比较、挑战与应对. 国际经贸探索, 37（6）: 86-101.

刘重力, 赵颖. 2014. 东亚区域在全球价值链分工中的依赖关系——基于 TiVA 数据的实证分析.
　　南开经济研究,（5）: 115-129.

吕越, 罗伟, 刘斌. 2015. 异质性企业与全球价值链嵌入: 基于效率和融资的视角. 世界经济,
　　38（8）: 29-55.

吕越, 毛诗丝, 尉亚宁. 2022. FTA 深度与全球价值链网络发展——基于增加值贸易视角的测度
　　与分析. 世界经济与政治论坛,（1）: 96-125.

倪红福, 龚六堂, 夏杰长. 2016. 生产分割的演进路径及其影响因素——基于生产阶段数的考察.
　　管理世界,（4）: 10-23, 187.

裴长洪, 杨志远, 刘洪愧. 2014. 负面清单管理模式对服务业全球价值链影响的分析. 财贸经济,
　　（12）: 5-16, 63.

彭冬冬, 林珏. 2021. "一带一路"沿线自由贸易协定深度提升是否促进了区域价值链合作.
　　财经研究, 47（2）: 109-123.

唐海燕, 张会清. 2008. 中国崛起与东亚生产网络重构. 中国工业经济,（12）: 60-70.

铁瑛，黄建忠，徐美娜. 2021. 第三方效应、区域贸易协定深化与中国策略：基于协定条款异质性的量化研究. 经济研究，56（1）：155-171.

王开，佟家栋. 2019. 自由贸易协定、贸易稳定性与企业出口动态. 世界经济研究，（3）：68-80，136.

王孝松，吕越，赵春明. 2017. 贸易壁垒与全球价值链嵌入——以中国遭遇反倾销为例. 中国社会科学，（1）：108-124，206-207.

许亚云，岳文，韩剑. 2020. 高水平区域贸易协定对价值链贸易的影响——基于规则文本深度的研究. 国际贸易问题，（12）：81-99.

杨继军，艾玮炜，张雨. 2020. 区域贸易协定的条款深度对增加值贸易关联的影响. 国际经贸探索，36（7）：4-15.

姚星，梅鹤轩，蒲岳. 2019. 国际服务贸易网络的结构特征及演化研究——基于全球价值链视角. 国际贸易问题，（4）：109-124.

张志明，周彦霞，熊豪，等. 2021. 地理距离如何影响全球价值链合作：理论模型与国际经验. 经济评论，（3）：75-88.

Akamatsu K. 1935. Waga kuni yomo kogyohin no susei. Shogyo Keizai Ronso，13：129-212.

Amador J，Cabral S. 2016. Global value chains：a survey of drivers and measures. Journal of Economic Surveys，30（2）：278-301.

Anderson J E，Yotov Y V. 2016. Terms of trade and global efficiency effects of free trade agreements，1990–2002. Journal of International Economics，99：279-298.

Antràs P，Chor D. 2013. Organizing the global value chain. Econometrica，81（6）：2127-2204.

Antràs P，Chor D. 2018. On the measurement of upstreamness and downstreamness in global value chains. Working Paper 24185.

Antràs P，Chor D，Fally T，et al. 2012. Measuring the upstreamness of production and trade flows. NBER Working Paper 17819.

Baier S L，Bergstrand J H. 2007. Do free trade agreements actually increase members' international trade? Journal of International Economics，71（1）：72-95.

Baier S L，Bergstrand J H，Mariutto R. 2014. Economic determinants of free trade agreements revisited：distinguishing sources of interdependence. Review of International Economics，22（1）：31-58.

Boffa M，Jansen M，Solleder O. 2019. Do we need deeper trade agreements for GVCs or just a BIT? The World Economy，42（6）：1713-1739.

Damuri Y R. 2012. How preferential are preferential trade agreements? Graduate Institute of International and Development Studies.

Dür A，Baccini L，Elsig M. 2014. The design of international trade agreements：introducing a new dataset. The Review of International Organizations，9（3）：353-375.

Egger P，Larch M，Staub K E，et al. 2011. The trade effects of endogenous preferential trade agreements. American Economic Journal：Economic Policy，3（3）：113-143.

Egger P，Pfaffermayr M. 2004. The impact of bilateral investment treaties on foreign direct investment. Journal of Comparative Economics，32（4）：788-804.

Falvey R，Foster-McGregor N. 2022. The breadth of preferential trade agreements and the margins of exports. Review of World Economics，158（1）：181-251.

Ghosh S，Yamarik S. 2004. Are regional trading arrangements trade creating? An application of extreme bounds analysis. Journal of International Economics，63（2）：369-395.

Horn H，Mavroidis P C，Sapir A. 2010. Beyond the WTO? An anatomy of EU and US preferential trade agreements. The World Economy，33（11）：1565-1588.

Hummels D，Ishii J，Yi K M. 2001. The nature and growth of vertical specialization in world trade. Journal of International Economics，54（1）：75-96.

Johnson R C，Noguera G. 2012. Fragmentation and trade in value added over four decades. NBER Working Paper 18186.

Kimura F，Ando M. 2003. Fragmentation and agglomeration matter：Japanese multinationals in Latin America and East Asia. The North American Journal of Economics and Finance，14（3）：287-317.

Kleimann D. 2014. Beyond market access? The anatomy of ASEAN's preferential trade agreements. Journal of World Trade，48（3）：629-682.

Kohl T，Brakman S，Garretsen H. 2016. Do trade agreements stimulate international trade differently? Evidence from 296 trade agreements. The World Economy，39（1）：97-131.

Koopman R，Wang Z，Wei S J. 2014. Tracing value-added and double counting in gross exports. American Economic Review，104（2）：459-494.

Laget E，Osnago A，Rocha N，et al. 2020. Deep trade agreements and global value chains. Review of Industrial Organization，57（2）：379-410.

MacIntyre A，Naughton B. 2004. The decline of a Japan-led model of the East Asian economy//Pempel T J. Remapping East Asia：The Construction of A Region. New York：Cornell University Press：77-100.

Martin P，Mayer T，Thoenig M. 2012. The geography of conflicts and regional trade agreements. American Economic Journal：Macroeconomics，4（4）：1-35.

Mattoo A，Mulabdic A，Ruta M. 2017. Trade creation and trade diversion in deep agreements. https://doi.org/10.1111/caje.12611.

Orefice G，Rocha N. 2014. Deep integration and production networks：an empirical analysis. The World Economy，37（1）：106-136.

Osnago A，Rocha N，Ruta M. 2016. Deep agreements and global value chains. Global Value Chain Development Report.

Portugal-Perez A，Wilson J S. 2012. Export performance and trade facilitation reform：hard and soft infrastructure. World development，40（7）：1295-1307.

Shepherd B，Wilson J S. 2009. Trade facilitation in ASEAN member countries：measuring progress and assessing priorities. Journal of Asian Economics，20（4）：367-383.

Silva J M C S，Tenreyro S. 2006. The log of gravity. The Review of Economics and Statistics，88（4）：641-658.

Sopranzetti S. 2018. Overlapping free trade agreements and international trade：a network approach.

The World Economy, 41（6）：1549-1566.

Wang Z, Wei S J, Yu X, et al. 2017. Characterizing global value chains: production length and upstreamness. NBER Working Paper 23261.

Yadav N. 2014. The role of internet use on international trade: evidence from Asian and Sub-Saharan African enterprises. Global Economy Journal, 14（2）：189-214.

第7章 区域贸易协定深化 与亚太价值链分工模式重塑

7.1 引 言

在亚太价值链形成和发展历程中，美国一直扮演着亚太价值链的主导者和控制者角色。在当前的亚太价值链分工体系中，美国企业负责价值链体系的顶层搭建、产品的设计研发与品牌营销，在亚太价值链两端赚取高额的附加值。日本、韩国等相对发达的亚太经济体通过承接来自美国的生产订单，按照美国的设计要求从事关键零部件的生产活动，中国和新加坡通过承担美国、日本和韩国的生产订单，承担重要中间品生产活动及部分加工组装的生产环节，东盟则更多地承担了劳动密集型环节的生产。

作为亚太价值链的主要中间品提供者，在纷繁复杂的亚太贸易联系中，美国的身影无处不在，亚太地区各经济体间贸易活动中包含着大量的美国增加值，且包含的美国增加值占比越大，意味着美国对亚太地区经贸活动，尤其是亚太价值链的控制力越强。

我们不禁想问，随着亚太地区区域贸易协定数量的不断增多和深度的不断深化，区域贸易协定深化会如何影响美国的亚太价值链控制力？该问题的回答有助于我们更深刻理解区域贸易协定与亚太价值链合作之间的关系，为此，本章利用1995~2018年4 560个亚太经济体对数据实证考察区域贸易协定深化如何影响美国的亚太价值链控制力。

7.2　模型设定、变量与数据说明

7.2.1　模型设定

为实证考察区域贸易协定深化如何影响美国的亚太价值链控制力，本章构建以下具体计量模型：

$$\ln\text{USA\_VA}_{ijt} = \beta_0 + \beta_1\text{depi}_{ijt} + \beta_2\text{Controls} + \lambda_{it} + \lambda_{jt} + \lambda_{ij} + \varepsilon_{ijt} \qquad (7.1)$$

其中，i 和 j 分别表示 i 经济体和 j 经济体；t 表示年份；被解释变量 $\ln\text{USA\_VA}_{ijt}$ 为美国的亚太价值链控制力指数；核心解释变量 depi_{ijt} 为 i 经济体和 j 经济体在第 t 年的区域贸易协定深度指数；λ_{it}、λ_{jt} 分别为经济体 i-年份、经济体 j-年份固定效应，用以控制各经济体随时间变化的多边阻力；λ_{ij} 为经济体 i-经济体 j 固定效应，用以控制经济体之间不随时间变动的双边特征，加入三组固定效应可基本解决内生性和多边阻力项的问题（韩剑和许亚云，2021）；ε_{ijt} 为误差项。

7.2.2　变量说明

1. 解释与被解释变量说明

1）被解释变量：美国的亚太价值链控制力指数

美国作为亚太价值链的主导者和控制者，位居亚太价值链的两端，控制着亚太价值链的研发、设计及销售等环节。作为亚太价值链最大的核心中间品提供者，亚太经济体间的总值贸易中包含大量的美国增加值，这体现了美国在亚太价值链中的影响力和控制力。然而，全球金融危机以来，美国实施再工业化战略和制造业回流计划，逐步减少对亚太价值链的参与程度和依赖程度，亚太经济体间总值贸易中的美国增加值占比有所下降，美国对亚太价值链的控制力逐步减弱。为此，本章参考周彦霞等（2021）的做法，以亚太经济体间总值贸易中包含的美国增加值占比（USA_VA）来衡量美国的亚太价值链控制力，具体计算公式为

$$\text{USA\_VA}_{ijt} = \frac{\text{VA}_{ijt}^{U} + \text{VA}_{jit}^{U}}{\text{EXP}_{ijt} + \text{EXP}_{jit}} \times 100\% \qquad (7.2)$$

其中，VA^{U}_{ijt} 表示第 t 年 i 经济体对 j 经济体总出口额中包含的美国增加值；VA^{U}_{jit} 表示第 t 年 j 经济体对 i 经济体总出口额中包含的美国增加值；EXP_{ijt} 表示第 t 年 i 经济体对 j 经济体的总出口额；EXP_{jit} 表示第 t 年 j 经济体对 i 经济体的总出口额。该指数越大，意味着美国在亚太价值链中的主导力越强，对亚太价值链的控制力越强。

　　2）解释变量：区域贸易协定深度指数

区域贸易协定因内容、条款、结构和深度的高度异质性而有所不同。参考 Hofmann 等（2017）的做法，根据 FTA 条款的法律约束力和争端解决机制为其赋值。换言之，如果协议中未提及该条款或该条款在法律上不可执行，则赋值为 0；如果协议中提及该条款，该条款有法律约束力，但被排除在争端解决机制之外，则赋值为 1；如果提及该条款且具有法律约束力，并且适用于争端解决机制则赋值为 2。然后，将所有条款的赋值相加，以计算区域贸易协定深度指数，并将其进行标准化处理，具体计算公式如式（2.1）所示。

　　2. 控制变量说明

（1）经济规模（GDP）。本章采用双边经济体的 GDP 之和来度量。GDP 在一定程度上反映经济体的经济规模。经济规模越大，要素禀赋越充裕，国内市场越发达，对外部市场的依赖就越小（杨继军和艾玮炜，2021）。故经济规模越大的经济体间所开展的经贸活动对美国的依赖性也就越低，预期符号为负。

（2）人力资本水平差异（hc）。本章使用的人力资本水平指数来自 Penn World Table version 10.0（PWT 10.0）数据库，该指数基于平均受教育年限和世界各地 Mincer 方程估计的假定教育回报率计算所得。具体的计算公式为 $\text{hc}_{ijt} = \left| \ln(\text{hc}_{it}) - \ln(\text{hc}_{jt}) \right|$。$\text{hc}_{it}$（$\text{hc}_{jt}$）为第 t 年 i（j）经济体的人力资本水平指数。

（3）亚太价值链地位差异（gvcc）。本章利用两个经济体间全球价值链地位之差的绝对值来表示。具体的计算公式为 $\text{gvcc}_{ijt} = \left| \text{gvcc}_{it} - \text{gvcc}_{jt} \right|$，其中，$\text{gvcc}_{it}$ 为第 t 年 i 经济体的亚太价值链地位指数。我们借鉴 Koopman 等（2010）的方法构建全球价值链地位指数：$\text{gvcc}_{it} = \ln\left(\dfrac{\text{idva}_{it}}{\text{ex}_{it}} + 1 \right) - \ln\left(\dfrac{\text{fva}_{it}}{\text{ex}_{it}} + 1 \right)$，其中，$\text{ex}_{it}$ 为第 t 年 i 经济体的总出口额，idva_{it} 为第 t 年 i 经济体创造并再出口到第三国的国内增加值，fva_{it} 为第 t 年 i 经济体总出口额中的国外增加值。

7.2.3　数据说明

本章的数据主要来自 OECD-TiVA 数据库、WTO-PTA 数据库、PWT 10.0 数据库和世界银行数据库。其中测度亚太价值链分工模式指数和亚太地区价值链地位差异的原始数据均来自 OECD-TiVA 数据库。区域贸易协定深度的数据来自 WTO-PTA 数据库,该数据库涵盖了向 WTO 通报的所有区域贸易协定的法律文本与附件、区域贸易协定缔约方提供的优惠关税和贸易数据及其他相关文件。人力资本水平指数来自 PWT10.0 数据库。经济规模数据来自世界银行数据库。受数据完整性的限制,本章选择除巴布内亚新几内亚外的 20 个 APEC 经济体作为样本,时间区间为 1995~2018 年,通过两两配对,理论上可得到 4 560 个观测值。

7.3　实证结果分析

7.3.1　基准估计结果分析

由表 7.1 给出的实证结果可以看出,depi 的估计系数显著为正值,表明区域贸易协定深化显著增强了美国的亚太价值链控制力。可能的原因是,深度贸易协定内容超越了 WTO 传统框架下的国际贸易规则,不再局限于国际贸易壁垒,逐步拓展到"知识产权""监管政策""数据安全"等边界后贸易规则。协议条款覆盖范围越广,对各经济体参与亚太价值链的制度保障程度越高(韩剑和王灿,2019),进而推动双边开展深度价值链合作。此外,深度贸易条款消除了双方高新技术行业进出口忧虑,促进了高新技术产品的进出口贸易,考虑到美国正是这些高新技术行业的主要中间品供应者,区域贸易协定深化在促进双边高新技术产品贸易的同时,更大幅度地引致对美国高新技术中间品的需求,双边进出口贸易中包含的美国增加值比例就会趋于上升,美国在亚太价值链中的控制力随之加强。在表 7.1 列(2)至列(4)中,逐步引入人均资本水平差异、亚太价值链地位差异和经济规模等控制变量,结果显示,depi 的估计系数仍显著为正值,表明区域贸易协定深化对美国的亚太价值链控制力的影响具有稳健性。

表7.1　基准估计结果

变量	亚太价值链控制力指数			
	（1）	（2）	（3）	（4）
depi	0.054***	0.062***	0.061***	0.055***
	（2.68）	（3.05）	（3.00）	（2.70）
hc		0.270***	0.271***	0.262***
		（3.54）	（3.54）	（3.44）
gvcc			0.002*	0.002**
			（1.81）	（2.01）
GDP				−0.124***
				（−3.39）
_cons	1.432***	1.381***	1.356***	3.097***
	（357.12）	（92.28）	（67.22）	（6.02）
I-J FE	是	是	是	是
I-Year	是	是	是	是
J-Year	是	是	是	是
N	4 450	4 450	4 450	4 450
R^2	0.975	0.975	0.975	0.975

*、**、***分别表示在 10%、5%、1%的水平上显著

注：括号内的值为采用稳健标准误的 t 统计量

7.3.2　异质性分析

1. 条款内容异质性分析

依据深度条款具体内容的差异，本章分别构建了"WTO+"和"WTO-X"条款深度指数（wtopdepi 和 wtoxdepi），并分别将其代入式（7.1）进行再估计。

由表 7.2 列（1）、列（2）的估计结果可以看出，"WTO+"和"WTO-X"条款深化对美国的亚太价值链控制力均具有显著的促进作用，而"WTO-X"条款深化的促进作用更大。可能的原因是，从不完全契约理论的角度来看，"WTO-X"条款为跨国企业提供了知识产权和监管政策等全面的制度保障（Zhang et al., 2021）。一方面，这种制度保障会加强双方贸易的进一步合作，进而增加了美国高附加值中间品在亚太价值链中的流转数量；另一方面，这些制度保障有着"市场扩张"效应，减少了潜在的侵权者，加强了双边高新技术产品贸易，进而提高了双边贸易中美国高新技术中间品增加值的占比，最终增强了美国的亚太价值链控制力。

表7.2　异质性检验（一）

变量	亚太价值链控制力指数						
	（1）	（2）	（3）	（4）	（5）	（6）	（7）
wtopdepi	0.043**						
	（2.44）						
wtoxdepi		0.091***					
		（3.02）					
trade_depi			0.042**				
			（2.41）				
economic_depi				0.145***			
				（4.29）			
RD_depi					0.092***		
					（4.29）		
factor_depi						0.033	
						（1.56）	
political_depi							−0.049
							（−1.26）
hc	0.257***	0.271***	0.260***	0.279***	0.286***	0.247***	0.237***
	（3.37）	（3.54）	（3.40）	（3.66）	（3.74）	（3.24）	（3.11）
gvcc	0.002**	0.002**	0.002**	0.002**	0.002**	0.002**	0.002**
	（2.02）	（2.02）	（2.04）	（2.08）	（1.97）	（2.03）	（2.11）
GDP	−0.127***	−0.119***	−0.128***	−0.110***	−0.118***	−0.133***	−0.136***
	（−3.47）	（−3.25）	（−3.50）	（−3.00）	（−3.21）	（−3.63）	（−3.70）
_cons	3.136***	3.028***	3.149***	2.890***	3.002***	3.222***	3.269***
	（6.11）	（5.87）	（6.14）	（5.59）	（5.84）	（6.29）	（6.37）
I-J FE	是	是	是	是	是	是	是
I-Year FE	是	是	是	是	是	是	是
J-Year FE	是	是	是	是	是	是	是
N	4 450	4 450	4 450	4 450	4 450	4 450	4 450
R^2	0.975	0.975	0.975	0.975	0.975	0.975	0.975

、*分别表示在5%、1%的水平上显著

注：括号内的值为采用稳健标准误的 t 统计量

2. 条款领域异质性分析

为了考察不同领域条款深化的异质性影响，我们借鉴铁瑛等（2021）的方法将区域贸易协定条款所属领域进行分类，将区域贸易协定深度条款分为五类，即贸易自由化条款、边境后的经济性条款、研发合作条款、要素跨国流动条款及政治性条

款，依据区域贸易协定深度指数的计算方法，分别构建了五类条款深度指数。表 7.2 列（3）至列（7）分别给出了以贸易自由化条款深度指数（ trade_depi ）、边境后的经济性条款深度指数（ economic_depi ）、研发合作条款深度指数（ RD_depi ）、要素跨国流动条款深度指数（ factor_depi ）及政治性条款深度指数（ political_depi ）作为解释变量的估计结果。从估计结果可知，边境后的经济性条款和研发合作条款深化对美国的亚太价值链控制力的强化作用更大，但要素跨国流动和政治性条款深化的强化作用较弱。原因可能是，亚太地区各经济体在高新技术产品上存在着不同层次的高水平分工，合作空间巨大，而涵盖产业合作、区域合作的边境后的经济性条款深化会激发各经济体间积极推进高新技术产业链合作，进而双边贸易中隐含的美国高新技术中间品增加值会随之大幅上升。

3. 经济体对异质性分析

根据合作双方的经济发展水平可将样本经济体对分为北-北合作型、南-北合作型和南-南合作型。本章参考该种做法，将亚太经济体对分成"发展-发展"（ Dummy_SS=1 ）、"发展-发达"（ Dummy_SN=1 ）和"发达-发达"（ Dummy_NN=1 ）三类，并考察双边经济体发展水平差异如何影响区域贸易协定深化对美国的亚太价值链控制力的作用状况。

表 7.3 列（1）报告了以"发展-发展"经济体对为基准的估计结果，为进一步凸显"发展-发达"经济体对相较于"发达-发达"经济体对的差异性，在删除了"发展-发展"经济体对后，列（2）报告了以"发达-发达"经济体对为基准的估计结果。由列（1）可知，相对于"发展-发展"经济体对，区域贸易协定深化对"发达-发达"和"发展-发达"经济体对总值贸易中的美国增加值占比的影响相对较弱，也就是说区域贸易协定深化对"发达-发达"和"发展-发达"经济体对价值链合作中的美国控制力的强化作用相对较小。进一步由列（2）可知，相对于"发达-发达"经济体对，区域贸易协定深化对美国在亚太地区"发展-发展"经济体对价值链合作中的控制力具有更大的强化作用。综合而言，区域贸易协定深化对美国的亚太价值链控制力的强化作用在"发展-发展"经济体对最大，"发展-发达"经济体对次之，在"发达-发达"经济体对最小。可能的原因是，发达经济体本身具有先进的技术水平，其对美国上游中间品的依赖相对有限，因而区域贸易协定深化对"发达-发达"经济体对价值链合作中美国控制力的强化作用相对较小。相反，发展中经济体的技术水平相对落后，区域贸易协定深化在推动发展中经济体间开展高新技术产业价值链合作过程中，势必会增加对美国高新技术中间品的需求，进而极大地增强了美国的亚太价值链控制力。

表7.3 异质性检验（二）

变量	亚太价值链控制力指数				
	（1）	（2）	（3）	（4）	（5）
depi	0.216***	−0.152***	−0.005		
	（3.52）	（−4.26）	（−0.23）		
depi × Dummy_NN	−0.356***				
	（−4.92）				
depi × Dummy_SN	−0.118*	0.223***			
	（−1.89）	（5.15）			
depi × Dummy_EA			0.234***		
			（6.03）		
depi × mul				0.174***	
				（6.07）	
depi × bil				−0.004	
				（−0.19）	
depi × cross					0.013
					（0.56）
depi × inter					0.163***
					（5.03）
hc	0.294***	0.364***	0.243***	0.311***	0.269***
	（3.77）	（3.13）	（3.19）	（4.07）	（3.52）
gvcc	0.002**	0.006***	0.002**	0.002**	0.002**
	（2.00）	（5.44）	（2.04）	（2.29）	（2.09）
GDP	−0.118***	−0.153***	−0.100***	−0.106***	−0.107***
	（−3.20）	（−3.24）	（−2.74）	（−2.90）	（−2.92）
_cons	3.010***	3.533***	2.767***	2.826***	2.859***
	（5.80）	（5.25）	（5.38）	（5.50）	（5.54）
I-J FE	是	是	是	是	是
I-Year FE	是	是	是	是	是
J-Year FE	是	是	是	是	是
N	4 450	2 738	4 450	4 450	4 450
R^2	0.975	0.983	0.975	0.975	0.975

*、**、***分别表示在10%、5%、1%的水平上显著

注：括号内的值为采用稳健标准误的 t 统计量

4. 区域异质性分析

我们将地区虚拟变量（ Dummy_EA ）与区域贸易协定深度指数的交互项

（depi×Dummy_EA）代入式（7.1）并进行估计分析，其中，Dummy_EA=1 表示东亚地区的经济体对，Dummy_EA=0 则为除东亚地区经济体对外的其他亚太经济体对。从表 7.3 列（3）的估计结果可以看出，交互项（depi×Dummy_EA）系数显著为正值，说明相比其他经济体对，区域贸易协定深化对美国的东亚区域价值链控制力的强化作用更大。可能的原因是，东亚地区的价值链分工程度较高，并已形成"东亚生产网络"的区域价值链分工形态，但当前东亚地区在垂直化生产中陷入了"技术追赶陷阱"，由于自主研发能力不足，无法摆脱美国对东亚区域价值链的技术控制，且对美国中间品的依赖性不断增强（李俊久和许唯聪，2021）。此外，日本和韩国处于东亚区域价值链的上游地位，且两国对美国高新技术中间品的进口依赖度相对较高，深度区域贸易协定签署通过消除出口安全隐患可最大限度地释放日本和韩国与其他东亚经济体之间的高新技术产品贸易潜力，进而间接引致东亚地区贸易中的美国增加值占比的大幅上升。

5. 双边与诸边异质性分析

我们按照协定中缔约方的数量，把区域贸易协定分为双边协定和诸边协定两大类。如果两个经济体对签署的是诸边区域贸易协定，则 mul=1，反之则为 0；如果双方签署的是双边区域贸易协定，则 bil=1，反之则为 0。我们同时将区域贸易协定深度指数与诸边和双边区域贸易协定虚拟变量的交互项（depi×mul 和 depi×bil）纳入式（7.1）来替换区域贸易协定深度指数，由表 7.3 列（4）的估计结果可知，depi×bil 的估计系数不显著，而 depi×mul 的估计系数显著为正值，说明区域贸易协定深化对美国的亚太价值链控制力的强化作用主要通过诸边贸易协定来发挥作用。可能的原因是，双边贸易协定将更有效地降低两个经济体间的协调成本，消除不确定性风险，推动双边直接中间品贸易更强劲的发展，减少对来自美国间接中间品的依赖。诸边贸易协定的签署有利于自贸区内部价值链大循环，形成内部价值链集聚效应，进而提高美国对自贸区价值链的控制力。

6. 区域内与跨区域异质性分析

我们按照协定缔约方所处地理区位，将区域贸易协定分为区域内协定和跨区域协定两大类，如果两个经济体对签署的是跨区域贸易协定，则 cross=1，反之则为 0；如果双方签署的是区域内贸易协定，则 inter=1，反之则为 0。我们同时将区域贸易协定深度指数与跨区域和区域内贸易协定虚拟变量的交互项（depi×cross 和 depi×inter）纳入式（7.1）来替换区域贸易协定深度指数。估计结果见表 7.3 列（5），depi×cross 的估计系数不显著，depi×inter 的估计系数显著为正值，这意味着同一地理区域内经济体签署的区域贸易协定深化更能增强美国的亚太价值链控制力。可能的原因是，当前的价值链贸易不是全球化的，而是区域化的，同一地理区域内经济体之间的价值链贸易往来更为紧密，签署区域内贸易协定能够更大程度地加深区域内价值链贸易联系，进而提高对美国中间品的需求，增强美国的亚太价值链控制力。

7.4　动态效应分析

区域贸易协定签署对美国的亚太价值链控制力的作用效应可能存在一定的动态"时滞效应"。为考察区域贸易协定深化对美国的亚太价值链控制力的动态影响效应是否存在，本章在式（7.1）中分别加入区域贸易协定深度指数的提前一期、提前二期、滞后一期、滞后两期、滞后三期和滞后四期项并进行再估计。由表7.4的估计结果可知，区域贸易协定深度指数提前一期和提前二期的系数显著为正值，表明区域贸易协定深度条款签署对美国的亚太价值链控制力的强化作用存在明显的预期效应。区域贸易协定深度指数滞后一期、滞后二期、滞后三期和滞后四期的系数均显著为正值，表明区域贸易协定深化对美国的亚太价值链控制力的强化作用存在动态时滞效应。但从变动趋势来看，随着滞后时期延长，区域贸易协定深化对美国的亚太价值链控制力的强化作用呈现出先下降后上升的"U"形变动态势。动态效应分析结果不仅再次佐证了基准估计结果的稳健性，而且说明区域贸易协定对美国的亚太价值链控制力的强化作用存在一个长期动态强化的过程。

表7.4　动态效应分析结果

变量	亚太价值链控制力指数					
	（1）	（2）	（3）	（4）	（5）	（6）
提前一期	0.050** （2.42）					
提前二期		0.045** （2.13）				
滞后一期			0.063*** （2.96）			
滞后二期				0.046** （2.14）		
滞后三期					0.049** （2.25）	

续表

变量	亚太价值链控制力指数					
	（1）	（2）	（3）	（4）	（5）	（6）
滞后四期						0.065***
						（2.89）
hc	0.291***	0.320***	0.222***	0.147*	0.119	0.065
	（3.65）	（3.79）	（2.82）	（1.84）	（1.47）	（0.79）
gvcc	0.002**	0.002**	0.001	0.000	−0.000	−0.001
	（2.00）	（2.07）	（1.22）	（0.54）	（−0.22）	（−1.48）
GDP	−0.119***	−0.103***	−0.116***	−0.126***	−0.146***	−0.146***
	（−3.15）	（−2.65）	（−3.11）	（−3.34）	（−3.86）	（−3.75）
_cons	3.014***	2.790***	3.005***	3.166***	3.458***	3.480***
	（5.71）	（5.13）	（5.71）	（5.95）	（6.46）	（6.31）
I-J FE	是	是	是	是	是	是
I-Year	是	是	是	是	是	是
J-Year	是	是	是	是	是	是
N	4 279	4 109	4 262	4 074	3 887	3 700
R^2	0.975	0.975	0.976	0.977	0.978	0.979

*、**、***分别表示在 10%、5%、1%的水平上显著

注：括号内的值为采用稳健标准误的 t 统计量

7.5　本　章　小　结

　　本章实证考察了区域贸易协定深化对美国的亚太价值链控制力的影响效应，得到的主要结论如下：区域贸易协定深化显著增强了美国的亚太价值链控制力，提高了各经济体间总值贸易中的美国增加值占比。异质性检验发现，"WTO-X"条款、边境后的经济性领域条款和研发合作领域条款深化对美国的亚太价值链控制力的强化作用更大，区域贸易协定深化对美国的亚太价值链控制力的强化作用在"发展-发展"经济体对最大，"发展-发达"经济体对次之，"发达-发达"经济体对最小。区域贸易协定深化对美国的东亚区域价值链控制力的强化作用相对更大，且主要通过诸边贸易协定深化和区域内贸易协定深化来实现。动态效应检验发现，区域贸易协定深化对美国的亚太价值链控制力的强化作用呈现出先下降后上升的"U"形变动态势。

参 考 文 献

韩剑，王灿. 2019. 自由贸易协定与全球价值链嵌入：对 FTA 深度作用的考察. 国际贸易问题，（2）：54-67.

韩剑，许亚云. 2021. RCEP 及亚太区域贸易协定整合——基于协定文本的量化研究. 中国工业经济，（7）：81-99.

李俊久，许唯聪. 2021. 价值链嵌入与东亚发展型经济体的结构性困局. 亚太经济，（1）：5-14，149.

刘洪钟. 2020. 超越区域生产网络：论东亚区域分工体系的第三次重构. 当代亚太，（5）：137-158，160.

铁瑛，黄建忠，徐美娜. 2021. 第三方效应、区域贸易协定深化与中国策略：基于协定条款异质性的量化研究. 经济研究，56（1）：155-171.

杨继军，艾玮炜. 2021. 区域贸易协定服务贸易条款深度对增加值贸易关联的影响. 国际贸易问题，（2）：143-158.

周彦霞，张志明，陈嘉铭. 2021. 亚太价值链重构与中国的角色变迁. 世界经济研究，（4）：28-42，134-135.

Hofmann C，Osnago A，Ruta M. 2017. Horizontal depth：a new database on the content of preferential trade agreements. http://hdl.handle.net/10986/26148.

Horn H，Mavroidis P C，Sapir A. 2010. Beyond the WTO? An anatomy of EU and US preferential trade agreements. The World Economy，33（11）：1565-1588.

Koopman R，Powers W，Wang Z，et al. 2010. Give credit where credit is due：tracing value added in global production chains. NBER Working Paper 16426.

Zhang R，Zhao J，Zhao J. 2021. Effects of free trade agreements on global value chain trade—a research perspective of gvc backward linkage. Applied Economics，53（44）：5122-5134.

第8章 区域数字贸易规则深化与亚太数字价值链合作

8.1 引 言

作为全球数字经济最发达的地区，2020 年亚太地区数字经济规模高达 24.1 万亿美元，占全球数字经济规模的 73.9%，全球数字经济规模前十位国家中，亚太地区国家占据 5 席[①]。随着数字技术和数字经济的快速发展，亚太数字价值链分工日益深化，并已成为推动亚太地区数字贸易发展的重要驱动力。因此，如何深入推进亚太数字价值链分工合作，对于亚太地区数字贸易和数字经济快速发展意义重大。然而，当前亚太地区数字治理机制效能落后于数字经济发展步伐，地区内数字经济政策标准仍未统一和数字贸易领域规则体系尚未确定，已成为阻碍亚太地区数字贸易发展及数字价值链合作的主要障碍。为此，亚太地区各经济体试图通过签署各类涵盖数字贸易规则的区域贸易协定来统一数字经济政策标准和数字贸易规则体系。截至 2021 年 6 月，全球累计生效 188 个涵盖数字贸易规则的区域贸易协定，其中亚太地区有 113 个，占比 60.1%[②]，亚太地区已成为签署包含数字贸易规则的区域贸易协定最活跃的地区之一。那么，我们不禁想问，区域数字贸易规则对亚太数字价值链合作产生了怎样的影响？该影响效应是否受制于服务贸易壁垒和双边制度距离的差异？中国的情形是否有所不同？这些问题的回答，有助于我们深入了解区域数字贸易规则与亚太数字价值链合作之间的关系。此外，作

---

① 资料来源：中国信息通信研究院发布的《全球数字经济白皮书（2021）》，该白皮书测算了 2020 年全球 47 个国家的数字经济规模，其中包含中国、美国、日本、韩国、澳大利亚、新西兰、俄罗斯、越南、泰国、墨西哥、新加坡、印度尼西亚和马来西亚 13 个 APEC 国家。

② 资料来源：TAPED 数据库（https://www.unilu.ch/en/faculties/faculty-of-law/professorships/burri-mira/research/taped/）。

为高度重视数字经济国际合作的经济体，中国始终肩负数字大国的时代责任，先后提出《全球数据安全倡议》和决定加入《数字经济伙伴关系协定》（Digital Economy Partnership Agreement，DEPA），故上述问题的厘清也可为中国积极参与亚太数字贸易协定和亚太数字价值链合作提供政策建议。

8.2　区域数字贸易规则深化影响亚太数字价值链合作的理论机制

区域数字贸易规则深化可通过降低数字贸易壁垒和营造自由化、便利化的数字贸易环境，促进数字贸易及数字价值链合作的可持续发展。本章认为，区域数字贸易规则深化主要通过降低贸易成本和减少贸易不确定性对亚太数字价值链合作产生影响。

8.2.1　贸易成本效应

区域数字贸易规则深化可通过降低贸易成本促进亚太数字价值链合作。贸易成本既是全球价值链存在的前提（Antonia et al.，2017），也是一国比较优势的重要来源（Deardorff，2014）。区域贸易协定签署被视作降低贸易成本的有效途径（刘洪铎和蔡晓珊，2016；Yann et al.，2018），故区域数字贸易规则深化带来的降低贸易成本效应同样不容小觑。首先，数字知识产权规则深化有助于数字技术的普及，进而打破企业间空间束缚，降低沟通成本，充分发挥双方比较优势进行数字价值链合作（Deardorff，2017）。其次，放松数据限制和无纸化贸易等数字贸易规则将有效降低数字贸易的搜寻和谈判成本（吴中庆和戴明辉，2021）、简化合作业务流程、提高资源配置效率，进而推动区域数字价值链合作。最后，由于全球价值链各环节相互依存、风险共担，故在考虑价值链分工情况下，关税有效保护水平的显著上升和伙伴国发起的反倾销等非关税措施将成为抑制国家间价值链合作的重要障碍（Koopman et al.，2010；王孝松和田思远，2020），故关税与非关税贸易规则的深化势必会推动区域价值链合作，当然，该研究结论同样适用于亚太数字价值链合作。

8.2.2　贸易不确定性效应

区域数字贸易规则深化可通过降低贸易不确定性促进亚太数字价值链合作。在数字产业全球价值链分工不断细化的背景下,跨境生产中面临的贸易不确定性、贸易协调及承诺问题会影响数字价值链研发设计、生产、流通和消费决策的各个环节(谭莹等,2018)。区域数字贸易规则深化带来的数据限制及对框架外其他义务的放松,可在一定程度上消除贸易不确定性问题(许亚云等,2020),从而推进缔约成员之间的数字价值链分工与合作。具体表现为,成员之间签署区域数字贸易规则能提高企业出口的确定性预期,为双边数字贸易开展提供可靠的制度保障,进而增强企业进入该成员市场参与数字价值链合作的意愿(杨莉,2020)。同时,争端解决机制、电子认证等数字贸易规则的深化有助于促进各经济体的数字贸易监管合作,削弱协调和承诺问题引致的数字价值链合作脆弱性,确保亚太数字价值链合作的安全稳定运行。

相较于已有研究,本章可能存在以下边际贡献:一是创新性地将区域数字贸易规则深化与数字价值链合作纳入统一分析框架,从理论与实证两个维度深入考察二者之间的关系。已有研究大多考察数字贸易规则对数字贸易规模的影响效应,鲜有研究探讨区域数字贸易规则深化对数字价值链合作的影响,尤其针对亚太地区的研究更为鲜见。二是从规则内容、规则功能、价值链合作模式和缔约对象多个维度全面考察区域数字贸易规则深化对亚太数字价值链合作的异质性影响,并深入分析服务贸易壁垒和双边制度距离的调节效应。三是专门考察区域数字贸易规则对中国参与亚太数字价值链合作的影响,并就中国如何借助签署区域数字贸易规则有效参与亚太数字价值链合作提供政策参考。

8.3　数据说明、指标构建与特征事实

8.3.1　区域数字贸易规则深度指标

1. 数据说明与处理

本章测度区域数字贸易规则深度所使用的基础数据来自 TAPED 数据库,详

细介绍可见 Burri 和 Polanco（2020）的研究。截至 2021 年，该数据库收集了 2000~2020 年向 WTO 通报的 188 个涵盖数字贸易规则的区域贸易协定，其中 113 个区域贸易协定包含电子商务规则。TAPED 数据库将区域贸易协定中涉及的数字贸易规则划分为八大类，即电子商务、数据流动、服务章节中的数据、知识产权、特殊定制、与数据相关的商品贸易、一般例外和 WTO_Notified 规则[①]。本章将后三类规则合并为其他类别，即本章的数字贸易规则划分为电子商务、数据流动、服务章节中的数据、知识产权、特殊定制和其他规则六大类。

相对于规则虚拟变量，规则约束力赋值更能刻画数字贸易规则的异质性特征和深度一体化程度。TAPED 数据库根据区域贸易协定是否包含某项数字贸易规则及约束力强弱对其进行 0~3 取值范围的赋值。具体赋值方法如下：若不包含某项数字贸易规则，则赋值为 0；若包含则根据数字贸易规则的"软""硬"程度进行赋值。具体而言，若该规则对缔约双方无约束力和强制执行力，则将其定义为"软"规则，赋值为 1，反之则将其定义为"硬"规则，赋值为 3；若该规则兼具约束性和非约束性规定的表述，则将其定义为"混合"规则，赋值为 2。本章将赋值为 3 的数字贸易规则识别为深度数字贸易规则。

此外，TAPED 数据库提供的数字贸易规则所属区域贸易协定名称、赋值分布、缔约对象及缔约时间等并不足以支撑我们准确测度数字贸易规则深度。为此，首先我们需对数据进行降维处理，借鉴 Baier 等（2014a）的思路，将涉及两个以上经济体的区域贸易协定降维至两两经济体对之间的区域贸易协定。

其次，我们需要根据 TAPED 数据库提供的区域贸易协定签署日期，将时点数据转化为时段数据，以确保经济体对在样本期间数字贸易规则数据的年份完整性。例如，《中国–澳大利亚自由贸易协定》（Australia-China FTA）签署时间为 2015 年 6 月，则该区域贸易协定的样本时段应补充为 2015~2019 年，经济体对首个区域贸易协定签署前的规则约束力赋值均补充为 0。

最后，本章还对数据进行如下细节处理：①识别缔约成员退出。若协定签署后缔约成员中途退出，仅保留该经济体属于缔约成员期间的样本数据，如美国 2016 年签署 TPP，2017 年 1 月 23 日宣布退出，则 TPP 降维经济体对数据仅保留与美国匹配的经济体对 2016 年的样本数据。②识别最高协定深度。若经济体对同年保有两个及以上包含数字贸易规则的区域贸易协定，参照彭冬冬和林珏（2021）的做法选择相应样本年份中区域数字贸易规则总深度指数最高的区域贸易协定作为衡量该年度区域数字贸易规则深度的目标协定，确保经济体对在每一样本年份只保留唯一的区域贸易协定信息。③识别协定升级。若某一区域贸易协定存在升

---

① 各个分类中包含的数字贸易子规则数量分别为 63、4、4、22、3、1、1 和 1，其中条款编号 1.39.1 和 1.39.2 子规则主要考察电子商务文本特征，不纳入区域数字贸易规则深度计算范畴。

级迭代情况，则根据升级前后的签署日期保留样本数据。例如，《新加坡–澳大利亚自由贸易协定》（Singapore-Australia Free Trade Agreement，SAFTA）（1.0 版本）签署于 2003 年，SAFTA 升级版签订于 2016 年 10 月 13 日，则将 SAFTA 1.0 的有效期认定为 2003~2016 年[①]，SAFTA 升级协议的样本区间认定为 2017 年至今。

2. 指标构建

基于 TAPED 数据库提供的基础数据，本章借鉴 Mattoo 等（2017）和 Laget 等（2020）的思路，首先，在考虑法律约束力情形下计算区域数字贸易规则深度评分[②]（ldepth_{ijt}），具体计算公式为

$$\text{ldepth}_{ijt} = \sum_{k=1}^{97} \text{provision}_{ijt}^k \qquad (k=1,2,\cdots,97) \tag{8.1}$$

其中，ldepth_{ijt} 反映 i 经济体和 j 经济体在第 t 年签署的区域贸易协定所包含的数字贸易规则的总体深度一体化程度；provision_{ijt}^k 为 i 经济体和 j 经济体在第 t 年签署的区域贸易协定所包含的第 k 个数字贸易规则的深度，若协定包含具有法律约束力的规则 k，则 provision_{ijt}^k 取 3，否则取 0。

其次，对区域数字贸易规则深度评分（ldepth_{ijt}）进行标准化处理，得到区域数字贸易规则深度指数（ldep_{ijt}），该指数的取值范围为[0,1]，数值越接近 1，表示该协定的区域数字贸易规则深度一体化程度越高，具体计算公式为

$$\text{ldep}_{ijt} = \frac{\sum_{k=1}^{97} \text{provision}_{ijt}^k}{\text{Max}\left(\sum_{i,j\neq i}^{19} \sum_{k=1}^{97} \text{provision}_{ijt}^k\right)} \tag{8.2}$$

3. 特征事实分析

本部分首先从经济体对层面考察涵盖深度数字贸易规则的区域贸易协定数量随年份变化情况。如图 8.1 所示，2000~2019 年涵盖所有深度数字贸易规则的区域贸易协定签署数量总体呈上升趋势。2008 年全球金融危机爆发后，涵盖深度数字贸易规则的区域贸易协定签署数量在经历一定的停滞期后出现井喷式增长，并在 2016 年 TPP 正式签署时达到峰值。2016 年后，在美国退出 TPP 及中美贸易摩擦等冲击下，签署数量迅速下降。

其次，分别考察涵盖每类深度数字贸易规则的区域贸易协定签署数量变化态势（图 8.2），发现其与涵盖所有深度数字贸易规则的区域贸易协定签署数量变化

---

① 若新协定签署时间为上半年，则从当年开始计算数字贸易规则深度，反之，则从签署次年开始。
② 目标规则仅为 TAPED 数据库中赋值为 3 的深度数字贸易规则。

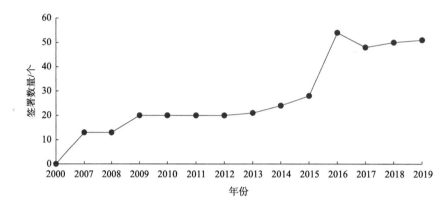

图 8.1　涵盖深度数字贸易规则的区域贸易协定签署数量

态势基本一致。需特别说明的是，涵盖特殊定制规则的区域贸易协定签署数量相对较少，而涵盖知识产权规则的区域贸易协定签署数量相对较多。

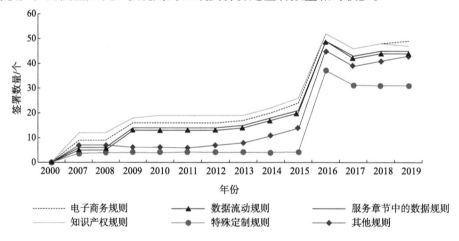

图 8.2　涵盖各类深度数字贸易规则的区域贸易协定签署数量

　　最后，考察亚太地区各经济体的平均区域数字贸易规则深度指数。图 8.3 给出了 2000 年、2010 年及 2019 年 19 个亚太经济体的平均区域数字贸易规则深度指数变化情况。由图 8.3 可知，总体而言，各经济体的平均区域数字贸易规则深度指数均呈现出不同幅度的上升趋势。2000 年各经济体所签署的区域贸易协定均不涵盖任何深度数字贸易规则，故平均区域数字贸易规则深度指数均为 0，这说明直到 2000 年亚太地区各经济体在签署区域贸易协定过程中仍未考虑深度数字贸易规则的重要性。而后，随着亚太地区数字经济的快速发展，各经济体逐渐认识到深度数字贸易规则的重要价值，故亚太地区涵盖深度数字贸易规则的区域贸易协定签署数量快速增长。在 2010~2019 年，除柬埔寨、中国香港、老挝、菲律宾和泰国外，大部分亚太经济体的平均区域数字贸易规则深度指数呈现出大幅增长态势。

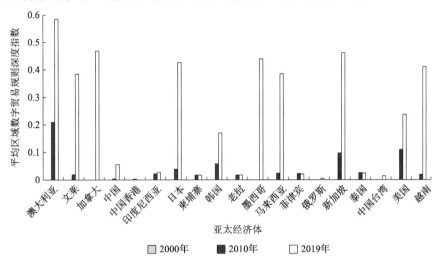

图 8.3　平均区域数字贸易规则深度指数

8.3.2　亚太数字价值链合作度指标

1. 指标构建与数据说明

正如 Wang 等（2017）和张志明等（2019）所指出的，通常而言，两个经济体间的价值链合作主要借助于中间品贸易来实现，因此两个经济体间的数字产业中间品贸易强度可在较大程度上反映二者间的数字价值链合作度。根据 Wang 等（2017）的思路，数字价值链合作又可划分为深度和浅度数字价值链合作两种模式，即如果一经济体创造的数字产业增加值以中间品形式出口到另一经济体，并被该经济体直接吸收，那么将这种仅跨越一次边境的中间品增加值出口方式称为浅度数字价值链合作；如果一经济体创造的数字产业增加值以中间品形式出口到另一经济体，并被该经济体加工后再出口，那么将这种至少跨越两次边境的中间品增加值出口方式称为深度数字价值链合作。根据以上定义，亚太数字价值链合作度、亚太浅度与深度数字价值链合作度的计算公式分别为

$$\mathrm{dvc}_{ijt} = \frac{(\mathrm{EIIS}_t^{ij} + \mathrm{EIIS}_t^{ji}) + (\mathrm{REIIS}_t^{ij} + \mathrm{REIIS}_t^{ji})}{\mathrm{GE}_t^{ij} + \mathrm{GE}_t^{ji}} \tag{8.3}$$

$$\mathrm{Sdvc}_{ijt} = \frac{\mathrm{EIIS}_t^{ij} + \mathrm{EIIS}_t^{ji}}{\mathrm{GE}_t^{ij} + \mathrm{GE}_t^{ji}} \tag{8.4}$$

$$Ddvc_{ijt} = \frac{REIIS_t^{ij} + REIIS_t^{ji}}{GE_t^{ij} + GE_t^{ji}} \tag{8.5}$$

其中，dvc_{ijt}、$Sdvc_{ijt}$ 和 $Ddvc_{ijt}$ 分别表示 i 经济体与 j 经济体第 t 年的数字价值链合作度、浅度数字价值链合作度和深度数字价值链合作度；$EIIS_t^{ij}$（$EIIS_t^{ji}$）表示第 t 年 i（j）经济体创造的，以中间品形式出口到 j（i）经济体并被其直接吸收的数字产业增加值；$REIIS_t^{ij}$（$REIIS_t^{ji}$）表示第 t 年 i（j）经济体创造的，以中间品形式出口到 j（i）经济体并被其加工后再出口的数字产业增加值；GE_t^{ij}（GE_t^{ji}）表示第 t 年 i（j）经济体对 j（i）经济体的总出口额。

计算亚太数字价值链合作度所使用的基础数据均来源于对外经济贸易大学全球价值链数据库①。该数据库借助 Koopman 等（2014）构建的一国总出口额的增加值分解框架和亚洲开发银行构建的最新版多区域投入产出表（ADB-MRIO2021），根据增加值来源将 63 个经济体 35 个行业的总出口额分解为 16 项，其中，$EIIS_t^{ij}$、$EIIS_t^{ji}$、$REIIS_t^{ij}$、$REIIS_t^{ji}$、GE_t^{ij} 和 GE_t^{ji} 均来源于 16 项分解结果。需特别说明的是，考虑到当前学术界就数字产业的行业划分并未达成共识，故我们借鉴国家统计局于 2021 年 6 月发布的《数字经济及其核心产业统计分类（2021）》（简称《分类》）中关于数字经济产业的分类方法②，并对照 ADB-MRIO2021 的行业分类情况发现，ADB-MRIO2021 的电气和光学设备制造业（electrical and optical equipment）与《分类》的数字产品制造业所涵盖内容基本一致，ADB-MRIO2021 的邮政与电信业（post and telecommunications）与《分类》的其他四类行业所涵盖的部分内容一致。鉴于 ADB-MRIO2021 的行业分类比较粗糙，难以从中遴选出与《分类》中的其他四类行业一一对应的行业，故最终我们将电气和光学设备制造业、邮政与电信业两个行业定义为数字行业。

2. 特征事实分析

图 8.4 给出了 2000 年、2010 年和 2019 年亚太地区各经济体与其他亚太经济体的数字价值链平均合作度。综合而言，新加坡、墨西哥、菲律宾、韩国、日本、中国和中国台湾等经济体与其他亚太经济体的数字价值链平均合作度相对较高，均大于 7%，而柬埔寨、老挝、澳大利亚、俄罗斯、中国香港及印度尼西亚等经

---

① 具体网址为 http://rigvc.uibe.edu.cn/sjzlk/sjk/index.htm。由于该数据库缺失 2001~2006 年度分解数据，本章样本考察范围同样剔除相关年份。

② 《分类》将数字经济产业范围确定为数字产品制造业、数字产品服务业、数字技术应用业、数字要素驱动业及数字化效率提升业五个大类。

济体与其他亚太经济体的数字价值链平均合作度相对较低，均不足 4%。从变动趋势来看，文莱、柬埔寨、中国香港、老挝、中国、俄罗斯、中国台湾、越南、韩国及印度尼西亚等经济体与其他亚太经济体的数字价值链平均合作度呈现出不同程度的总体上升态势，尤其是越南、中国和文莱的上升幅度更为凸显，而其他 9 个经济体与其他亚太经济体的数字价值链平均合作度呈现出不同程度的下降态势，其中，菲律宾、日本和澳大利亚的下降幅度相对较大。

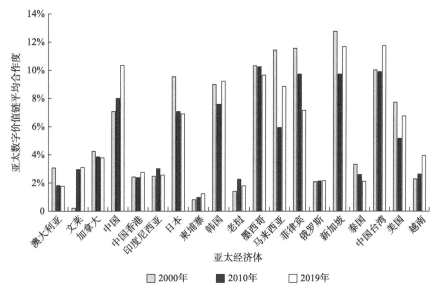

图 8.4　亚太数字价值链平均合作度

为进一步考察亚太深度与浅度数字价值链合作度特征事实，本章计算了 19 个亚太经济体与其他亚太经济体的深度与浅度数字价值链平均合作度，结果如图 8.5 和图 8.6 所示。对比图 8.5 和图 8.6 可知，总体而言，亚太地区深度数字价值链合作度高于浅度数字价值链合作度，10 个经济体与其他亚太经济体的浅度数字价值链平均合作度均高于其他 9 个经济体与其他亚太经济体的深度数字价值链平均合作度。由此可见，深度数字价值链合作为亚太地区开展数字价值链合作的主要形式，亚太数字价值链合作的复杂度较高，数字价值链链条相对较长、所涉及环节也较多，意味着亚太数字价值链合作的稳定性较强。从变动趋势看，部分经济体的深度与浅度价值链平均合作度均呈现出不同程度的上升态势，其中，9 个经济体的深度数字价值链平均合作度和 12 个经济体的浅度数字价值链平均合作度呈现出不同程度的总体上升态势，说明亚太数字价值链合作不断走向深化。

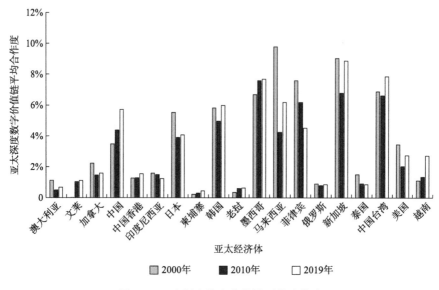

图 8.5　亚太深度数字价值链平均合作度

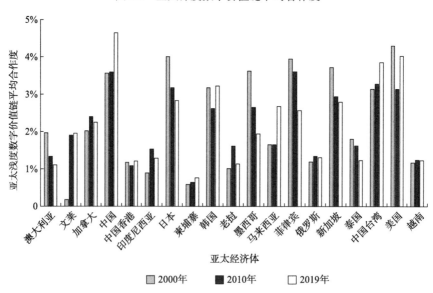

图 8.6　亚太浅度数字价值链平均合作度

8.3.3　相关性分析

为了初步考察区域数字贸易规则深化与亚太数字价值链合作之间的线性关系，同时考虑到离群值的存在，本章在对区域数字贸易规则深度指数和亚太数字价值链合作度进行缩尾处理的基础上，绘制了二者之间的散点图。由图 8.7 可知，区域数字贸易规则深度指数与亚太数字价值链合作度之间存在明显的正相关关系，也就是说区域数字贸易规则深化对亚太数字价值链合作具有一定的促进作用。

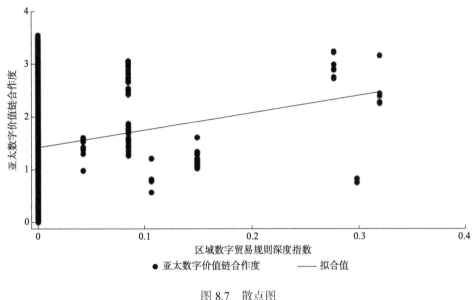

图 8.7　散点图

8.4　计量模型设定与变量说明

8.4.1　计量模型设定

本章旨在考察区域数字贸易规则深化对亚太数字价值链合作的影响，参考 Baier 和 Bergstrand（2007）及 Piermartini 和 Yotov（2016）的研究，计量模型设定如下：

$$\text{lndvc}_{ijt} = \beta_0 + \beta_1\text{ldep}_{ijt} + \beta_2\text{control}_{ijt} + \theta_{ij} + \theta_{it} + \theta_{jt} + \varepsilon_{ijt} \tag{8.6}$$

其中，lndvc_{ijt} 为第 t 年 i 经济体与 j 经济体间的数字价值链合作度；ldep_{ijt} 为核心解释变量，即前文所述的区域数字贸易规则深度指数，用以表示第 t 年 i 经济体与 j 经济体间的数字贸易规则深度一体化程度；control_{ijt} 为控制变量集合，包括数字基础设施差异度（MDI）、财政政策协调度（FIS）、互联网普及度差异（MIU）及要素禀赋差异（MGDP）；本章通过引入 i-j 经济体对联合固定效应（θ_{ij}），有效控制了国家间距离、是否接壤、是否拥有共同官方语言等不随时间变化的经济体对自然和社会文化变量差异；此外，通过 i-t 联合固定效应（θ_{it}）和 j-t 联合固定效应（θ_{jt}）分别控制了国家层面的变动冲击；ε_{ijt} 为残差项。

8.4.2 控制变量说明及数据来源

（1）数字基础设施差异度（MDI_{ijt}）。数字基础设施是数字经济发展的基础，也是经济体间开展数字贸易及数字价值链合作的关键支撑，因此，经济体间的数字基础设施差异越大，越不利于双方开展数字价值链合作。借鉴李艳秀（2021）的方法，首先，根据主成分分析法，并利用宽带数量、移动电话数量和每百人中固定电话数量三个二级指标测算得到各经济体的数字基础设施质量指数；其次，将经济体对的数字基础设施质量指数差值取绝对值得到双边数字基础设施差异度，具体计算公式为 $\text{MDI}_{ijt} = \left| \text{DI}_{it} - \text{DI}_{jt} \right|$。

（2）财政政策协调度（FIS_{ijt}）。考虑到财政政策协调度是影响两个经济体进行全球价值链合作的重要因素（彭冬冬和林珏，2021），故我们认为其对双边数字价值链合作也会产生重要影响。借鉴许统生和洪勇（2013）的思路，利用两个经济体间政府支出占 GDP 比重之差的绝对值来度量财政政策协调度，具体计算公式为 $\text{FIS}_{ijt} = | \text{FIS}_{it} - \text{FIS}_{jt} |$。

（3）互联网普及度差异（MIU_{ijt}）。一般而言，数字价值链合作主要借助互联网渠道来开展，双边互联网普及度的差距越大，越有利于双方信息通信技术产品等数字贸易流量的增加（孙玉红等，2021）。本章采用经济体对互联网普及度差值的绝对值来度量互联网普及度差异，具体计算公式为 $\text{MIU}_{ijt} = |\text{IU}_{it} - \text{IU}_{jt}|$。

（4）要素禀赋差异（MGDP_{ijt}）。要素禀赋差异是经济体间开展价值链合作的重要动因。本章采用经济体对的双边 GDP 之差的绝对值来衡量双边要素禀赋差异，具体计算公式为 $\text{MGDP}_{ijt} = | \text{GDP}_{it} - \text{GDP}_{jt} |$。

以上控制变量的数据均来源于世界银行数据库。此外，为缓解数据波动引致的异方差问题，我们分别对 FIS_{ijt}、MIU_{ijt} 和 MGDP_{ijt} 进行了对数化处理。

8.5　实证结果分析

8.5.1　基准估计结果分析

表 8.1 报告了区域数字贸易规则深化对亚太数字价值链合作影响的估计结果。其中，列（1）、列（2）给出了控制不同固定效应情况下的估计结果，结果发现区域数字贸易规则深化显著促进了亚太数字价值链合作。进一步地，由列（3）至列（6）可知，在逐步加入控制变量的情况下区域数字贸易规则深度指数的估计系数在 5% 的显著性水平上依然为正值，这初步说明本章的基准估计结果是稳健的。就控制变量而言，数字基础设施差异度（MDI）和财政政策协调度（lnFIS）对亚太数字价值链合作产生了显著的抑制作用，而要素禀赋差异（lnMGDP）和互联网普及度差异（lnMIU）则对数字价值链合作度具有积极的促进作用。

表8.1　基准估计结果

变量	数字价值链合作度					
	（1）	（2）	（3）	（4）	（5）	（6）
ldep	0.099^{***}	0.088^{**}	0.094^{**}	0.092^{**}	0.090^{**}	0.087^{**}
	（2.84）	（2.13）	（2.29）	（2.25）	（2.22）	（2.12）
MDI			-0.003^{***}	-0.003^{***}	-0.003^{***}	-0.003^{***}
			（-2.91）	（-2.81）	（-2.87）	（-2.98）
lnFIS				-0.017^{*}	-0.017^{*}	-0.018^{*}
				（-1.75）	（-1.76）	（-1.84）
lnMGDP					0.046^{***}	0.046^{***}
					（4.93）	（4.97）
lnMIU						0.012
						（1.40）
_cons	1.447^{***}	1.448^{***}	1.512^{***}	1.535^{***}	0.936^{***}	0.953^{***}
	（243.52）	（249.59）	（66.32）	（58.42）	（7.52）	（7.62）
$I\text{-}J$ FE	是	是	是	是	是	是
I-Year FE	是	是	是	是	是	是
J-Year FE	是	是	是	是	是	是
N	2 380	2 380	2 380	2 380	2 380	2 380
R^2	0.936	0.956	0.956	0.956	0.957	0.957

*、**、***分别表示在 10%、5%、1% 的水平上显著

注：括号内为 t 统计量

8.5.2 稳健性检验

本章主要从替换核心解释变量、更换估计样本、变换估计方法和处理内生性问题四个方面进行稳健性检验。

1. 替换核心解释变量

本部分首先采用是否签署涵盖"硬"规则的区域贸易协定虚拟变量（DummyRTA）来重新度量区域数字贸易规则深度并进行再估计,由表8.2列（1）的估计结果可知,DummyRTA的估计系数在5%的水平上显著为正值。其次,采用区域数字贸易规则深度评分（ldepth）来重新度量区域数字贸易规则深度并进行再估计,由表8.2列（2）的估计结果可知,ldepth的估计系数同样在5%的水平上显著为正值。最后,放宽基准估计中核心解释变量的约束范围,使用"混合"和"硬"规则（即赋值为2和3的数字贸易规则）来重新构建区域数字贸易规则深度指数（ldep）、区域贸易协定虚拟变量（DummyRTA）和区域数字贸易规则深度评分（ldepth）并进行再估计。由表8.2列（3）至列（5）的估计结果可知,ldep、DummyRTA和ldepth的估计系数均在5%的水平上显著为正值。综合以上分析不难发现,改变解释变量度量方法并未对基准估计结果产生实质性影响,区域数字贸易规则深化对亚太数字价值链合作依然存在显著的促进作用。

表8.2　稳健性检验（一）

变量	数字价值链合作度				
	（1）	（2）	（3）	（4）	（5）
DummyRTA	0.062^{**}			0.073^{**}	
	（2.00）			（2.41）	
ldepth		0.001^{**}			0.001^{**}
		（2.12）			（2.16）
ldep			0.088^{**}		
			（2.16）		
_cons	0.946^{***}	0.953^{***}	0.953^{***}	0.943^{***}	0.953^{***}
	（7.55）	（7.62）	（7.62）	（7.53）	（7.62）
控制变量	是	是	是	是	是
I-J FE	是	是	是	是	是

续表

变量	数字价值链合作度				
	（1）	（2）	（3）	（4）	（5）
I-Year FE	是	是	是	是	是
J-Year FE	是	是	是	是	是
N	2 380	2 380	2 380	2 380	2 380
R^2	0.957	0.957	0.957	0.957	0.957

、*分别表示在 5%、1%的水平上显著

注：括号内为 t 统计量

2. 更换估计样本

（1）剔除异常值。全球金融危机对亚太数字价值链合作产生了较大的负面冲击，为规避全球金融危机期间样本数据突变对估计结果带来的扰动，本章将 2008~2010 年样本数据从总样本中剔除并进行再估计，估计结果如表 8.3 列（1）所示，在剔除可能存在扰动的年份数据后，区域数字贸易规则深度指数的估计系数仍然显著为正值，与前文的基本结论一致。

表8.3　稳健性检验（二）

变量	数字价值链合作度				
	（1） 剔除异常值	（2） 改变样本期间划分方法	（3） 剔除离群值	（4） PPML 估计	（5） 工具变量法
ldep	0.081*	0.120*	0.077**	0.051**	0.136***
	（1.89）	（1.69）	（2.01）	（2.55）	（3.02）
_cons	1.110***	0.950***	1.048***	0.208**	
	（7.28）	（4.42）	（8.59）	（2.57）	
控制变量	是	是	是	是	是
I-J FE	是	是	是	是	是
I-Year FE	是	是	是	是	是
J-Year FE	是	是	是	是	是
Anderson LM 统计量					1 964.835 [0.00]
C-D Wald F 统计量					4 105.835 {19.93}
Sargan 统计量					0.010 {0.922 3}
N	1 870	1 020	2 380	2 380	2 380
R^2	0.959	0.948	0.957		0.023 1
Pseudo R^2				0.204 7	

*、**、***分别表示在 10%、5%、1%的水平上显著

注：括号内为 t 统计量

（2）改变样本期间划分方法。考虑到区域数字贸易规则深化对亚太数字价值链合作的影响存在一定的时滞性，故借鉴 Anderson 和 Yotov（2016）的做法，同时考虑到数字贸易相对于一般货物贸易传输更具迅捷性，以 3 年为界，按照 2000 年、2007 年、2010 年、2013 年、2016 年和 2019 年将样本分为 6 个时间段进行再估计，由表 8.3 列（2）的估计结果可知，ldep 的估计系数依然显著为正值，表明前文的基准估计结果是稳健的，区域数字贸易规则深化对亚太数字价值链合作的影响效应基本不会受到样本期间划分方法的影响。

（3）剔除离群值。鉴于本章样本的亚太数字价值链合作度分布可能有偏，为避免极端值对估计结果造成扰动，本章对亚太数字价值链合作度进行了 5% 的缩尾处理并进行再估计，由表 8.3 列（3）的估计结果可知，在样本缩尾处理后，ldep 的估计系数仍保持显著为正值，并未拒绝基准结论。

3. 变换估计方法

PPML 方法适用于因变量存在过多零值的情形，与本章区域数字贸易规则深度指数数据结构相契合。因此，借鉴 Laget 等（2020）的做法，使用 PPML 方法进行再估计，由表 8.3 列（4）可知，变换估计方法同样未对本章的基准估计结果产生实质性影响。

4. 处理内生性问题

由于区域数字贸易规则深化和亚太数字价值链合作之间可能存在内生性问题，本章采用工具变量法来克服可能存在的内生性问题。具体而言，我们选取 i 经济体与非 j 亚太经济体间的平均区域数字贸易规则深度评分（ $\overline{\text{ldepth}}_{i,-jt}$ ）和 j 经济体与非 i 亚太经济体之间的平均区域数字贸易规则深度评分（ $\overline{\text{ldepth}}_{j,-it}$ ）作为 ldep_{ijt} 的工具变量进行两阶段最小二乘估计。选取以上变量作为工具变量的内在逻辑在于：首先， $\overline{\text{ldepth}}_{i,-jt}$ （ $\overline{\text{ldepth}}_{j,-it}$ ）越大，意味着 i 经济体（ j 经济体）与其他经济体进一步签署涵盖数字贸易规则的区域贸易协定的意愿越强，彼此具有签署涵盖数字贸易规则的区域贸易协定的先天倾向，故 $\overline{\text{ldepth}}_{i,-jt}$ （ $\overline{\text{ldepth}}_{j,-it}$ ）与 ldep_{ijt} 之间存在密切关系。其次， $\overline{\text{ldepth}}_{i,-jt}$ （ $\overline{\text{ldepth}}_{j,-it}$ ）主要刻画了 i 经济体（ j 经济体）与非 j 经济体（非 i 经济体）签署涵盖深度数字贸易规则的区域贸易协定情况，故难以对 i 经济体和 j 经济体间的数字价值链合作产生直接影响。由表 8.3 列（5）可知，Anderson LM 统计量和 C-D Wald F 统计量检验结果均拒绝了"工具变量识别不足"和"工具变量弱识别"的零假设，说明本章选取的工具变量是合理的。Sargan 统计量检验结果拒绝了"过度识别"的原假设，说明工具变量设定是有效的。更为重要的是，ldep 的估计系数依然显著为正值，表明在考虑内生性问题后本章的基准估计结果仍然稳健。

8.5.3　异质性分析

1. 规则异质性

（1）数字贸易规则的内容异质性。根据数字贸易规则的内容差异，前文将 TAPED 数据库中的数字贸易规则划分为电子商务、数据流动、服务章节中的数据、知识产权、特殊定制和其他规则六大类。为探讨涵盖不同内容的区域数字贸易规则深化对亚太数字价值链合作度的影响是否有所差异，我们分别以各类区域数字贸易规则深度指数为核心解释变量再次进行估计分析。由表 8.4 列（1）至列（6）可知，除特殊定制规则和其他规则外，电子商务规则、服务章节中的数据规则、知识产权规则及数据流动规则的区域数字贸易规则深化均在 5%以上的显著性水平上对亚太数字价值链合作具有显著的促进作用，其中服务章节中的数据规则和数据流动规则深化的促进作用较为强劲，因此，未来亚太经济体在签署区域贸易协定时要将服务章节中的数据规则和数据流动规则作为重点关注对象。

表8.4　条款异质性分析（一）

变量	数字价值链合作度					
	（1）	（2）	（3）	（4）	（5）	（6）
	电子商务	数据流动	服务章节中的数据	知识产权	特殊定制	其他
ldep	0.084**	0.129**	0.157***	0.081**	0.054	0.064
	（2.10）	（2.24）	（2.75）	（1.96）	（1.36）	（1.13）
_cons	0.953***	0.954***	0.945***	0.955***	0.960***	0.955***
	（7.62）	（7.63）	（7.56）	（7.64）	（7.67）	（7.63）
控制变量	是	是	是	是	是	是
I-J FE	是	是	是	是	是	是
I-Year FE	是	是	是	是	是	是
J-Year FE	是	是	是	是	是	是
N	2 380	2 380	2 380	2 380	2 380	2 380
R^2	0.957	0.957	0.957	0.957	0.957	0.957

、*分别表示在 5%、1%的水平上显著

注：括号内为 t 统计量

（2）数字贸易规则的功能异质性。根据数字贸易规则的功能差异，我们将 TAPED 数据库中的数字贸易条款重新划分为开放流动型（包含 22 类规则）、环境便利型（包含 44 类规则）及平衡维护型（包含 26 类规则）三大类，具体分类方

法如表 8.5 所示。

表8.5　数字贸易规则的功能分类结果

大类领域	子领域
开放流动型	数据本地化、跨境数据流动与数据公开
环境便利型	WTO 规则补充深化、信息技术规范、国民与最惠待遇、监管框架、无纸化贸易与电子认证
平衡维护型	产权保护与信息安全

同时，构建了三大类区域数字贸易规则深度指数并进行再估计，由表 8.6 列（1）至列（3）的估计结果可知，三大类区域数字贸易规则深化对亚太数字价值链合作均具有显著的促进作用，其中开放流动型数字贸易规则深化的促进作用最为强劲。

表8.6　条款异质性分析（二）

变量	数字价值链合作度				
	（1）	（2）	（3）	（4）	（5）
	开放流动型	环境便利型	平衡维护型	关税	非关税
ldep	0.108**	0.084**	0.085**	0.133***	0.088**
	（2.31）	（2.16）	（2.05）	（2.72）	（2.15）
_cons	0.953***	0.953***	0.954***	0.959***	0.953***
	（7.62）	（7.62）	（7.63）	（7.68）	（7.62）
控制变量	是	是	是	是	是
I-J FE	是	是	是	是	是
I-Year FE	是	是	是	是	是
J-Year FE	是	是	是	是	是
N	2 380	2 380	2 380	2 380	2 380
R^2	0.957	0.957	0.957	0.957	0.957

、*分别表示在 5%、1%的水平上显著
注：括号内为 t 统计量

（3）关税与非关税数字贸易规则异质性。本章按照区域数字贸易规则是否涉及关税减让议题，将其划分为关税与非关税数字贸易规则，其中，将征收关税规则、承运人媒介的海关申报价值规则及具体的内部税规则三类规则划分为关税规则，其他规则划分为非关税规则，分别计算关税与非关税数字贸易规则深度指数并进行重新估计。由表 8.6 列（4）、列（5）可知，关税和非关税数字贸易规则深化均显著促进了亚太数字价值链合作，且关税数字贸易规则深化的促进作用更为

强劲，意味着在区域贸易协定谈判过程中，要适度将关税数字贸易规则作为谈判重点。

2. 价值链合作模式异质性

前文研究表明区域数字贸易规则深化对亚太数字价值链合作具有显著的促进作用，我们不禁想问，该种促进作用是否会因数字价值链合作模式不同而有所差异？为回答该问题，我们分别将亚太深度与浅度数字价值链合作度作为被解释变量进行再估计。由表 8.7 列（1）、列（2）可知，区域数字贸易规则深化对亚太深度数字价值链合作具有显著的促进作用，而对浅度数字价值链合作的促进作用并不显著。这说明区域数字贸易规则深化对亚太数字价值链合作的促进作用主要通过影响亚太深度数字价值链合作来实现。

表8.7　数字价值链合作模式异质性分析

变量	数字价值链合作度							
	（1）深度数字价值链	（2）浅度数字价值链	（3）电子商务	（4）数据流动	（5）服务章节中的数据	（6）知识产权	（7）特殊定制	（8）其他
ldep	0.080^{**}	0.039	0.076^{**}	0.117^{**}	0.145^{***}	0.078^{**}	0.046	0.053
	（2.39）	（1.12）	（2.31）	（2.49）	（3.11）	（2.31）	（1.39）	（1.14）
_cons	0.541^{***}	0.739^{***}	0.540^{***}	0.541^{***}	0.533^{***}	0.542^{***}	0.547^{***}	0.543^{***}
	（5.28）	（6.92）	（5.27）	（5.28）	（5.20）	（5.29）	（5.33）	（5.29）
控制变量	是	是	是	是	是	是	是	是
I-J FE	是	是	是	是	是	是	是	是
I-Year FE	是	是	是	是	是	是	是	是
J-Year FE	是	是	是	是	是	是	是	是
N	2 380	2 380	2 380	2 380	2 380	2 380	2 380	2 380
R^2	0.970	0.930	0.970	0.970	0.970	0.970	0.970	0.970

、*分别表示在 5%、1%的水平上显著
注：括号内为 t 统计量

进一步地，我们分别使用六类区域数字贸易规则深度指数对亚太深度数字价值链合作度进行估计分析。由表 8.7 列（3）至列（8）可知，与亚太数字价值链合作度的估计结果类似，服务章节中的数据规则和数据流动规则深化对亚太深度数字价值链合作的促进作用较为强劲，而特殊定制规则和其他规则深化对亚太深度数字价值链合作的影响并不显著。

3. 缔约对象异质性

本部分主要从两个方面进行异质性检验。一方面，根据是否属于"一带一路"经济体，本章将样本经济体对划分为非"一带一路"经济体对（A-A）、"一带一路"与非"一带一路"经济体对（A-B）和"一带一路"经济体对（B-B）。由表8.8列（1）至列（3）可知，区域数字贸易规则深化对"一带一路"与非"一带一路"经济体间数字价值链合作具有显著的促进作用，而对非"一带一路"经济体间数字价值链合作具有显著的抑制作用，对"一带一路"经济体间数字价值链合作的影响并不显著。可能的原因是，"一带一路"沿线经济体数字贸易发展不均衡、数字基础设施参差不齐，大多经济体的数字价值链分工基础仍较薄弱，故涵盖数字贸易规则的区域贸易协定签署难以对"一带一路"经济体间数字价值链合作产生显著影响。相反，由于"一带一路"与非"一带一路"经济体间在数字价值合作方面存在较强的要素禀赋差异，彼此开展数字价值链合作的基础较为坚实、意愿较为强烈，故涵盖数字贸易规则的区域贸易协定签署可有效促进双方数字价值链合作。

表8.8　经济体对异质性分析

变量	数字价值链合作度					
	（1）	（2）	（3）	（4）	（5）	（6）
	A-A	A-B	B-B	S-S	S-N	N-N
ldep	−0.239*	0.161**	0.143	0.346***	−0.018	−0.070
	（−1.66）	（2.04）	（1.40）	（3.95）	（−0.30）	（−0.71）
_cons	1.594***	0.713***	0.882***	0.999***	1.277***	1.056***
	（3.82）	（2.89）	（4.31）	（5.04）	（5.43）	（2.89）
控制变量	是	是	是	是	是	是
I-J FE	是	是	是	是	是	是
I-Year FE	是	是	是	是	是	是
J-Year FE	是	是	是	是	是	是
N	266	1 162	910	924	1 148	266
R^2	0.962	0.969	0.966	0.957	0.971	0.969

*、**、***分别表示在10%、5%、1%的水平上显著

注：括号内为 t 统计量

另一方面，根据中国信息通信研究院 2021 年发布的《全球数字经济白皮书（2021）》，本章将 2020 年数字经济规模排名前五的亚太经济体视为发达数字经济

体①，其他亚太经济体则视为发展中数字经济体。相应地，将样本经济体对划分为"发展–发展"经济体对（S-S）、"发展–发达"经济体对（S-N）和"发达–发达"经济体对（N-N）三类，并考察核心解释变量在不同经济体对间的影响差异。由表 8.8 列（4）至列（6）可知，区域数字贸易规则深化仅对"发展–发展"经济体对数字价值链合作具有显著的促进作用，而对其他两类经济体对数字价值链合作的影响并不显著，说明区域数字贸易规则深化对亚太数字价值链合作的影响主要体现在"发展–发展"经济体对。可能的原因是，发展中数字经济体的数字贸易壁垒相对森严，故签署涵盖数字贸易规则的区域贸易协定可显著削弱"发展–发展"经济体间的数字贸易壁垒，降低数字价值链合作成本，进而有效推动彼此的数字价值链合作。

8.6　进一步分析

8.6.1　动态效应分析

考虑到区域数字贸易规则主要通过改善数字贸易条件对亚太数字价值链合作产生影响，故数字交易活动对涵盖数字贸易规则的区域贸易协定签署做出的调整通常具有"滞后性"，无法在当年完全体现（Cheng and Wall，2005；Baier et al.，2014b；林僖和鲍晓华，2018）。为进一步考察区域数字贸易规则深化对亚太数字价值链合作的动态影响效应，本章分别将核心解释变量的提前三期、提前二期、提前一期、滞后一期、滞后二期和滞后三期项作为核心解释变量进行再估计。由表 8.9 的估计结果可知，核心解释变量提前一期、滞后一期和滞后二期的系数均显著为正值，说明区域数字贸易规则深化对亚太数字价值链合作的促进作用既存在一定的正向预期，也存在一定的滞后效应，且随着时间推移该滞后效应不断增大，并在滞后二期时达到最大。随着缔约双方数字贸易开放措施实施的贸易红利逐步衰减，区域数字贸易规则深化对双方数字价值链合作的促进作用随之减弱，且在区域贸易协定签署的第四年，该促进作用不再显著。动态效应分析不仅再次佐证了基准估计结果的稳健性，同时说明了区域数字贸易规则深化对亚太数字价值链合作的促进作用是一个动态强化过程。

---

① 《全球数字经济白皮书（2021）》中并未单独区分香港地区和台湾地区，考虑到香港地区和台湾地区是中国不可或缺的部分，本部分考察中国样本时也将两者样本数据纳入其中。

表8.9　动态效应分析

变量	数字价值链合作度					
	（1）	（2）	（3）	（4）	（5）	（6）
	提前三期	提前二期	提前一期	滞后一期	滞后二期	滞后三期
ldep	0.031	0.060	0.077**	0.093**	0.103**	0.057
	（0.77）	（1.52）	（2.02）	（2.47）	（2.57）	（1.20）
_cons	1.065***	1.044***	0.998***	0.951***	1.068***	1.075***
	（7.67）	（8.03）	（7.97）	（8.09）	（8.98）	（8.64）
控制变量	是	是	是	是	是	是
I-J FE	是	是	是	是	是	是
I-Year FE	是	是	是	是	是	是
J-Year FE	是	是	是	是	是	是
N	1 700	1 870	2 040	2 040	1 870	1 700
R^2	0.965	0.966	0.966	0.971	0.976	0.980

、*分别表示在 5%、1%的水平上显著

注：括号内为 t 统计量

8.6.2　调节效应

1. 服务贸易壁垒差异度的调节效应

贸易自由化是全球价值链分工的重要驱动力，故我们猜测服务贸易壁垒在区域数字贸易规则深化与亚太数字价值链合作关系中发挥着一定的调节作用。本章首先对 OECD 数据库提供的 22 个服务行业服务贸易限制指数分指标（$stri_{xt}$）[1]进行简单加权平均，得到初步的服务贸易限制总指数$STRI_{xt}$：

$$STRI_{xt} = \frac{\sum_{n=1}^{22} stri_{xt}}{22} \qquad (n=1,2,\cdots,22) \qquad (8.7)$$

其次，借鉴 Francois 和 Hoekman（1999）的方法，以亚太地区各经济体服务行业进出口贸易额占当年 GDP 的比重[2]作为权重，并利用 2014 年亚太地区各经济体的服务贸易限制总指数（$STRI_{x,2014}$），构造各年度复合服务贸易限制指数，具体方法如下：

---

① 该数据库仅提供了 11 个亚太经济体 2014~2020 年的服务贸易限制指数。
② 资料来源：世界银行数据库。

$$CSTRI_{xt} = STRI_{x,2014} \times \frac{Service_{xt}}{GDP_{xt}} \qquad (8.8)$$

其中，x 表示经济体；t 表示年份；$CSTRI_{xt}$ 表示第 t 年 x 经济体的复合服务贸易限制指数；$STRI_{x,2014}$ 表示 x 经济体 2014 年的服务贸易限制总指数；$\frac{Service_{xt}}{GDP_{xt}}$ 表示 x 经济体第 t 年商务服务贸易额占 GDP 比重。随后，利用 i 经济体和 j 经济体复合服务贸易限制指数之差的绝对值来度量双边服务贸易壁垒差异，$MCSTRI_{ijt} = \left| CSTRI_{it} - CSTRI_{jt} \right|$。

最后，将对数化处理后的双边服务贸易壁垒差异（$lnMCSTRI_{ijt}$）作为双边服务贸易壁垒差异度的替代变量。

为检验服务贸易壁垒差异度的调节效应是否存在，本章在基准估计模型基础上加入核心解释变量与服务贸易壁垒差异度的交互项（$ldep \times lnMCSTRI$）并进行再估计。由表 8.10 列（1）可知，$ldep \times lnMCSTRI$ 的估计系数显著为正值，表示调节变量强化了主效应。这意味着各经济体间的服务贸易壁垒差异越大，区域数字贸易规则深化对亚太数字价值链合作的促进作用就越强。可能的原因是，双边服务贸易壁垒差异越大，意味着实施较高服务贸易壁垒的经济体成为限制双边数字贸易及数字价值链合作的重要障碍，也说明双边数字贸易及数字价值链合作存在较大的潜力。故涵盖数字贸易规则的区域贸易协定签署势必会大幅削弱服务贸易壁垒较高的经济体对双边数字价值链合作的限制作用，进而极大地释放双边数字价值链合作的潜力。

表8.10　调节效应

变量	数字价值链合作度	
	（1）	（2）
ldep	0.078	0.091**
	（1.59）	（2.24）
ldep × lnMCSTRI	0.101***	
	（2.64）	
ldep × lnINS		−0.070*
		（−1.88）
_cons	1.216***	0.959***
	（7.87）	（7.67）
控制变量	是	是
I-J FE	是	是
I-Year FE	是	是
J-Year FE	是	是

变量	数字价值链合作度	
	（1）	（2）
N	616	2 380
R^2	0.983	0.957

*、**、***分别表示在10%、5%、1%的水平上显著

注：括号内为 t 统计量

2. 制度距离的调节效应

制度距离是衡量两个经济体间制度质量差异的重要指标。本章采用世界银行WGI数据库所提供的 6 个全球治理指标差值的绝对值之和来度量双边制度距离，具体计算公式为 $INS_{ijt} = \sum_{q=1}^{6} \left| ins_{qit} - ins_{qjt} \right|$，其中，$INS_{ijt}$ 为 i 经济体与 j 经济体在第 t 年的制度距离，ins_{qit}（ins_{qjt}）为 i（j）经济体在第 t 年第 q 个全球治理指标取值。然后，将核心解释变量与对数化处理后的双边制度距离的交互项（ldep×lnINS）代入基准估计模型进行估计分析。由表8.10列（2）的估计结果可知，ldep×lnINS的估计系数在 10%的显著性水平上显著为负值。这说明两个经济体间的制度距离越大，区域数字贸易规则对双方数字价值链合作的促进作用就越弱。可能的原因是，制度距离越大、所面临的契约不完全性程度越高，意味着经济体间数字价值链合作的政策不确定性和区域数字贸易规则的执行难度越大，双边数字价值链合作的成本就越高，进而会削弱区域数字贸易规则深化对亚太数字价值链合作的促进作用。

8.7　基于中国的实证考察

作为全球贸易和数字经济大国，加入 WTO 以来，中国积极参与区域贸易协定的签署工作，截至 2021 年 12 月，中国共与 26 个经济体签署了 19 个区域贸易协定①。2021 年，继申请加入 CPTPP 后，中国进一步申请加入 DEPA，这无疑显示了中国积极参与制定全球数字经贸规则的数字大国决心。那么，我们不禁想问，中国签署涵盖数字贸易规则的区域贸易协定如何影响中国参与亚太数字价值链合作，不同类型数字贸易规则所产生的影响是否有所差异？为回答上述问题，

---

① 资料来源：商务部。

本章基于式（8.6）的计量模型和中国的样本数据实证考察区域数字贸易规则深化对中国参与亚太数字价值链合作的影响。由表 8.11 列（1）的估计结果可知，区域数字贸易规则深化对中国参与亚太数字价值链合作具有显著的促进作用，这同基于所有亚太经济体样本的实证结论完全一致。进一步地，由列（2）至列（7）的数字贸易规则异质性估计结果可知，除电子商务规则和特殊定制规则外，数据流动、服务章节中的数据、知识产权和其他数字贸易规则深化对中国参与亚太数字价值链合作均具有显著的促进作用，其中数据流动规则的促进作用最为强劲。这是因为，数据流动规则是数字贸易及数字价值链合作的核心内容和主要驱动力，涵盖数据流动规则的区域贸易协定签署有助于双边数据自由流动，进而极大推动双边数字贸易及数字价值链合作。

表8.11　基于中国的实证结果

变量	数字价值链合作度								
	（1）基准估计	（2）电子商务	（3）数据流动	（4）服务章节中的数据	（5）知识产权	（6）特殊定制	（7）其他	（8）深度数字价值链	（9）浅度数字价值链
ldep	1.434**	0.776	3.249***	2.166***	2.437***	0.001	2.166***	1.466*	1.170**
	（1.97）	（1.16）	（2.84）	（2.84）	（2.84）	（0）	（2.84）	（1.86）	（2.17）
_cons	1.916	1.857	1.847	1.847	1.847	1.599	1.847	−1.340	3.571**
	（1.00）	（0.96）	（0.98）	（0.98）	（0.98）	（0.83）	（0.98）	（−0.65）	（2.51）
控制变量	是	是	是	是	是	是	是	是	是
I-J FE	是	是	是	是	是	是	是	是	是
Year FE	是	是	是	是	是	是	是	是	是
N	182	182	182	182	182	182	182	182	182
R^2	0.179	0.166	0.199	0.199	0.199	0.159	0.199	0.164	0.197

*、**、***分别表示在 10%、5%、1%的水平上显著

注：括号内为 t 统计量

此外，本章还实证考察了区域数字贸易规则深化对中国深度和浅度参与亚太数字价值链合作的影响效应。由表 8.11 列（8）、列（9）可知，区域数字贸易规则深化对中国深度和浅度参与亚太数字价值链合作均具有显著的促进作用，尤其是对中国深度参与亚太数字价值链合作的促进作用更为凸显。产生该种现象的可能原因是，深度数字价值链合作涉及的链条较长、参与经济体较多、合作较为稳固，是中国重点关注的数字价值链合作方式。随着中国数字技术与数字经济的快速发展，中国已具备开展深度数字价值链合作的基础，且期望同其他亚太经济体

开展深入、紧密的数字产业分工合作，故涵盖深度数字贸易规则的区域贸易协定签署可更显著地推动中国参与亚太深度数字价值链合作。

8.8　本　章　小　结

本章基于2000~2019年19个亚太经济体间的数据，实证考察区域数字贸易规则深化对亚太数字价值链合作的影响，得到以下主要研究结论：①区域数字贸易规则深化对亚太数字价值链合作产生显著的促进作用，且该促进作用表现出较强的规则、缔约对象及价值链合作模式异质性。具体表现为，与数据有关的数字贸易规则、开放流动型数字贸易规则及关税型数字贸易规则深化所产生的促进作用相对较强。区域数字贸易规则深化对亚太数字价值链合作的促进作用主要体现在"一带一路"与非"一带一路"经济体对和发展中数字经济体对，且主要通过影响亚太深度数字价值链合作来实现。②动态效应与调节效应检验表明，区域数字贸易规则深化对亚太数字价值链合作的促进作用存在显著的动态强化效应。此外，服务贸易壁垒差异度显著增强了区域数字贸易规则深化对亚太数字价值链合作的促进作用，而双边制度距离却产生了显著的削弱作用。③基于中国样本的实证结果发现，区域数字贸易规则深化显著促进了中国参与亚太数字价值链合作，且数字流动规则深化所产生的促进作用更为凸显。

鉴于以上研究结论，本章建议：第一，亚太经济体签署涵盖数字贸易规则的高标准区域贸易协定要遵循"因缔约对象而异、因规则属性而异"的原则，要重点推动发展中数字经济体间及"一带一路"和非"一带一路"经济体间签署涵盖数字贸易规则的高标准区域贸易协定，在签署过程中要优先考虑与服务章节中的数据及数据流动相关的数字贸易规则，最大限度地发挥区域数字贸易规则深化的数字价值链合作促进效应。第二，作为数字经济大国，中国大力推进同其他亚太经济体的数字价值链合作已成为当务之急。然而，当前中国在亚太地区签署涵盖深度数字贸易规则的区域贸易协定数量仍相对较少，已然成为中国深度参与亚太数字价值链合作的重要障碍。为此，中国应积极对接亚太高标准数字贸易规则，大力推进涵盖服务章节中的数据、数据流动与知识产权等高标准数字贸易规则的区域贸易协定谈判步伐，如此，可为中国深度参与亚太数字价值链合作提供坚实的制度保障。

参 考 文 献

韩剑, 冯帆, 李妍, 2018. FTA 知识产权保护与国际贸易: 来自中国进出口贸易的证据. 世界经济, (9): 51-74.

李墨丝. 2017. 超大型自由贸易协定中数字贸易规则及谈判的新趋势. 上海师范大学学报 (哲学社会科学版), 46 (1): 100-107.

李艳秀. 2021. FTA 中数字贸易规则的价值链贸易效应研究. 国际经贸探索, (9): 99-112.

林僖, 鲍晓华. 2018. 区域服务贸易协定如何影响服务贸易流量? ——基于增加值贸易的研究视角. 经济研究, (1): 169-182.

刘斌, 甄洋, 李小帆. 2021. 规制融合对数字贸易的影响: 基于 WIOD 数字内容行业的检验. 世界经济, (7): 3-28.

刘洪铎, 蔡晓珊. 2016. 中国与 "一带一路" 沿线国家的双边贸易成本研究. 经济学家, (7): 92-100.

彭冬冬, 林珏. 2021. 一带一路" 沿线自由贸易协定深度提升是否促进了区域价值链合作? 财经研究, (2): 109-123 .

孙玉红, 于美月, 赵玲玉. 2021. 区域数字贸易规则对 ICT 产品贸易流量的影响研究. 世界经济研究, (8): 49-64.

谭莹, 胡洪涛, 李大胜. 2018. 经济政策不确定性对农产品产业链的价格冲击研究——基于供需双方 "议价能力" 视角. 农业技术经济, (7): 80-92.

王孝松, 田思远, 2020. 全球价值链分工对贸易失衡的影响探究. 经济学家, (10): 46-55.

吴中庆, 戴明辉. 2021. RCEP 成员国数字技术对贸易成本的影响研究——基于双边贸易流量历史数据的考察与分析. 上海对外经贸大学学报, (3): 18-35.

许统生, 洪勇. 2013. 中国省区间经济周期同步性研究. 经济科学, (3): 34-47.

许亚云, 岳文, 韩剑. 2020. 高水平区域贸易协定对价值链贸易的影响——基于规则文本深度的研究. 国际贸易问题, (12): 81-99.

杨莉. 2020. 区域贸易协定对出口边际影响研究——以中国—东盟自贸区为例. 价格理论与实践, (7): 174-180.

张志明, 熊豪, 祝慧敏. 2019. 中美价值链合作模式演进及其影响因素研究. 国际经贸探索, (8): 16-33.

周念利, 陈寰琦. 2020. RTAs 框架下美式数字贸易规则的数字贸易效应研究. 世界经济, (10): 28-51.

周念利, 李玉昊. 2021. RTAs 框架下数字知识产权规则的数字贸易效应测度及异质性分析. 国际经贸探索, (5): 35-50.

周念利, 李玉昊, 刘东. 2018. 多边数字贸易规制的发展趋向探究——基于 WTO 主要成员的最新提案. 亚太经济，（2）：46-54.

Anderson J E，Yotov Y V，2016. Terms of trade and global efficiency effects of free trade agreements，1990-2002. Journal of International Economics，99（C）：279-298.

Antonia D，Hubert E，Michael R，et al. 2017. Accumulating trade costs and competitiveness in global value chains. WTO Staff Working Paper.

Baier S L，Bergstrand J H. 2007. Do free trade agreements actually increase members' international trade? Journal of International Economics，71（1）：72-95.

Baier S L，Bergstrand J H，Feng M. 2014b. Economic integration agreements and the margins of international trade. Journal of International Economics，93（2）：339-350.

Baier S L，Bergstrand J H，Mariutto R. 2014a. Economic determinants of free trade agreements revisited：distinguishing sources of interdependence. Review of International Economics，22（1）：31-58.

Burri M，Polanco R. 2020. Digital trade provisions in preferential trade agreements：introducing a new dataset. Journal of International Economic Law，23：187-220.

Campi M，Duenas M. 2016. Intellectual property rights and international trade of agricultural products. World Development，80：1-18.

Cheng I H，Wall H J. 2005. Controlling for heterogeneity in gravity models of trade and integration. Federal Reserve Bank of St. Louis Review，87：49-63.

Deardorff A V. 2014. Local comparative advantage：trade costs and the pattern of trade. International Journal of Economic Theory，10（1）：9-35.

Deardorff A V. 2017. Comparative advantage in digital trade. https://fordschool.umich.edu/rsie/ workingpapers/Papers651-675/r664.pdf.

Elsig M，Klotz S. 2018. Data flow-related provisions in preferential trade agreements. //Burri Ma. Big Data and Global Trade Law. Cambridge：Cambridge University Press：42-62.

Elsig M，Klotz S. 2021. Digital trade rules in preferential trade agreements：is there a WTO impact. Global Policy，12：25-36.

Francois J，Hoekman B. 1999. Estimates of barriers to trade in services. Erasmus University，Photocopy.

Haq M，Saeed J，Akram M. 2021. Exploring the advantages and disadvantages of the China-Pakistan free trade agreement. China & World Economy，29（3）：83-103.

Horn H，Mavroidis P C，Sapir A. 2010. Beyond the WTO? An anatomy of EU and US preferential trade agreements. World Economy，33（11）：1565-1588.

Koopman R，Powers W，Wang Z，et al. 2010. Give credit where credit is due：tracing value added in global production chains. NBER Working Papers 16426.

Koopman R，Wang Z，Wei S J. 2014. Tracing value-added and double counting in gross exports. American Economic Review，104（2）：459-494.

Laget E，Osnago A，Rocha N，et al. 2020. Deep trade agreements and global value chains. Review of Industrial Organization，57（2）：379-410.

Malkawi B H. 2019. Digitalization of trade in free trade agreements with reference to the WTO and the USMCA：a closer look. https://pdfs.semanticscholar.org/026e/5483e00346d1394b58e318145 d83ab8d2fc5.pdf.

Martinez Z I，Chelala S. 2021. Trade agreements and international technology transfer. Review of World Economics，157（3）：631-665.

Mattoo A，Mulabdic A，Ruta M. 2017. Trade creation and trade diversion in deep agreements. https://doi.org/10.1111/caje.12611.

Ornelas E，Turner J L，Bickwit G. 2021. Preferential trade agreements and global sourcing. Journal of International Economics，128：1-39.

Osgood I，Feng Y. 2018. Intellectual property provisions and support for US trade agreements. Review of International Organizations，13（3）：421-455.

Pasara M T，Diko N. 2020. The effects of AFCFTA on food security sustainability：an analysis of the cereals trade in the SADC region. Sustainability，12（4）：1-12.

Piermartini R，Yotov Y V. 2016. Estimating trade policy effects with structural gravity. https://www. wto.org/english/res_e/reser_e/ersd201610_e.pdf.

Shadlen K C，Sampat B N，Kapczynski A. 2020. Patents，trade and medicines：past，present and future. Review of International Political Economy，27（1）：75-97.

Timsina K P，Culas R J. 2020. Impacts of Australia's free trade agreements on trade in agricultural products：an aggregative and disaggregative analysis. Australlan Journal of Agricultural and Resource Economics，64（3）：889-919.

Wang Z，Wei S J，Yu X D，et al. 2017. Characterizing global value chains：production length and up streamness. NBER Working Papers 23261.

Weng Y，Yang C H，Huang Y J. 2009. Intellectual property rights and U.S information goods exports：the role of imitation threat. Journal of Cultural Economics，33（2）：109-134.

Yann D，Chorthip U，Alexey K. 2018. Impact of implementation of digital trade facilitation on trade costs. ARTNeT Working Paper Series NO. 174.

Zhou M，Sheldon I，Eum J. 2018. The role of intellectual property rights in seed technology transfer through trade–evidence from U.S. field crop seed exports. Agricultural Economics，49（4）：423-434.

第9章 区域数字贸易规则深化
与亚太数字价值链合作模式重塑

9.1 引　　言

　　20 世纪 90 年代以来，随着信息通信技术的快速发展，数字经济、数字贸易及数字价值链在全球范围内快速兴起，极大改变了全球经贸合作模式。在数字贸易与数字价值链取得显著发展的同时，现有的国际贸易规则和统计方法也面临前所未有的挑战。当前，在多边谈判体制下，WTO 框架并未包含专门的数字贸易规则体系，仅包含与贸易相关的知识产权协定和服务贸易总协定中所涵盖的零散数字贸易规则，这显然无法满足各成员在知识产权、跨境数据流动、电子商务等方面对数字贸易规则的需求。各国（地区）为了掌握数字贸易时代背景下国际贸易规则的领导权和话语权，纷纷采取各种措施制定数字贸易规则或签署各类涵盖数字贸易规则的区域贸易协定。目前，美国、欧盟和日本等发达国家（地区）凭借其在全球数字价值链地位上的优势，主导了全球数字贸易规则的构建，逐步在国际贸易新规则制定中掌握了话语权与领导权。自 2001 年美国和约旦签署了第一个包含数字贸易规则的区域贸易协定后，全球区域数字贸易规则得到快速发展，截至 2021 年，全球范围内生效的含数字贸易规则的区域贸易协定共计 188 个，占区域贸易协定总数量的 58%，与全球范围内的增长趋势相呼应，APEC 成员间签署的涵盖数字贸易规则的区域贸易协定数量达 113 个，占全球的 60.1%，尤其是从涵盖深度数字贸易规则的区域贸易协定增速来看，亚太地区已成为签署包含数字贸易规则的区域贸易协定最活跃的地区之一[①]。

　　随着数字技术的快速发展，亚太数字价值链分工的复杂程度日益提高，亚太地

---

① 资料来源：TAPED 数据库，整理所得。

区各经济体数字产业的全球价值链长度不断延伸。相应地，各经济体之间的数字价值链合作模式由浅度数字价值链合作逐步向深度数字价值链合作转变。那么，我们不禁想问，区域数字贸易规则深化是否会重塑亚太数字价值链合作模式？内在的影响机制如何？这些问题的回答，有助于我们更深入地了解区域数字贸易规则深化与亚太数字价值链合作之间的关系，也可为中国借助区域数字贸易规则更有效地参与亚太数字价值链合作提供理论指导。为此，本章在第 8 章的基础上，进一步考察区域数字贸易规则深化对亚太数字价值链合作模式重塑的影响效应。

9.2　模型构建、变量与数据说明

9.2.1　计量模型构建

考虑到区域数字贸易规则深度指数零值的存在及区域数字价值链合作模式重塑指数数据的异方差问题，我们借鉴 Silva 和 Tenreyro（2006）的思路，使用 PPML 技术构建估计模型，模型设定如下：

$$\text{Dvcr}_{ijt} = \exp(\beta_0 + \beta_1 \text{ldep}_{ijt} + \beta_2 \text{bit}_{ijt} + \beta_3 \text{Mql}_{ijt} + \beta_4 \text{Mpdc}_{ijt} + \gamma_{it} + \gamma_{jt} + \gamma_{ij}) + \varepsilon_{ijt} \quad （9.1）$$

其中，$\exp(\cdot)$ 表示以 e 为底的指数函数；ε_{ijt} 为泊松扰动项；Dvcr_{ijt} 为亚太数字价值链合作模式重塑指数；ldep_{ijt} 为本章的核心解释变量区域数字贸易规则深度指数；bit_{ijt}、Mql_{ijt} 和 Mpdc_{ijt} 为控制变量，分别表示双边投资协定虚拟变量、营商环境差异度和劳动生产率差异度。此外，鉴于截面数据难以为区域数字贸易规则深度指数寻找解决内生性问题的可靠工具变量，参考 Baier 等（2014）的做法，加入缔约经济体时变固定效应（γ_{it} 与 γ_{jt}）和缔约经济体对恒定固定效应 γ_{ij}，以控制国家层面的变动冲击及文化差异、地理距离等非时变国家对差异。基于经济体对面板数据进行的三维联合固定，在最大限度克服遗漏变量问题的基础上，使得估计方程更为精巧。

9.2.2　变量与数据来源

1. 核心变量度量

通常而言，我们认为价值链合作主要通过中间品贸易得以展开，故经济体间的中间品贸易强度能够在较大程度上反映两个经济体间的价值链合作水平。然而，随着国际分工的不断深化，当前国际贸易统计方法难以准确捕捉国家（地区）进出口贸易的真实创造力与强度，Johnson 和 Noguera（2012）提出了以增加值贸易来衡量国家（地区）真实进出口贸易规模的统计方法，并得到 WTO、APEC 和 OECD 等诸多国际机构的认可与支持。因此，本章采用中间品增值贸易统计方法来构建亚太数字价值链合作模式重塑指数。根据 Wang 等（2013）提出的双边增值贸易流分解框架，中间品出口中的国内增加值可以划分为两部分，一是被进口国加工并被直接吸收的部分，二是被进口国加工再出口的部分。在此基础上，Wang 等（2017）和周彦霞等（2021）提出，如果一产品以中间品形式从一经济体出口到另一经济体并被其直接吸收，则称该种价值链合作模式为浅度价值链合作。反之，若该产品以中间品形式出口到另一经济体，并被加工后再出口，则认为两经济间进行了深度价值链合作。根据以上定义，我们采用两个经济体间深度数字价值链贸易额和浅度数字价值链贸易额之比来度量亚太数字价值链合作模式重塑指数（Dvcr_{ijt}），具体指标构建方法如下：

$$\mathrm{Dvcr}_{ijt} = \frac{\mathrm{Ddvc}_{ijt}}{\mathrm{Sdvc}_{ijt}}$$

$$= \frac{\mathrm{Dvs}_t^i \times \mathrm{Dge}_t^{ij} \times \mathrm{Dvps}_t^{ij} \times \mathrm{Drvi}_t^{ji} + \mathrm{Dvs}_t^j \times \mathrm{Dge}_t^{ji} \times \mathrm{Dvps}_t^{ji} \times \mathrm{Drvi}_t^{ij}}{\mathrm{Dvs}_t^i \times \mathrm{Dge}_t^{ij} \times \mathrm{Dvps}_t^{ij} \times (1 - \mathrm{Drvi}_t^{ji}) + \mathrm{Dvs}_t^j \times \mathrm{Dge}_t^{ji} \times \mathrm{Dvps}_t^{ji} \times (1 - \mathrm{Drvi}_t^{ij})}$$

$$(9.2)$$

其中，i 和 j 分别表示 i 经济体和 j 经济体；t 表示年份；Dvcr_{ijt}、Ddvc_{ijt} 和 Sdvc_{ijt} 分别为第 t 年 i 经济体与 j 经济体的数字价值链合作模式重塑指数及深度和浅度数字价值链贸易额；Dvs_t^i（Dvs_t^j）和 Dge_t^{ij}（Dge_t^{ji}）分别为第 t 年 i（j）经济体数字行业中间品出口中包含的国内增加值占数字行业总出口额的比重与 i（j）经济体的数字行业总出口额，二者的乘积表示 i（j）经济体数字行业中间品出口中包含的国内增加值额；Dvps_t^{ij}（Dvps_t^{ji}）为 i（j）经济体向 j（i）经济体出口的数字行业中间品中包含的国内增加值占 i（j）经济体数字行业中间品出口中的国内增加值之比；Drvi_t^{ji}（Drvi_t^{ij}）则表示第 t 年 j（i）经济体向 i（j）经济体进口的数字行业中间品加工再出口占其数字中间品进口的比重。Dvcr_{ijt} 大于 1 时，意味着深度数字价值链合作在经济体间的数字价值链合作模式中占主导地位，反之则说明双边数字价值链合作以浅度数字价值链合作为主。考虑到，长期以来，亚太数字价值链合作呈现出复杂化和深度化的演变态势，若亚太数字价值链合作模式呈现出由深度数字价值链合作向浅度数字价值链合作转变的发展态势，那么这意味着亚太数字价值链合作模式发生重塑，即随着 Dvcr_{ijt} 减小，双边数字价值链合作模式趋于重塑。

本章测算了 2000~2018 年除巴布内亚新几内亚外的 20 个 APEC 经济体的亚太数字价值链合作模式重塑指数，核算数据来源于 OECD-TiVA 数据库。此外，关于数字产业国际上尚未形成被普遍接受的行业分类方法，因此本章基于相关文献做法，选择 OECD-TiVA 数据库中的信息行业作为数字行业①。

区域数字贸易规则深度指数（ ldep_{ijt} ）的具体构建思路详见第 8 章，本章不予赘述。该指数的取值范围为[0,1]，数值越接近 1，表示该协定的数字贸易规则深度一体化程度越高。

2. 控制变量

（1）缔结双边投资协定（ bit_{ijt} ）。若双方缔结双边投资协定，则赋值为 1，否则为 0。

（2）营商环境差异度（ Mql_{ijt} ）。利用两个经济体清廉指数之差的绝对值来表示营商环境差异度，具体计算公式为 $\text{Mql}_{ijt} = \left| \text{mql}_{it} - \text{mql}_{jt} \right|$ ，其中 mql_{it} （ mql_{jt} ）表示第 t 年经济体 i （ j ）的清廉指数。

（3）劳动生产率差异度（ Mpdc_{ijt} ）。利用两个经济体人均 GDP 之差的绝对值来表示劳动生产率差异度，具体计算公式为 $\text{Mpdc}_{ijt} = \left| \text{mpdc}_{it} - \text{mpdc}_{jt} \right|$ ，其中 mpdc_{it} （ mpdc_{jt} ）表示第 t 年 i （ j ）经济体的人均 GDP。

以上控制变量数据分别来源于 UNCTAD 数据库、国务院发展研究中心信息网数据库和世界银行数据库。

9.3　估计结果分析

9.3.1　基准估计结果分析

本章基于 2000~2018 年的经济体对宏观数据，实证考察区域数字贸易规则深化对亚太数字价值链合作模式重塑的影响。表 9.1 报告了区域数字贸易规则深化对亚太数字价值链合作模式重塑的估计结果。首先，我们在逐步加强固定效应基础上对核心解释变量进行估计，由表 9.1 列（1）、列（2）估计结果可知，

---

① 信息行业对应的行业为计算机、电子和光学产品（D26），出版、音像和广播活动（D58T60），电信（D61）、信息通信技术及其他信息服务（D62T63）。

在不同固定效应下核心解释变量的估计系数均在 1% 的显著性水平上为负值，说明区域数字贸易规则深化推动了亚太数字价值链合作模式重塑，促使亚太数字价值链合作模式由深度价值链合作向浅度数字价值链合作转变，意味着区域数字贸易规则深化使得亚太经济体间更倾向展开价值链条相对较短的简单数字价值链合作。可能的原因是，数字中间品的进口加工再出口不仅受双边数字贸易规则深度的影响，还同其与进口加工再出口的第三方经济体间数字贸易规则融合情况息息相关。与其对亚太深度数字价值链合作的影响相反的是，区域数字贸易规则深化能够通过降低贸易壁垒和政策不确定性实现双边贸易成本的下降，进而推动双边开展更为深入密切的数字价值链合作，同时对未与该经济体对缔结区域数字贸易规则的第三方经济体参与双边价值链合作产生一定排他性，即区域数字贸易规则深化对缔约双方数字价值链合作产生了创造效应，而对其他未与之签署区域数字贸易协定的亚太经济体间的数字价值链合作产生了负向的挤出效应。

表9.1　基准估计结果

变量	亚太数字价值链合作模式重塑指数				
	（1）	（2）	（3）	（4）	（5）
ldep	−0.148***	−0.167***	−0.190***	−0.181***	−0.144***
	（−3.93）	（−4.35）	（−4.61）	（−4.36）	（−3.23）
bit			0.048**	0.062***	0.063***
			（2.39）	（3.11）	（3.11）
Mql				−0.003***	−0.002***
				（−5.85）	（−4.07）
Mpdc					−0.080***
					（−6.97）
_cons	0.379***	0.413***	0.387***	0.411***	0.725***
	（49.39）	（71.43）	（32.93）	（34.92）	（13.03）
I-Year FE	是	是	是	是	是
J-Year FE	是	是	是	是	是
I-J FE	否	是	是	是	是
N	3 572	3 572	3 572	3 572	3 211
Pseudo R^2	0.266 3	0.291 9	0.291 9	0.292 1	0.287 8

、*分别表示在 5%、1% 的水平上显著

注：括号内为 t 统计量

进一步地，为缓解遗漏变量对估计结果的影响，表 9.1 列（3）至列（5）逐

步控制了缔结双边投资协定虚拟变量、营商环境差异度和劳动生产率差异度三个控制变量。由估计结果可知，劳动生产率差异度和营商环境差异度的估计系数均在 1% 的水平上显著为负值，说明劳动生产率差异度和营商环境差异度越大，越有利于亚太数字价值链合作模式重塑。与之相反的是，缔结双边投资协定对亚太数字价值链合作模式重塑具有显著的抑制作用，推动亚太数字价值链合作模式向分工复杂度较高、价值链链条相对较长、抗风险能力相对较弱的深度数字价值链合作模式转变。最为重要的是，本章重点关注的区域数字贸易规则深度指数的估计系数始终显著为负值，初步说明估计结果是基本稳健的。

9.3.2 稳健性分析

1. 重构核心变量

我们采用更换核心变量度量方法来重构区域数字贸易规则深度指数和亚太数字价值链合作模式重塑指数。借鉴第 6 章度量亚太价值链合作模式重塑指数的思路，本章使用深度数字价值链贸易额与总体数字价值链贸易额之比（Dvcr1）来重新度量区域数字价值链合作模式重塑状况，且 Dvcr1 越小，意味着浅度数字价值链合作在亚太经济体间数字价值链合作中的地位越高。此外，根据张志明等（2019）的方法，我们采用经济体间的中间品贸易额替换中间品增加值贸易额并重新测算式（9.2），得到基于总值贸易视角的亚太数字价值链合作模式重塑指数（Dvcr2）。分别利用 Dvcr1 和 Dvcr2 替换 Dvcr 进行再估计，由表 9.2 列（1）、列（2）的估计结果可知，不论采用何种亚太数字价值链合作模式重塑指数度量方法，均未对基准估计结果产生实质性影响。我们利用考虑法律约束力情形下的区域数字贸易规则深度评分（ldepth）与深度数字贸易规则哑变量（ldummy）来重新度量区域数字贸易规则深化指数[①]，由表 9.2 列（3）、列（4）的估计结果可知，区域数字贸易规则深化的亚太数字价值链合作模式的重塑效应仍显著存在。前文均使用考虑法律约束力情形下的区域数字贸易规则来度量核心解释变量。那么，使用不考虑法律约束力情形下的所有区域数字贸易规则来重新度量核心解释变量，是否会对本章核心结论产生实质性影响？为验证该问题，我们放宽约束条件，利用所有区域数字贸易规则（即赋值不为 0 的目标条款）来重新度量 ldep、ldepth 和 ldummy 并进行再估计，由表 9.2 列（5）至列（7）的估计结果可知，使用不考虑法律约束力情形下的所有区域数字贸易规则来重新度量核心解释变量未对本章核心结论产生实质性影响，核心结论依然稳健。

---

① 两个指标的具体构建思路见第 8 章的稳健性检验部分。

表9.2　稳健性（一）

变量	亚太数字价值链合作模式重塑指数						
	（1）	（2）	（3）	（4）	（5）	（6）	（7）
ldep	-0.059^{*}	-0.048^{**}			-0.127^{***}		
	（−1.82）	（−2.29）			（−3.02）		
ldepth			-0.001^{***}			-0.001^{***}	
			（−3.23）			（−3.02）	
ldummy				-0.050^{**}			-0.098^{***}
				（−2.13）			（−3.72）
_cons	0.528^{***}	-0.601^{***}	0.725^{***}	0.731^{***}	0.724^{***}	0.724^{***}	0.741^{***}
	（12.21）	（−17.70）	（13.03）	（12.89）	（12.99）	（12.99）	（13.09）
控制变量	是	是	是	是	是	是	是
I-Year FE	是	是	是	是	是	是	是
J-Year FE	是	是	是	是	是	是	是
I-J FE	是	是	是	是	是	是	是
N	3 173	3 211	3 211	3 211	3 211	3 211	3 211
Pseudo R^2	0.287 5	0.063 2	0.287 8	0.287 7	0.287 8	0.287 8	0.287 8

*、**、***分别表示在10%、5%、1%的水平上显著

注：括号内为 t 统计量

2. 调整样本数据

其一，样本期间划分。考虑到区域数字贸易规则的实施是一个逐步推进的过程，且数字产业中间品贸易方式也难以在短时间内实现充分调整。故借鉴Trefler（1993）、Anderson 和 Yotov（2016）、Baier 和 Bergstrand（2007）的样本期间划分方法来处理上述问题，以 3 年为界，将 2000~2018 年样本期间等分为 6 个时段进行再估计。其二，剔除扰动年份。为避免全球金融危机期间样本数据突变对估计结果造成扰动，本部分使用剔除了 2008~2010 年期间的样本数据进行再估计。其三，剔除异常值。鉴于本章的亚太数字价值链合作模式重塑指数可能有偏，本章删除 5%的数字价值链合作模式重塑指数极端值进行再估计，以期得到不受极端值影响的稳健估计结果。其四，剔除存在双边数字贸易协定样本。考虑到双边贸易规模可能会影响双边贸易协定的缔结和执行，但对多边协定的签署与实施实质性影响不大（Tan and Qiu，2007），我们剔除了考察期间所有存在双边数字贸易协定的样本经济体对，并对基准模型进行再估计。由表 9.3 列（1）至列（4）可知，ldep 的估计系数均显著为负值，说明基准估计结果未因调整样本数据而发生实质性改变。

表9.3　稳健性（二）

变量	亚太数字价值链合作模式重塑指数							
	（1）	（2）	（3）	（4）	（5）	（6）	（7）	（8）
ldep	−0.186***	−0.139***	−0.161***	−0.127**	−0.226***	−0.126*		−0.186**
	（−2.81）	（−2.93）	（−3.78）	（−2.23）	（−3.67）	（−1.87）		（−2.79）
Fldep						−0.062		
						（−0.95）		
Lldep							−0.104**	
							（−2.34）	
_cons	0.685***	0.745***	0.678***	0.799***	1.382***	0.764***	0.748***	
	（7.50）	（13.20）	（12.82）	（14.32）	（16.32）	（12.94）	（13.24）	
控制变量	是	是	是	是	是	是	是	是
I-Year FE	是	是	是	是	是	是	是	是
J-Year FE	是	是	是	是	是	是	是	是
I-J FE	是	是	是	是	是	是	是	是
Anderson LM 统计量								2 724.673 [0]
C-D Wald F 统计量								{6 798.694} [19.93]
Sargan 统计量								0.116 {0.733 4}
N	1 183	2 704	3 211		3 211	3 042	3 042	3 042
R²				2 622	0.912			0.033 1
Pseudo R²	0.293 1	0.290 5	0.260 8	0.299 4		0.286 8	0.286 5	

*、**、***分别表示在10%、5%、1%的水平上显著

注：括号内为 t 统计量

3. 变换估计方法

为规避估计方法不同导致的估计结果偏误，我们使用 OLS 方法对式（9.1）进行重新估计，由表 9.3 列（5）可知，ldep 的估计系数依然显著为负值，说明变换估计方法同样未对基准估计结果产生实质性影响。

4. 处理内生性问题

我们采用三种方法考察内生性问题是否对本章估计结果产生实质性影响。首先，若区域数字贸易规则深化严格外生于双边数字价值链合作的变化，那么提前一期的区域数字贸易规则深度指数（Fldep）与当期数字价值链合作模式重

塑指数应当是无关的。参考 Baier 等（2014）的做法，在式（9.1）中加入 Fldep$_{ijt}$，由表 9.3 列（6）的估计结果可知，Fldep 的估计系数不显著，而 ldep 的估计系数依然显著为负值。其次，为了缓解可能存在的反向因果关系对本章核心结论产生的不利影响，利用 ldep 滞后一期（Lldep）替换 ldep 进行再估计，由表 9.3 列（7）的估计结果可知，Lldep 的估计系数显著为负值。最后，我们利用工具变量法来克服可能存在的内生性问题。具体而言，我们构造了 i 经济体与非 j 经济体之间的平均区域数字贸易规则深度指数（$\overline{\mathrm{ldep}_{i,-jt}}$）和 j 经济体与非 i 经济体之间的平均区域数字贸易规则深度指数（$\overline{\mathrm{ldep}_{j,-it}}$）作为 ldep$_{ijt}$ 的工具变量进行两阶段最小二乘估计。由表 9.3 列（8）的估计结果可知，本章工具变量的选取是合理的，Anderson LM 统计量、C-D Wald F 统计量和 Sargan 统计量的检验结果显示模型不存在识别不足、弱工具变量及过度识别的问题，且 ldep 的估计系数依然显著为负值。综合以上分析不难发现，在考虑内生性问题后本章的基准估计结果依然稳健。

9.4　异质性分析

9.4.1　规则异质性

1. 规则内容异质性

为探讨不同内容议题的数字贸易规则深化对亚太数字价值链合作模式重塑的影响差异，本章沿用 TAPED 数据库的数字贸易规则基础分类[①]，根据式（8.2）的计算方法，我们构建电子商务规则深度指数、数据流动规则深度指数、服务章节中的数据规则深度指数、知识产权规则深度指数、特殊定制规则深度指数及其他规则深度指数，并分别以各类区域数字贸易规则深度指数为核心变量进行再估计。由表 9.4 可知，特殊定制规则和知识产权规则深化对亚太数字价值链合作模式重塑的推动作用较为强烈，可能的原因是与信息通信技术合作、数字手段标准化相关的数字贸易规则能够最大限度地降低双边沟通、谈判和搜寻成本，激发价值链合作主体的活力，进而推动双边开展更为深入密切的

---

① TAPED 数据库将区域贸易协定中涉及的数字贸易规则划分为八大类，本章将与数据相关的商品贸易、一般例外和 Wto_Notified 规则合并为其他类别。

浅度数字价值链合作。

表9.4　异质性（一）

变量	亚太数字价值链合作模式重塑指数					
	（1） 电子商务	（2） 数据流动	（3） 服务章节中的数据	（4） 知识产权	（5） 特殊定制	（6） 其他
ldep	−0.082*	−0.068	−0.108**	−0.113***	−0.172***	−0.020
	（−1.96）	（−1.50）	（−2.38）	（−3.00）	（−5.09）	（−0.36）
_cons	0.720***	0.726***	0.727***	0.731***	0.746***	0.723***
	（12.84）	（12.88）	（12.92）	（13.04）	（13.61）	（12.76）
控制变量	是	是	是	是	是	是
I-Year FE	是	是	是	是	是	是
J-Year FE	是	是	是	是	是	是
I-J FE	是	是	是	是	是	是
N	3 211	3 211	3 211	3 211	3 211	3 211
Pseudo R^2	0.287 7	0.287 7	0.287 7	0.287 8	0.287 9	0.287 7

*、**、***分别表示在10%、5%、1%的水平上显著
注：括号内为 t 统计量

2. 规则功能异质性

鉴于 TAPED 数据库基础分类中的内容存在一定的交叉性，即电子商务规则分类中既包含了数据流的相关规定，又有涉及知识产权协调的内容，为进一步厘清不同功能的区域数字贸易规则深化对亚太数字价值链合作模式重塑的差异化影响，我们首先根据彭羽等（2021）的思路，将 TAPED 数据库的数字贸易规则重新划分为开放流动型（包含 22 类规则）、环境便利型（包含 44 类规则）及平衡维护型（包含 26 类规则）三大类，然后分别构建三大类区域数字贸易规则深度指数并将其作为核心解释变量进行再估计，由表 9.5 列（1）至列（3）估计结果可知，各类区域数字贸易规则深化均能显著推动亚太数字价值链合作模式重构，其中，平衡维护型区域数字贸易规则深化对亚太数字价值链合作模式重塑的驱动作用最为强烈，开放流动型区域数字贸易规则次之，而环境便利型区域数字贸易规则虽略微逊色于前两者但同样不容小觑。可能的原因是，环境便利型区域数字贸易规则主要涉及数字贸易最终品，而平衡维护型和开放流动型区域数字贸易规则更多牵涉数字中间品的贸易流通。

表9.5　异质性（二）

变量	亚太数字价值链合作模式重塑指数						
	（1）	（2）	（3）	（4）	（5）	（6）	（7）
	开放流动型	环境便利型	平衡维护型	关税	非关税	数字制造业	数字服务业
ldep	−0.105**	−0.083**	−0.141***	−0.023	−0.148***	−0.163***	0.011
	（−2.55）	（−2.05）	（−3.13）	（−0.47）	（−3.31）	（−4.00）	（0.52）
_cons	0.719***	0.723***	0.730***	0.725***	0.724***	0.704***	−0.475***
	（12.82）	（12.92）	（13.04）	（12.88）	（13.02）	（12.23）	（−12.54）
控制变量	是	是	是	是	是	是	是
I-Year FE	是	是	是	是	是	是	是
J-Year FE	是	是	是	是	是	是	是
I-J FE	是	是	是	是	是	是	是
N	3 211	3 211	3 211	3 211	3 211	3 173	3 173
Pseudo R^2	0.287 7	0.287 7	0.287 8	0.287 7	0.287 8	0.367 1	0.093 6

、*分别表示在5%、1%的水平上显著

注：括号内为 t 统计量

　　此外，贸易协定中关税与非关税的议题一直以来也是学术界关注的重点话题，因此我们将征收关税规则、承运人媒介的海关申报价值规则及具体的内部税规则三类规则划为关税规则，其他规则划为非关税规则，根据式（8.2）分别计算关税与非关税数字贸易规则深度指数并进行再估计。估计结果如表9.5列（4）、列（5）所示，区域数字贸易规则深化对亚太数字价值链合作模式重塑作用主要通过非关税数字贸易规则来实现。

9.4.2　行业异质性

　　为进一步探讨区域数字贸易规则深化的亚太数字价值链合作模式的重塑效应是否会因数字行业不同而有所差异，我们在式（9.1）的基础上，将数字行业区分为数字制造业和数字服务业两种类型。从表9.5列（6）、列（7）的估计结果可以发现，数字制造业的ldep估计系数显著为负值，而数字服务业的ldep估计系数统计不显著，说明区域数字贸易规则深化对亚太数字价值链合作模式重塑的推动作用主要通过驱动数字制造业价值链合作模式重塑得以实现。

9.5　本章小结

本章使用 1995~2018 年亚太经济体对数据实证考察区域数字贸易规则深化对亚太数字价值链合作模式重塑的影响效应。结果发现，区域数字贸易规则深化显著促进了亚太数字价值链合作模式重塑，促使亚太数字价值链合作模式由深度数字价值链合作向浅度数字价值链合作转变，推动亚太数字价值链向短链化、简单化转型。异质性分析发现，特殊定制规则和知识产权规则深化对亚太数字价值链合作模式重塑的推动作用较为强烈，尤其是与产权保护和信息安全相关的数字贸易规则深化的驱动作用更为强烈。此外，区域数字贸易规则深化对亚太数字价值链合作模式重塑的推动作用主要通过驱动数字制造业价值链合作模式重塑得以实现。

参 考 文 献

彭羽，杨碧舟，沈玉良. 2021. RTA 数字贸易规则如何影响数字服务出口——基于协定条款异质性视角. 国际贸易问题，（4）：110-126.

张志明，熊豪，祝慧敏. 2019. 中美价值链合作模式演进及其影响因素研究. 国际经贸探索，（8）：16-33.

周彦霞，张志明，陈嘉铭. 2021. 亚太价值链重构与中国的角色变迁. 世界经济研究，（4）：28-42.

Anderson J E, Yotov Y V. 2016. Terms of trade and global efficiency effects of free trade agreements, 1990−2002. Journal of International Economics, 99：279-298.

Baier S L, Bergstrand J H. 2007. Do free trade agreements actually increase members' international trade? Journal of International Economics, 71（1）：72-95.

Baier S L, Bergstrand J H, Feng M. 2014. Economic integration agreements and the margins of international trade. Journal of International Economics, 93：339-350.

Johnson R C, Noguera G. 2012. Accounting for intermediates：production sharing and trade in value added. Journal of International Economics, 86：224-236.

Silva J M C S, Tenreyro S. 2006. The log of gravity. The Review of Economics and Statistics, 88(4)：641-658.

Tan L, Qiu L D. 2007. Beyond trade creation：free trade agreements and trade disputes. ERIA

Discussion Paper.

Trefler D. 1993. Trade liberalization and the theory of endogenous protection: an econometric study of US import policy. Journal of Political Economy, 101 (1): 138-160.

Wang Z, Wei S J, Yu X, et al. 2017. Characterizing global value chains: production length and upstreamness. NBER Working Paper 23261.

Wang Z, Wei S J, Zhu K F. 2013. Quantifying international production sharing at the bilateral and sector levels. NBER Working Papers 19677.

第10章 "印太经济框架"对中国参与亚太价值链的影响及对策

10.1 引 言

　　IPEF 是美国在"印太战略"下，构建围堵中国的全方位经济联盟，是美国在印太地区主导"全球供应链重组"的重要着力点，也是从全球供应链层面"遏制中国"的重要战略举措。IPEF 将是亚太地区标准最高、涉及内容最广泛的区域贸易协定，其所涉及的贸易便利化、数字经济标准、供应链弹性、基础设施、脱碳和清洁能源、出口控制、税收和反腐败等内容将是亚太地区更高标准区域贸易规则的标杆。2022 年 2 月 11 日，美国白宫发布名为《美国印太战略》的报告，其在"推动印太繁荣"的目标中提出，美国要提出一项 IPEF，旨在在数字经济、供应链弹性和安全性、高标准基础设施投资、高标准贸易等方面加强与地区伙伴的关系。随后，2022 年 2 月 23 日，美国商会针对 IPEF 的实施提出了有关建议。美国认为自身在印太地区经济合作中处于劣势，针对中国要加强地区内领导地位的竞争。IPEF 虽然没有明确提及中国，但处处没有"离开"中国，包括降低供应链对中国依赖，防止中国获取重要技术等，其政策导向是封闭而非开放。该框架不会把中国纳入其中，不会从合作的角度包容中国的经济因素，更不会考虑与中国所提出的地区经济合作倡议对接。不仅如此，该框架还将中国划在框架之外，体现出浓重的与中国竞争的色彩，试图从经济尤其是产业层面围堵中国，在亚太价值链上与中国"脱钩"。作为全球第一贸易大国及亚太价值链的重要参与者，中国深度参与了印太地区价值链产业链分工体系。故 IPEF 建立必将对中国参与亚太价值链产生深远影响，面对美国提出的 IPEF，中国应该未雨绸缪，主动作为，提前做好应对工作。这对于中国加快推进新发展格局构建、确保产业链供应链稳定意义重大。

10.2　IPEF 的核心内容与真实目的

2021 年 10 月，美国总统拜登以视频方式出席东亚峰会时，首次提出了 IPEF 的概念。此后，美国多位高官频频利用各种场合为 IPEF 造势。2022 年 2 月，美国商务部长雷蒙多表示，美国不会重返 CPTPP，但计划于 2022 年初与印太地区国家就 IPEF 正式展开谈判，并强调将以一种超越传统贸易协定的方式加强同本地区盟友的关系。IPEF 很大程度上已经是一个地缘经济概念，它与美国现行的"印太战略"完全契合、互为补充。美国希望借 IPEF 补足"印太战略"缺乏经济支柱的短板，既握"军事大棒"，又挥"经济大棒"。

10.2.1　IPEF 的核心内容

《美国印太战略》指出，IPEF 涉及贸易便利化、数字经济标准、供应链弹性、基础设施、脱碳和清洁能源、出口控制、税收和反腐败等诸多方面。据彭博社等外媒此前报道，美国商务部长雷蒙多曾表示，这一"新型经济框架"还包括协调出口管制，以"限制向中国出口'敏感'产品"，并为人工智能与网络安全等制定技术标准和规则。IPEF 是美国在印太战略下针对中国所制定的全面经济外交战略。这也意味着美国正在放弃 TPP（CPTPP）这一框架，企图重新打造一个高规则标准、针对中国的全新地区经济合作框架。

10.2.2　IPEF 的真实目的

IPEF 的真实目的有三：其一，从宏观角度来看，美国欲借 IPEF 深度整合印太地区盟友、伙伴关系，形成一个"新经济宗藩体系"，确保各盟友、伙伴与美国战略步调一致，从而形成地区内更复杂、更稳定的合作网络。具体来说，2020 年，美国、欧盟、日本、中国台湾举办"重组供应链"论坛；2021 年，七国集团领导人提出"重建更好世界"（B3W）计划、日本出台《半导体产业紧急强化方案》。IPEF 的推出大概率会设置相关机制，实现其与上述计划和方案的对接，使得在 IPEF 下不仅可以更便利地推进基础设施建设，还可以方便美国及其伙伴建设专属供应链。其二，从中观角度来看，印太地区是全球经济最活跃的地区之一，中国与印太主要国家都保持着密切的经贸联系，在地区经济中发挥着举足轻重的作用。美国希望借助 IPEF 与中国"脱钩"，并在现有条件下吸纳更多经贸伙伴，寻找供应链替代方，更要拉拢其他国家形成对中国的"合围"，将中国排除于亚太价值链体系。其三，从微观角度来看，IPEF 尽管提及贸易投资便利化、数字经济与数字贸易、基础设施合作、供应链与绿色经济等议题，但其根本目的还是利用机制的叠加挖各国经济的"墙脚"，满足美国的经贸需求。

10.3 IPEF 对中国参与亚太价值链的影响

10.3.1 IPEF 将降低中国参与亚太价值链的程度

第一，IPEF 将加速中美产业链"脱钩"。构建一个在经济上与中国"脱钩"的印太经济网络是 2017 年美国"印太战略"的诉求之一。中美贸易摩擦和新冠疫情暴发后，美国就出现了对于中国供应链断供风险的担忧，尤其担心中国国内疫情导致全球电子、汽车、制药等支柱产业的大范围停工停产。在此背景下，美国趁势推动全球产业链的"去中国化"，加快重塑亚太价值链网络。2020 年 4 月 29日，美国国务卿蓬佩奥宣称，将联合印度、澳大利亚、日本、新西兰、韩国、越南等国重构全球供应链，以杜绝"对一国过度依赖"的情况。美国纠集上述所谓"可信赖的伙伴国家"，构建了名为"经济繁荣网络"（Economic Prosperity Network）的排他性国际产业联盟，最终意图是要重构一个以印太伙伴为核心的价值链网络。美国是中国亚太价值链的重要合作伙伴，2020 年中国从美国进口的产品中约 70% 为中间投入品，而美国从中国进口的产品中这一比例约为 30%。因此，IPEF 势必会导致中国与美国产业链严重"脱钩"。

第二，IPEF 将使中国面临被排除于亚太价值链体系的风险。IPEF 与传统的FTA 框架并不相同，其强调的不是开放、多边、平等互惠的自由贸易，而是一种"多重的"双边机制。通过与印太地区内或地区外的国家（地区）进行"一国（一地区）一策"的双边协商，形成地区内相应的经济框架。对于中国来说，这意味着美国可能在地区内建立自我主导的针对中国的同盟体系，并形成"定制化"的经济封锁网络，即在各国或地区力所能及的领域中对中国采取差异化的排挤策略。在此基础上，美国可能会推动形成印太地区的"经济北约"，在亚太价值链体系中不断封锁中国的同时，积极拓展同中国周边国家及经济体的经贸联系，从而逐步削弱中国在亚太价值链体系中的影响力。

第三，IPEF 将加速亚太价值链从中国转移。伴随着中国人口红利的逐渐消失、劳动力成本的不断上升、资源储量的不断减少等，中国参与亚太价值链的传统要素优势逐渐削弱，中国在亚太价值链分工中的参与度已面临诸多挑战。受市场经济规律和利润最大化目标的驱使，IPEF 不仅可能使跨国企业缩减或改变在中国布局新生产环节的计划，甚至可能会加速其将原本在中国布局的产业或生产环节转移至贸易成本更加低廉、生产与消费预期环境更加稳定的国家或地区。中国与印太地区进出口的产品中约 60%为中间投入品，因此，在中国传统要素禀赋优势逐渐削弱的背景下，IPEF 建成或将对中国在全球特别是亚太价值链分工体系中的参与度产生更加强烈的负面影响。

10.3.2　IPEF 将遏制中国提升亚太价值链地位

当前，中国仍位居亚太价值链中低端，如何促进中国向亚太价值链高端攀升对中国实现经济高质量发展至关重要。然而，IPEF 将从多方面遏制中国提升亚太价值链地位。其一，IPEF 将从亚太价值链两端对中国进行围堵，阻止中国向亚太价值链两端攀升。当前，美国、日本、澳大利亚、新西兰等 IPEF 盟友大都位居亚太价值链两端，一旦 IPEF 建成，美国势必与 IPEF 盟友构建"去中国化"的亚太价值链联盟，拉拢其他国家从价值链两端对中国形成"合围"，并逐步将中国锁定在亚太价值链中低端。其二，IPEF 将通过阻碍中国技术进步来遏制中国提升亚太价值链地位。技术创新是中国提升亚太价值链地位的关键动力，而实现技术创新主要存在自主创新和国外技术溢出两个途径，其中技术溢出成本低、见效快。然而，IPEF 将使美国推动印太地区产业链价值链整合，尤其在高新技术领域，并促使印太盟友与中国进行局部甚至整体产业链价值链"脱钩"。2021 年 4 月初，美国白宫国家经济委员会主席劳伦斯·库德洛声称，为愿意迁离中国的美国企业支付搬家成本；日本政府制定的抗疫振兴计划中，同样有资助日本企业撤离中国的内容。同时，美国、日本均声称要帮助其企业迁移至印度，甚至有官方人士出面游说相关企业进行迁移。由此可见，IPEF 使中国面临被排挤出亚太价值链体系的巨大风险，这在很大程度上将阻碍中国通过技术溢出渠道实现技术进步和高新技术产业发展，进而将对中国向亚太价值链中高端攀升带来一定的阻断效应。

10.3.3　IPEF 将削减中国参与亚太价值链的贸易获利

贸易获利是中国参与亚太价值链分工体系的出发点和归宿。IPEF 将削减中国参与亚太价值链的贸易获利，主要表现如下。

第一，在 IPEF 中，美国会极力借助美国、日本和中国台湾地区在供应链中的地位，构建"去中国化"的亚太价值链网络，尤其是在半导体和数字经济领域。一方面，美国在数字经济领域会借助自身的现有技术，积极拉拢新加坡和新西兰，制定基于"价值观"的数字信息安全相关管理标准，并通过限制电子支付手段、技术选择、强制共享商业信息、保护网络安全等方式遏制中国相关企业在该地区的市场开拓与合作，压制中国在电子信息及人工智能领域的价值链出口贸易发展，从而达到制衡中国数字技术提升和数字经济发展的目的。另一方面，美国在半导体供应链领域会以"半导体联盟"（Semiconductors in American Coalition，SIAC）为依托，积极与欧盟、日本和中国台湾地区合作，加强对印太地区半导体价值链的控制，促进传统、中间和前沿节点的生产能力多样化。同时，促进印度与欧盟、日本、中国台湾之间的生产分工，形成无中国参与的印太半导体价值链，无疑会对中国半导体价值链出口贸易获利形成巨大冲击。

第二，在 IPEF 下，构建由美国主导的地区贸易规则，降低中国的亚太价值链参与程度。一方面，美国大概率会在印太地区扩大 WTO 贸易便利化协议，以贸易便利化为抓手，增强印太地区各国（地区）与美国之间的价值链贸易往来，从而改善美国的国际收支情况。另一方面，在地区内美国主导的贸易规则会对 RCEP 和"一带一路"倡议下的价值链合作形成一定冲击，并可通过设定绿色壁垒或差异化的处罚手段等方式，对中国在印太地区的价值链贸易设置障碍，从而削弱中国在亚太价值链中的作用，降低中国参与亚太价值链分工的收益水平。此外，美国还会针对性地削弱中国与特定国家或地区之间的价值链贸易获利水平。例如，美国可针对东盟设置进出口和过境的单一窗口，从而促进双边贸易，减少中国与东盟之间的价值链贸易额。

10.4　亚太价值链视角下应对 IPEF 的对策建议

目前中国参与亚太价值链分工的劳动力等传统比较优势正在削弱，要素禀赋与比较优势的转换和升级正在形成。IPEF 无疑将加剧中国亚太价值链低端锁定和参与度降低的双重困境，为此，中国应该未雨绸缪，主动作为，最大限度地降低 IPEF 对中国参与亚太价值链带来的可能负面冲击。

1. 积极推动产业从东部地区向中西部地区的梯度转移，促进国内价值链与亚太价值链协同发展

近年来，尽管中国在亚太价值链分工体系中的地位有所提升，但被锁定在亚太价值链中低端的风险尚未有效解除。在 IPEF 构建"去中国化"的亚太价值链网络并对中国参与亚太价值链产生负面影响的同时，美国将借助 IPEF 在亚太价值链分工体系中继续孤立中国，我们相信，未来，中国提升亚太价值链地位将困难重重。为此，一方面，推动产业从东部地区向中西部地区的梯度转移，促进东部地区产业优化升级，加快构建国内价值链大循环。中国区域间在经济发展与产业结构上存在差距，东部地区正在向高新技术产业转型升级，而中西部地区产业结构仍以劳动密集型为主，推动产业从东部地区向中西部地区的梯度转移具有较大空间。因此，打破中国区域间经济不均衡的障碍，构建国内统一大市场，充分发挥各区域比较优势，形成互联互通，东部、中部、西部地区联动的国内价值链大循环新发展格局。另一方面，强基巩优，筑牢中西部地区产业承接地基础。中西部地区应进一步强化基础设施建设工作以承接东部地区产业转移，并继续巩固中西部地区劳动资源禀赋优势和东部地区技术、资本充足优势，建立东部与中西部地区产业链帮扶结对关系，用国内价值链弥补亚太价值链的不足，甚至在一定程度上实现对亚太价值链的部分替代，从而促进国内价值链与亚太价值链的协同发展。

2. 加强核心技术研发攻关，拓宽技术外溢渠道，实现向亚太价值链中高端攀升

IPEF 的主要目的是构建由美国主导并将中国排除在外的印太新型供应链体系，以方便美国及其伙伴建设专属供应链。因此，IPEF 将极大阻碍中国通过技术外溢渠道实现高新技术发展和产业转型升级，进而遏制中国出口产品增加值的提高和向亚太价值链分工体系高端环节攀升。为此，一方面，要加强核心技术研发攻关。通过技术创新来提升中国亚太价值链地位，是中国突破 IPEF 供应链围堵，打破亚太价值链低端锁定的有效路径。因此，中国要进一步加强对科技研发活动的投入支持力度，积极开展联合攻关，提高对高技术人才的津贴，改善高技术人才的待遇和研发环境，提高企业自主研发能力、推进核心技术研发能力。另一方面，要积极拓宽技术外溢渠道。为有效应对 IPEF 可能使得中国已有技术外溢渠道被阻断和封锁，中国应不断开拓技术外溢新渠道，提前寻求技术外溢渠道备案，寻找除

美国外其他的替代技术源。

3. 拓宽出口市场、原材料和关键零部件来源地，推进价值链进出口市场的多元化发展

出口市场、原材料和关键零部件来源是 IPEF 影响中国参与亚太价值链的程度和地位的重要中介。出口市场、原材料和关键零部件来源越集中于 IPEF 成员，IPEF 对中国在亚太价值链分工体系中参与度和地位的影响就越大。因此，对于高度依赖 IPEF 成员出口市场、原材料和关键零部件的企业而言，应重新审视自身在出口市场、原材料和关键零部件获取等方面的定位。一方面，在出口市场方面，企业应进一步着力开拓欧盟、东南亚与"一带一路"沿线国家等的消费需求，拓展出口市场空间，实现出口市场（尤其是中间品出口市场）的进一步多元化。另一方面，应进一步拓宽原材料和关键零部件来源地，保证原材料和关键零部件的稳定供应，努力实现进口（尤其是中间品进口）市场的多元化发展，减少 IPEF 可能引致的利益损失，努力实现成本的最小化。

4. 加快构建面向全球的高标准自由贸易区网络，破解 IPEF 对中国的产业链价值链围堵

美国欲借 IPEF 深度整合印太地区盟友之间的经济伙伴关系，重组亚太价值链体系，并构建"去中国化"的亚太价值链网络。为最大限度地抵制 IPEF 对中国参与亚太价值链形成的孤立和封锁，中国应加快构建面向全球的高标准自贸区网络。具体而言，其一，推动已有 FTA 的优化升级。对已经签署的 FTA，中国应对标 IPEF 高标准贸易规则进行优化升级，尤其要推进 RCEP 在贸易便利化、数字经济标准、供应链弹性、基础设施、脱碳和清洁能源、出口控制、税收和反腐败等诸多方面的优化升级工作。如此，既可对 IPEF 形成有效对抗，又可分化瓦解 IPEF 构建"去中国化"的亚太价值链网络。其二，高标准推进 FTA 的谈判与签署工作。当前，中国应对标 IPEF 的高标准经贸规则，高标准完成中日韩 FTA 谈判、有序启动中国-欧盟双边自贸区及"一带一路"自贸区的谈判、紧密跟进加入 CPTPP 和数字经济伙伴关系协定。通过拓展全球自贸区网络加强同缔约方之间的价值链合作，进而逐步构建以中国为核心的印太价值链甚至全球价值链分工网络，以此破解 IPEF 对中国的产业链价值链围堵。

5. 深度参与 RCEP 区域价值链合作，构建 RCEP 区域价值链合作网络

为缓解 IPEF 对中国可能造成的产业链价值链围堵，可采取如下措施：一是充分利用 RCEP 的区域累积原产地规则，优化 RCEP 区域价值链布局。鼓励中国企业充分利用 RCEP 的区域累积原产地规则，并结合 RCEP 各成员的要素禀赋优势

和产业链竞争力优势，推动中国与 RCEP 各成员开展紧密而深入的价值链合作。二是借助于贸易便利化提升、关税与非关税壁垒削减等举措加快中国与 RCEP 各成员之间的经济要素自由流动，强化成员间生产分工合作，构建 RCEP 区域价值链合作网络。三是在 RCEP 框架下，加快启动中国–东盟自由贸易区 3.0 版的谈判，加强与东盟的产业链价值链合作，打造优势互补、互利共赢、合作紧密且可与 IPEF 对抗的"中国–东盟区域价值链联盟"。

10.5　本 章 小 结

作为世界第二大经济体及最大贸易国，中国参与全球特别是印太区域价值链必将受到 IPEF 的深远影响，主要表现为：降低中国参与亚太价值链的程度、遏制中国提升亚太价值链地位及削减中国参与亚太价值链的贸易获利等。为此，中国应未雨绸缪，主动作为：一是积极推动产业从东部地区向中西部地区的梯度转移，促进国内价值链与亚太价值链协同发展；二是加强核心技术研发攻关，拓宽技术外溢渠道，实现向亚太价值链中高端攀升；三是拓宽出口市场、原材料和关键零部件来源地，推进价值链进出口市场的多元化发展；四是加快构建面向全球的高标准自由贸易区网络，破解 IPEF 对中国的产业链价值链围堵；五是深度参与RCEP 区域价值链合作，构建 RCEP 区域价值链合作网络。

参 考 文 献

蔡亮. 2021. "自由国际秩序"的历史窠臼：论"印太"框架下日本的对华制衡. 亚太安全与海洋研究，（5）：70-86，3.

陈晓晨，常玉迪. 2022. "印太战略"对太平洋岛国地区秩序的影响. 社会科学，（3）：20-33.

黄继朝，谢菁. 2022. 拜登"印太战略"下日本涉台政策"联盟化"态势及其限度. 闽台关系研究，（1）：37-50.

李晨. 2022. 拜登政府正式出台"印太战略". 世界知识，（6）：36-39.

李莉. 2022. 美国的印太数字经济外交：推进与前景. 印度洋经济体研究，（2）：1-18，151.

刘琳. 2022. 拜登政府"印太战略"：军事安全重要性下降？世界知识，（7）：35-37.

仇朝兵. 2021. 特朗普政府的"印太战略"及其与相关国家的能源合作：动因、特点及影响. 美国研究，35（6）：54-83，6.

汪金国，张立辉. 2022. 欧盟加速推动"印太战略"及其影响. 国际论坛，（5）：1-19.

吴兆礼. 2021. 印度莫迪政府"印太海洋倡议"发展、路径与趋势. 太平洋学报，29（12）：41-52.

张高胜，冯晨曦. 2022. 日本印太战略的历史演进、实施路径与前景评估. 西华师范大学学报（哲学社会科学版），（5）：1-10.

张薇薇. 2022. 战略分析视角下的拜登政府"印太战略". 和平与发展，（2）：18-40.